中本 悟／松村 博行

[編著]

# 米中

## 経済摩擦の政治経済学

大国間の対立と国際秩序

晃洋書房

The Political Economy of the US-China Economic Friction

# は し が き

　おおよそ一人の研究者が国際経済関係を論じるに当たっては，関係国のいずれかに軸足を置くことがほとんどであろう．国際関係は対内的かつ対外的な関係の複合的所産物であり，しかもそれを関係国の双方向から論じることは，かなりむずかしいからである．ましてや本書が対象とするような米中2つの大国間の経済関係には，政治や軍事，そしてイデオロギー関係が複雑に影響を及ぼすのであり，なおのことむずかしい．そこで我々は共同研究によって，この課題に挑戦しようとした．

　共同研究は一人では手に負えないような範囲まで分析の手を伸ばすことができ，また同じ問題を別の側面から見ることができて問題に対する認識が深まる．その反面，共同研究の成果としての出版物であっても，どうしても論文集のきらいがある．本書が単なる論文集を超える研究成果であることを願っている．

　我々の共同研究の対象は米中経済摩擦であるが，それは2018年にはアメリカの対中制裁的な追加関税とそれに対する中国の報復関税という関税引き上げ合戦として先鋭化した．その後これは，関税引き下げに向けてクールダウンしたが，中国の産業政策や知財政策をめぐって米中の経済摩擦は続いている．さらには，中国の人権問題，中台関係やインド太平洋をめぐる米中間の政治的・軍事的緊張はむしろ強まっており，これが経済関係にも影響を及ぼしている．このように米中対立は，その強弱はあるが長期化するだろう．

　地理的にも両大国に挟まれる日本は，これら2つの大国と強い経済的相互依存関係にありながら，一方では日本はアメリカとの軍事的同盟関係を強めている．したがって米中対立は直接的に安全保障問題や経済外交問題として，日本の前に立ち現れてくるのである．しかし逆にいえば，3カ国の相互依存関係が強いなかで，日本の対応次第では米中の対立を抑制し協調する領域を広げることも可能である．

　本書は，立命館大学国際地域研究所の研究プロジェクトの1つである「日米中政治経済研究会」の研究成果である．本プロジェクトの目的は複数の大学に跨るネットワークの構築と学際的研究にあり，研究会では日米中3カ国を中心

としてさまざまな問題を議論してきた．本書の直接のきっかけは，2020年5月
に発足した本書の出版プロジェクトであるが，これまでのゲストスピーカーの
方々が提供してくれた知見やメンバー間の討議の成果も本書に反映されてい
る．

　本書が成るに当たっては，多くの方々のご協力のおかげであり執筆者を代表
してお礼を申し上げる．本研究プロジェクトのリーダーを長らく務められ，毎
回熱心にご報告や討議に参加されてきた関下稔立命館大学名誉教授の貢献は特
筆すべきものである．また立教大学の櫻井公人教授は，残念ながら本書の執筆
陣からは外れたが，研究会ではいつも刺激的なコメントで研究会に活を入れて
くださった．それぞれお名前を挙げることは差し控えるが，これまでのゲスト
スピーカーの皆さんにも改めてお礼を申し上げる．

　研究会が支障なく行われるうえで，国際地域研究所のサポートは不可欠で
あった．前所長の本名純教授と現所長である足立研幾教授は，我々の研究を気
長に見守り研究成果が出るように督励してくれた．また西村明美さんと林浩子
さんには，広報や事務等で日常的にお世話になった．研究所の存在，所長の采
配，事務スタッフのサポートなしには，学外に跨る共同研究を進めることはで
きないのであって，これらの方々にも深く感謝申し上げる．

　最後になったが，本出版を引き受けていただき正確かつスピーディな編集と
校正をこなしていただいた晃洋書房の西村喜夫編集部長と徳重伸さんにも厚く
お礼を申し述べたい．ある日，西村編集部長は所用があって別の教員の研究室
を訪ねられ，ついでにその時たまたま研究室にいた私のところに来られた．そ
の時には，本書の出版元はまだ決まっていなかったが，話のなかで本書の出版
のことが話題になり，晃洋書房に出版をお願いすることになった次第である．
その後，西村さんは長時間のオンライン執筆者会議にも参加され，本書の出版
の意義を語り執筆を激励してくれた．いま，ようやくその時のお約束を果たす
ことができたと感じている．

　米中関係は日本にとって最も重要な関係の1つであり，本書がその研究にい
ささかの貢献ができるとすれば，執筆者にとってはこれに過ぎる喜びはない．

　　2021年12月

　　　　　　　　　　　　　　　　　編者を代表して　中 本　　悟

# 目　　次

# 第Ⅲ部　米中の大国間対立と国際秩序
## ──米中対立の国際的波及──

# ―序 章―

## 本書の課題

中 本　　悟

## 1　問題の背景

　中国は1978年に改革開放路線に舵を切って外資導入を進め，1991年の鄧小平による「南巡講話」をきっかけに資本主義的成長を速め，2001年の WTO を跳躍台に急成長を遂げた．その GDP 規模は2020年時点で世界第 2 位，そしてその世界シェアは2001年の 4 ％から17％に高まる一方でアメリカのそれは31％から25％に低下した（World bank, World Development Indicators）[1]．また中国の輸出の世界シェアは2001年の 4 ％から2020年は15％へ 4 倍近くに高まる一方で，アメリカのそれは12％から 8 ％に低下した（UNCTAD data center）[2]．これらの数値を一瞥しただけでも，中国が経済・貿易大国として世界経済の舞台に台頭してきたことは明らかである．

　大国化してきた現在の中国に対して，アメリカが脅威を覚えるのは無理からぬことである．しかし，中国と国交回復した1971年から1991年にソ連が崩壊しアメリカが「唯一の超大国」となり「市場資本主義の勝利」を宣言したころまでは，むしろアメリカは中国に対して絶対的な自信と優越感をもっていただろう．そこで中国に対する従来の政策は，かつての冷戦時代のような「封じ込め」（containment）ではなく積極的に中国に関与（engagement）することによって中国の国内市場開放や市場経済化を進め，自由貿易体制に中国を組み込むという「関与政策」を採ってきた．中国が市場経済化によって経済成長を実現すれば，国内で中間層が生まれ，中間層は政治的な自由や言論の自由を求めるようになり，市場民主主義を発展させることができるのだと考えたのである．2001年の中国の WTO 加盟にあたっても，中国の人権や経済制度に対する懸念よりもビジネスチャンスに対する期待のほうが大きかったといえよう[3]．

　ところが，2017年に誕生したトランプ政権は，「関与政策」は間違いだった

と批判する．その背景には，経済成長はむしろ中間層に政治体制に対する不満をそらせる役割を果たし，独裁や監視の強化，また軍事力強化の源泉になっているという考え方がある．アメリカは2018年6月26-27日のWTO総会で中国は改革と開放を主張するが，「中国にとって経済改革とは，政府と共産党による経済管理を完成させることであり，国家部門とくに国有企業の強化を意味する．中国がこの道に留まる限り，それはWTOにとって決定的にマイナスである」と表明した[4)]．というのは，資源の非市場的配分は国内産業の保護手段になったり，過剰生産や強制的な技術移転を引き起こすというのである．

　かくしてトランプ政権は，中国は後発の市場経済であり時間が経てば市場経済化が進んでくるというのは従来の政権の期待であるが，現実はこの期待を裏切るものとなった，とみる．そこでアメリカは，中国は異質の経済体制だという「中国異質論」を打ち出してきた．ちなみに1980年代後半に激しくなった日米貿易摩擦の時にも，リビジョニスト（修正主義者）による「日本異質論」が一世を風靡した．アメリカは日本に対して対米貿易黒字削減のために数値目標を掲げた「結果重視」のアプローチを採るとともに，日本の経済構造の変革を求めた．このような数量規制の管理貿易はアメリカ自身が主張してきた自由貿易とは対極にあったが，「日本異質論」がこうしたアプローチを合理化した[5)]．しかし，中国に対しては同じようなアプローチで中国の経済構造の改革を迫ることは困難だ．

　一方，中国では2018年3月の全国人民代表大会で憲法改正を行い，習近平国家主席の任期が撤廃された．まさにこの時期にトランプ政権は，中国に対する追加的関税を選択し，同年9月末までに3回の関税引き上げが実施された．中国側はそれに対して即時に対米報復関税を課したのであり，ここに「貿易戦争」が始まった．そして，ペンス副大統領は2018年10月4日に中国に関する演説を行い，そのなかで「新冷戦」(new cold war) に言及したのであった．ただし，デカップリングすべしという趣旨ではなかった．

　その後，両国は関税引き下げと中国の輸入拡大で合意した．両国にはすでにGSC（グローバル・サプライチェーン）が発達しており，関税引き上げによる貿易の削減やましてや完全なデカップリングは両国のビジネス界の望むところではないからだ．

　しかし，将来の情報通信の覇権をめぐる対立はむしろ激化している．とくにアメリカが警戒するのは，中国政府が掲げる「中国製造2025」政策である．こ

れは中国が建国100年を迎える2049年までの長期計画で，次世代情報技術や新エネルギー車など10の重点分野と23の品目を設定し，高度な製造業の育成を目指すものである．第1段階である2025年までに「世界の製造強国の仲間入り」をめざし，例えば次世代通信規格（5G）の移動通信システム設備では，中国市場で80％，世界市場では40％のシェアを得るという数値目標を掲げている．

　こうした中国との技術覇権争いはさまざまな分野で，米中間の摩擦を起こしている．中国の多国籍通信企業のファーウェイによる5G（第5世代移動通信システム）の世界的販売はビジネスなのか国家安全保障への挑戦なのか？　また中国が進める「一帯一路」戦略による大規模な国際開発および開発金融は，外国市場への参入促進かあるいは中国の防衛にも使えるグローバル拠点の設立なのか？　もし後者であれば，それはユーラシアにおける覇権国の台頭を阻止しようとしてきた戦後70年のアメリカの基本戦略と真っ向から対立する．このような米中間の政治的・軍事的対立が，中国の産業政策や技術開発政策，技術移転政策をめぐる対立に連動し経済摩擦を引き起こしている．ここが軍事同盟関係にある日米間の経済摩擦と決定的に異なる点である．日米間の場合には軍事同盟のもとでの経済摩擦であり，アメリカは「日本異質論」をてこに日本の経済構造の改革を迫りアメリカン・グローバリズムとの接合を図った．しかし中国の場合には，同じようなアプローチは適用できない．

　トランプ政権は2017年12月に出した『2017年国家安全保障戦略』において，中国やロシアはアメリカのパワーや利益に挑戦しており，経済的には自由で公正ではない経済を作ろうとし，軍事力を増強し，情報やデータを社会の抑圧のために統制しているとする．そして「根本的にこの戦いは，人間の尊厳や自由を重んじる者と個人を抑圧し画一化を強制する者たちとの戦いだ[6]」だとして，これらの国を戦略的競争相手だと宣言した．バイデン政権もこの路線を踏襲している[7]．このように現代世界を政治的対立や価値観の対立による競争的世界として捉え，この視点から米中経済関係に対応しようとすれば，両国の政治制度や価値観が異なる以上，経済的軋轢や摩擦もまた繰り返し引き起こされるだろう．

## 2．本書の課題と構成

　本書の課題は，このような背景で生じた米中経済摩擦のメカニズムとその波

及を政治経済学的に分析することにある．経済取引を政治やイデオロギーを含む制度との相互関係のうちに捉える政治経済学的アプローチは，政策研究に必要である．ましてや経済取引において政府が大きな役割を果たす国家資本主義中国の分析には不可欠なアプローチである．とはいえ，政治や政策が経済を自由に動かせるわけではなく，経済には経済のメカニズムがある．本書は，2018年以降の「米中貿易戦争」，「関税引き上げ合戦」として表出してきた中国の経済発展と米中経済関係の変容，そして米中経済摩擦の政治経済学的分析を課題とするものであるが，当然のことながら分析の射程は「米中貿易戦争」に留まるものではなくもっと長い．

　本書は以下のような3部構成でこの課題にアプローチする．

　第Ⅰ部「米中貿易の解明——相互依存の深化」では，米中間の貿易の変容をいくつかの側面から解明し，米中貿易の相互依存の深化を論じる．まず第1章「アメリカン・グローバリゼーションと中国経済体制——米中貿易の国際的枠組みと国内的基盤」では，1978年の改革開放以降段階的に世界経済の舞台に台頭してきた中国資本主義体制とアメリカン・グローバリゼーションの関係を問う．中国資本主義はアメリカン・グローバリゼーションを最大限に活用しながら経済大国化してきた．にもかかわらず，中国資本主義は本質的にアメリカン・グローバリゼーションに内部化されていないことが米中経済摩擦の本質だとする．続く第2章「米中間における貿易不均衡の構造——アジア太平洋地域における国際分業と企業行動」は企業のグローバル分業の視点から，第3章「付加価値貿易から見た米中貿易——もう1つの『国際分業の形』」は中国が重視するハイテクのアップグレードの視点から，米中貿易を分析する．第4章「大国の食料貿易——食品安全保障と世界的なインパクト」は食料輸出国アメリカと食料輸入国中国の相互依存とその国際的波及を論じる．

　これらの分析から明らかなことは，米中貿易が企業のグローバル・サプライチェーン（GSC）の結果であり，両国はGSCを通じて相互依存関係を深めるとともに，したがってまた両国の経済摩擦がGSCにも大きく反作用し，その流れを滞らせることになる．その極端なケースがデカップリング（取引の切り離し）である．

　第Ⅱ部「激化する技術・知的財産をめぐる覇権争い——『中国脅威』『デカップリング』の醸成」は，経済摩擦の背後に伏在する技術や知的財産をめぐる米中の対立や紛争について論じる．第5章「自由な越境移転か，ローカライ

ゼーションか――「データをめぐる米中の角逐」は，個人や産業のビッグデータの国外流出を禁じる中国と情報のグローバル取引を目指すアメリカとの角逐を分析する．ビッグデータを活用してプラットフォーマーが独占利潤を生み出す現在，地域通商協定においてデータ取引ルール策定は一大重要問題として浮上している．第6章「中国のハイテク産業と技術の現状――米中ハイテク摩擦と半導体産業の技術デカップリング」は，半導体と半導体製造装置産業を中心にその技術レベルを論じ，世界最先端と比べると3年の遅れがあるという．それだけに中国が自前のイノベーションや独自のサプライチェーンを実現することに対しては，アメリカは完全なデカップリングではなく「部分的封じ込め」を画している．第7章「科学技術領域にみる米中対立の構図――相互依存からデカップリングへの転換はなぜ生じたのか」は，米中間の科学技術ギャップが狭まるなかで，両国が一方では戦略的競争を強めながら他方では相互依存関係を強めることがもたらす国家安全保障上のリスクを減じるために，双方にデカップリングの衝動が存在するという．2018年にトランプ大統領は，通商法301条に基づいて中国の強制的な技術移転や知財政策が「不合理」かつ「差別的」だとして，中国からの輸入に対して制裁的な追加関税を課した．このきわめて限定的なデカップリングの結果，たしかに中国からの輸入は減ったが，ベトナムなどからの輸入が増えた．第8章「米中経済のデカップリングとアメリカ製造業の『復活』――サプライチェーンの再構築と国内回帰」は，こうしたデカップリングによるアメリカ製造業の復活が困難であることを明らかにする．

　このように第Ⅰ部と第Ⅱ部では，戦後アメリカが主導してきた国際的自由貿易体制（GATT・WTO体制）のなかで貿易・経済大国として台頭してきた国家資本主義中国とアメリカとの相互依存関係の深化と対立を分析した．この大国間の軍事的・政治的対立は国際的な緊張と対立を生み，それはまた経済的な対立を激化させている．とくにわが国は地政学的に，この両国間の対立に直接的に係わる位置にあることは言うまでもない．

　第Ⅲ部「米中の大国間対立と国際秩序――米中対立の国際的波及」はこの問題を対象とする．第9章「米中関係の現段階――中国の国際秩序変更者としての台頭とアメリカの『強硬な関与政策』」では，米中双方から米中関係の歴史的展開を分析し現段階の米中関係を論じる．国際秩序変更者として台頭してきた中国にアメリカはどう対応するのか．中国が進める「一帯一路」と「自由で

開かれたインド太平洋」とを対抗的に捉える思考について，その双方の問題を指摘したうえで，アメリカの「強硬な関与政策」が現段階の米中関係の特徴だと主張する．第10章「『一帯一路』と受け入れ途上国——援助か『債務の罠』か」は，「一帯一路」を受け入れようとする受け入れ国側の動機とその問題点を指摘する．そのうえで，「一帯一路」の改革のために「質の高い援助」と情報公開を求める．第11章「米中2つの資本主義体制の経済摩擦——その構造と日本の課題」は，これまでの諸章が前提としてきた米中貿易摩擦を対象として，その特質とメカニズム，日米貿易摩擦との異同，今後のゆくえを論じる．また，米中両国の軍事的緊張はわが国の地政学的リスクを直接的に高めるだけでなく，グローバル・サプライチェーンの寸断などによって経済にも大きな影響を及ぼす．両国との相互依存関係が強いだけにわが国経済へのダメージもまた大きい．軍事的緊張や政治的対立をいかにして抑制するかが，日本の重要な戦略的課題となる．それは一面では米中と経済的依存関係が強く，地政学的には米中の狭間にある日本にして十分にリードできる課題である．

注
1）World Bank〈https://databank.worldbank.org/source/world-development-indicators〉
2）UNCTAD Data center 〈https://unctadstat.unctad.org/wds/TableViewer/tableView.aspx?ReportId=101〉
3）たとえばGE（General Electric）は，中国のWTO加盟の翌年に中国について「5×5」計画を策定した．2005年までに中国で50億ドルの売り上げと50億ドルの財の調達（GE産の家電商品の25％は中国から輸入）を行うというものである．そして中国からの50億ドルの財の調達は，10億ドルのコスト削減になるとして，「世界の工場」と「世界の市場」としての中国への期待を表明している（General Electric, 2002：13）．
4）WTO（2018）．
5）日米貿易不均衡に対するアメリカ連邦議会における議論の変化と「日本異質論」については，中本（1990）を参照．
6）White house（2017：2）．
7）バイデン大統領はCOVID-19からの復興や民主主義の再活性化にあたっては，よりよい復興（build back better）が必要だとする．それがまたアメリカの持続的な優位性を強め，中国やその他の国との戦略的競争に勝利することを可能にすると主張する（Whitehouse, 2021）．

参考文献
中本悟（1990）「日米貿易摩擦と対米直接投資——貿易摩擦の論理と現実——」大阪市立

大学経済研究所・中川信義編『アジア新工業化と日米経済』東京大学出版会.

General Electric（2002）*Annual report.*
White house（2017）*National Security Strategy of the United States of America.*
─────（2021）*Interim National Security Guidance,* March.
WTO（2018）"*China's Trade-Disruptive Economic Model*," WT/GC/W/745.

# 第 I 部

# 米中貿易の解明
## ——相互依存の深化——

# ──第1章──

# アメリカン・グローバリゼーションと中国経済体制
## ──米中貿易の国際的枠組みと国内的基盤──

板 木 雅 彦

## は じ め に

　1949年に中華人民共和国（以下，中国）が誕生してから70年，1978年に改革開放路線に転じてから40年が経過し，その間に中国の政府と国民が達成した偉業は，世界史に類例を見ないものである．共和国誕生時に国民の8割を占めたといわれる文盲は一掃され，絶対的貧困もほぼ解消された．これを14億の人口を擁する「大国」が達成したということ自体，世界史の奇跡といってよい．

　このような絶対評価としての偉業達成に対して，相対評価としてこれを見れば，GDP（購買力平価）ですでに大きくアメリカを凌駕している中国も，一人当たりGDP（2018年，米ドル名目値）の世界ランキングにおいては72位，9580ドルに過ぎない．71位はメキシコ，73位はトルコ，アメリカの約7分の1なのである．このあまりの落差に，わたしたちは声を失う．そして，このメキシコ並みの「貧国」が覇権国アメリカに挑みかかろうとする姿に，今日の世界が抱える政治的・経済的な矛盾の1つの結節点を見る思いがするのである．

　2017年のトランプ政権成立前後から燃え盛っている米中対立は，覇権国アメリカ自身が人種差別や格差拡大に蝕まれている状況を考えれば，「腐朽する覇権国と貧しい挑戦国との覇権争い」と形容することができよう．その底には，不均等発展による世界市場の再分割の法則が貫いている．今日，世界貿易機関（WTO）体制のもとで展開されている地域主義に十分な利益を見出し得ない中国は，「一帯一路」という独自の地域主義で突破を試みている．これを，中国の自由貿易協定（FTA）関連協定のネットワークを検討することで明らかにすることが，本章の第1の課題である．第2の課題は，アメリカン・グローバリゼーションを最大限活用しつつ，それとは独自かつ自律的に形成されてきた中国の「党＝国家」資本主義体制（国有企業主導の巨大な混合寡占経済）の構造を示

すことである．この２つの課題を果たすことで，米中経済摩擦を理解するための国際的・国内的パースペクティブを与えたい[1]．

　本章では，類推（アナロジー）にもとづく概念分析という手法を用いて分析を行う．アナロジー（analogy）は，「デジタル vs アナログ」という場合のアナログ（analogue）と同じ語源をもつもので，この場合のアナログは「相似形」という意味である．つまり，類推（アナロジー）とは，物事の間に「相似形（アナログ）」を求める認識の方法である．その際に出発点となる基本形として，ヘーゲルが『小論理学』で示した弁証法の基本概念を用いる．なお，「←⇒」は，左右のモメントが相互作用の関係にあるが，左側が右側のパワーを制御・統御（コントロール）する立場にあることを示している．

　　　事柄（合目的的）＝〔¦目的←⇒手段¦ ←⇒条件〕
　　　事柄（無目的的）＝〔¦力←⇒誘発¦ ←⇒力の発現〕

　意識をもった主体が何らかの「事柄」を実現しようとするとき，全体をコントロールする「目的」のもとに「手段」が整えられ，これが内的・外的な「諸条件」に働きかけることで，「事柄」が実現する．具体例としては，次の「労働生産物」のアナロジーがわかりやすい．

　　　労働生産物＝〔労働←⇒労働対象〕
　　　　　　　　＝〔¦労働力←⇒労働手段¦ ←⇒労働対象〕
　　　　　　　　　　（目的）　　　（手段）　　　　　（条件）

　これに対して，意識をもたず，したがって目的をもたない「事柄」が成就するのは，「力（潜在力）」が何らかの誘因によって「誘発」され，「力の発現」すなわち潜在力の顕在化が生じるからである．具体例としては，次の「資本主義的発展」のアナロジーが考えられる．

　　　資本主義的発展＝〔¦無政府的生産力←⇒賃金率・利潤率・利子率¦ ←⇒景気循環〕
　　　　　　　　　　　　（力）　　　　　　（誘発・誘因）　　　　（力の発現）

## 1　GATT 体制と WTO 体制

### （1）　GATT 体制

第二次世界大戦末期の1944年にアメリカ，ニューハンプシャー州のブレトン
ウッズで開催された連合国通貨金融会議において国際通貨基金（IMF）と国際
復興開発銀行（IBRD，後の世界銀行）の設立が決定され，戦後1947年にハバナで
開催された国連貿易雇用会議において国際貿易機構（ITO）の設立が図られ
た．結局，ITO の創設は果たされなかったが，その暫定協定である「関税及
び貿易の一般協定（GATT）」のもとで，「自由・無差別・多角」として知られ
る戦後の多角的自由貿易主義が推進されることとなった．

　新覇権国アメリカは，GATT を通じて，大恐慌後の世界に拡散したブロッ
キズム（blocism）の嚆矢となった大英帝国特恵関税制度（スターリング・ブロッ
ク，1932年設立）の解体と，戦後独立を果たした旧植民地諸国と先進諸国に蔓延
する頑強な保護貿易を徐々に掘り崩すことを目指した．「事柄（合目的的）のア
ナロジー」を使えば，次のように定式化できる．

　　　GATT の多角的自由貿易体制（GATT 体制）
　　　＝〔｛多角的自由貿易主義←⇒GATT｝←⇒一国保護貿易〕
　　　　　　　（目的）　　　　　　　（手段）　　　　　（条件）

　重要な点は，独立した主権国家による一国保護貿易に対抗して多角的自由貿
易主義が目指されたことである．たしかに，合意形成のための妥協として，既
存の地域的な特恵制度（英連邦特恵，フランス連合，ベネルクス経済同盟，米比特恵な
ど）を容認したが，それはあくまで例外措置であった．

　GATT のもとで開催された1967年のケネディ・ラウンド，1973年開始の東
京ラウンド，1986年開始のウルグアイ・ラウンドなど計7回の関税交渉を通じ
て，加盟各国の関税水準の大幅低下に成功した．他方で，1957年に設立された
欧州経済共同体（EEC）や1967年に設立された東南アジア諸国連合（ASEAN）
に代表される地域主義が，GATT 体制の内部に徐々に根を広げていった．限
られた国土と人口を有する一主権国家が真に経済発展を実現するには，理念的
な多角主義に依存するだけでは無理があり，さりとて一国レベルの単純な保護
主義では到底不可能であるという深刻な自覚がその背景にあった．こうして，

GATT をめぐる 2 つの力のせめぎあいが，多角的自由貿易主義の対立物で
あった一国保護貿易を，徐々に地域主義へと転化させていくことになった．

### （2）　WTO 体制

　1995年に発足した WTO 体制は，一方で GATT 体制のもとで追及されてき
た多角的自由貿易主義をさらに発展させるという側面を維持しつつ，1990年代
以降，燎原の火のように広がっていった FTA の網の目を内部に抱え込むもの
であった．したがって，この体制は，次のように定式化できよう．

　　WTO の多角的自由貿易体制（WTO 体制）
　　　＝〔|多角的自由貿易主義←⇒WTO|　←⇒地域的保護貿易（地域主義）〕
　　　　　　（目的）　　　　　　（手段）　　　　　（条件）

　重要な点は，「自由貿易協定」という名称にもかかわらず，その本質があく
まで地域主義――すなわち，地域的保護貿易であるという点にある．域内自由
貿易を標榜し，たしかに WTO プラスと言われるように WTO を超える自由
化を内部で実現しているとはいえ，WTO 体制全体からみれば，その本質は域
外保護貿易である．一国保護主義を保護主義の個別形態とすると，地域主義
は，これが展開した特殊形態である．しかし，これが戦前のような blocism に
転化しないのは，その上部に多角的自由貿易を希求する WTO が乗っており，
かつてのように単一帝国主義国のもとに 1 つの bloc が形成されるのではな
く，主要国が相互乗り入れする形で種々の bloc が形成されているからであ
る．ちなみに，地域主義は，次のように定式化される．「互恵」主義のもと，
小国が大国に強力に統合されていく．

　　地域的保護貿易（地域主義）
　　　＝〔|深い経済統合←⇒非最恵国待遇・内国民待遇・互恵主義|　←⇒浅い経済統合 WTO〕
　　　　　（目的）　　　　　　　　（手段）　　　　　　　　（条件）

　1990年以前，わずか21件しか存在しなかった FTA は，1990年代に56件増加
し，2000年代に入ると加速して200件を超える FTA が新たに発効した．現在
では，300件近い FTA が存在するという[3]．ここには，二国間 FTA，三国間以
上の地域的 FTA，多数国を擁する巨大なメガ FTA が含まれている．現在，WTO
加盟国は164カ国・地域である．このように，今日の WTO 体制の実態が，こ

れら地域主義の多角的結合体を中核とするものへと変質し，その役割も，地域を超えた最小限の一般的自由化の推進と国家グループ間の利害調整に終始していることが理解できよう．

　問題は，なぜこのような「鬼っ子」が多角的自由貿易主義を掲げるGATT・WTO体制の中から生まれ，併存しているのかということにある．ここには，WTOの一般的な水準を越える貿易と投資のさらなる自由化を求める先進国多国籍企業の要求が強く反映されている．とりわけ，グローバル・バリュー・チェーン（GVC）を構築する製造業多国籍企業にとっては，普遍的であっても底の浅い自由化よりも，関心地域に限定された深い自由化こそが望ましい．この典型例が北米自由貿易協定（NAFTA）である．自動車産業を中核として，カナダ，アメリカ，メキシコの３カ国間で，多国籍企業と市場と加工基地が３点セットで統合されている．地域主義を代表するNAFTAが，WTO発足のまさに前年である1994年１月１日に発効したことは，きわめて象徴的な意味をもっている（2020年にUSMCAに改編）．WTOに体現された多角的自由貿易体制は，その誕生の瞬間から変質を運命づけられていたと言えよう．UNCTADによれば，世界貿易の３分の２以上は，多国籍企業が絡んだ，親会社・子会社間，子会社間，そして多国籍企業と非関連会社間の貿易である．つまり，自由貿易を推進する主体は製造業・サービス業多国籍企業であり，これらが特定の関心地域に限定された深い自由化を求めるのならば，普遍的な自由貿易から地域主義的「自由」貿易とその多角的結合体への変質は，むしろ必然的な歴史の推移であったということができよう．このような大きな歴史的変化のただなかに，中国は2001年にWTOへの加盟を果たすこととなる．

## 2　中国のGATT・WTO体制への編入と「一帯一路」

### （1）　中国のWTO加盟と地域主義

　1948年に中華民国（台湾）がGATTの正式締結国となったが，翌1949年の中華人民共和国（中国）の成立によって，中国はGATT締結国の域外となった．その後，1982年にオブザーバー資格を認められ，1986年に加盟申請を行った．WTOが創設された1995年７月からWTO加盟交渉を開始し，2001年12月11日に正式加盟を果たした．[5]

　中国の貿易を地域主義の観点から整理したものが，**表1-1**である．これに

## 表 1 - 1　中国の FTA 関連協定

| 地域協定 | | |
|---|---|---|
| アジア太平洋貿易協定 | 2001年 5 月加盟. | 中国，韓国，インド，スリランカ，バングラデシュ，ラオスの 6 カ国 |
| ASEAN との全面的経済協力枠組協定（ACFTA） | 2003年 7 月発効（注 1 ） | 中国初の FTA |
| 南アフリカ関税同盟（SACU）との自由貿易協定 | 2004年 6 月交渉開始 | |
| 湾岸協力理事会（GCC）との自由貿易協定 | 2004年 7 月交渉開始 | 2016年12月経済技術協力等の分野の交渉終了 |
| 東アジア地域包括的経済連携協定（RCEP） | 2020年11月調印 | 中国初のメガ FTA |
| **香港・マカオ・台湾** | | |
| 香港との経済・貿易関係緊密化協定（CEPA） | 2004年 1 月 1 日発効 | |
| マカオとの経済・貿易関係緊密化協定（CEPA） | 2004年 1 月 2 日発効 | |
| 台湾との海峡両岸経済協力枠組協定（ECFA） | 2010年 9 月発効 | |
| **二国間協定** | | |
| チリ | 2006年発効 | |
| パキスタン | 2006年11月調印 | |
| ニュージーランド | 2008年10月発効 | 先進国初 |
| シンガポール | 2009年 1 月発効 | アジア諸国初 |
| ペルー | 2010年 3 月発効 | |
| コスタリカ | 2011年 8 月発効 | |
| スイス | 2014年 7 月発効 | |
| アイスランド | 2014年 7 月発効 | |
| 韓国 | 2015年12月発効 | |
| オーストラリア | 2015年12月発効 | |
| モルディブ | 2017年12月調印 | 2018年11月見直しを表明 |
| ジョージア | 2018年 1 月発効 | |
| モーリシャス | 2019年10月調印 | アフリカ初 |
| カンボジア | 2020年 8 月締結に合意 | |
| ノルウェー | 2008年 9 月交渉開始 | |
| スリランカ | 2014年 3 月交渉開始 | |
| コロンビア | 2015年 5 月交渉開始 | |
| フィジー | 2015年11月交渉開始 | |
| 日本・韓国 | 2016年 1 月交渉開始 | |
| ネパール | 2016年 3 月交渉開始 | |
| カナダ | 2017年 2 月交渉開始 | |
| イスラエル | 2017年交渉開始 | |
| モンゴル | 2017年 5 月交渉開始 | |
| モルドバ | 2017年12月交渉開始 | |
| パナマ | 2018年 1 月交渉開始 | |
| パレスチナ自治区 | 2018年10月交渉開始 | |

（注）「枠組み協定」2003年 7 月発効，「紛争処理メカニズム協定」「物品貿易協定」2005年 1 月発効，「サービス貿易協定」2007年 7 月発効，「投資協定」2010年 1 月発効.
（出所）日本貿易振興機構（JETRO）〈https://www.jetro.go.jp/world/asia/cn/trade_01.html〉2020年 9 月 8 日アクセス，中華人民共和国商務部〈http://fta.mofcom.gov.cn/〉2020年 9 月 8 日アクセス，農林水産省「中国の FTA 等の分析」〈https://www.maff.go.jp/j/budget/yosan_kansi/sikkou/tokutei_keihi/seika_h23/kokusai_ippan/pdf/60100229_01.pdf〉2020年 9 月 8 日アクセス.

よって，中国の地域主義への傾斜とその限界が明らかになる．まず，中国が締結した最初のFTAは，2003年ASEANとの「全面的経済協力枠組協定（ACFTA）」である．WTO加盟後わずか2年で，アジアの重要な貿易相手であるASEANと広域FTAを取り結ぶことができたのは，通商政策として，また外交的にも大きな成果であった．ACFTAは，2003年7月に「枠組み協定」発効の後，2005年1月に「紛争処理メカニズム協定」「物品貿易協定」発効，2007年7月に「サービス貿易協定」発効，2010年1月「投資協定」発効というように，その対象範囲を広げ，2019年10月には「中国とASEANとの間の『中国・ASEAN全面的経済協力枠組協定』とその関連協議を修正する協定」が発効することとなった．まさに，中国通商政策の要に位置する協定である．

　2004年1月1日，2日には，香港とマカオとの間で「経済・貿易関係緊密化協定（CEPA）」が発効した．施政権から言えば中国の一部ではあるが，経済体制としては大きな違いをもつ香港およびマカオと緊密化協定を結び，自身の内部固めを図ったものと言えよう．なお，台湾との間で「海峡両岸経済協力枠組協定（ECFA）」が締結され，発効するのは2010年とかなり遅れることとなる．これは親中的な馬英九（国民党）政権が2008年に成立したことを受けたものである[6]．

　この後，2006年のチリを皮切りに，次々と二国間FTAが締結されていくが，その重要なメルクマールとなったのが2008年にニュージーランドとの間で発効した，対先進国初のFTA，そして二国間FTAとしてはアジア初となる2009年のシンガポールとのFTAであった．

　これ以降の経緯として注目すべきは，2012年の習近平政権成立後に，交渉開始と発効が相次いでいる点である．これは，習近平主席が2014年11月のAPEC首脳会議において大々的に打ち出した「一帯一路」構想と，まさに踵を接した動きと言えよう．その大きな成果が，2015年に相次いだ韓国，オーストラリアとのFTA発効であった．両国とも，対中国貿易に大きく依存すると同時に，西側諸国の重要な柱である．この動きに対して，中国を排除した「環太平洋パートナーシップ協定（TPP）」が，2002年のAPEC首脳会議でチリ，シンガポール，ニュージーランドの3カ国間で交渉が開始され，2016年2月にオーストラリア，ブルネイ，カナダ，チリ，日本，マレーシア，メキシコ，ニュージーランド，ペルー，シンガポール，アメリカおよびベトナムの12カ国で調印に至った．アジア太平洋に広がる地域主義からの孤立を回避するには，アメリ

カを含まない「東アジア地域包括的経済連携協定（RCEP）」とともに，「一帯一路」の推進が何としても必要であった．

### （2）「一帯一路」への傾斜

　以上のようなFTAの展開にもかかわらず，中国にとって通商政策上の成果は，きわめて限定的なものにとどまった．たとえASEANと韓国をFTAでカバーしたとしても，中国の最重要貿易相手国は，やはりアメリカ，EU，日本であり，これらが完全に漏れてしまっている．2017年のトランプ政権の成立以降，アメリカとは貿易戦争のただなかにあり，2020年の香港国家安全維持法の施行以来，EUもまた独仏主導のもとで中国と距離を置こうとしている．日本も今やTPPに軸足を置き，2021年のバイデン民主党政権誕生後には，改めてアメリカの復帰を求める構えである．そして，政府補助金や国有企業に対して厳しく規定するTPPに中国が参入する余地は，まずない．2020年11月に，中国初のメガFTA参加という意義をもつRCEP（ASEAN10カ国と，日中韓，オーストラリア，ニュージーランドの15カ国）が調印され，初めて日本と緩やかなFTA関係が構築された．しかし，中国貿易に占める日本の比率は，いまや7％程度に過ぎない．トランプ政権成立と同時にTPPから手を引いたアメリカに対して一定の脅威を与えるとはいえ，力不足の感はぬぐえない．

　数年来，習近平政権が「一帯一路」構想をこれまでにも増して強力に推し進めようとしている背景には，このような通商政策上の手詰まり感があると考えられる．国家主席就任後の2013年6月にオバマ大統領との会談において習近平は，「中華民族の偉大な復興」という夢を語った上で，「広く大きな太平洋は米中の両大国を受け入れる十分な空間がある」と強調したと言われている．そして，米中両国が太平洋をまたいで並び立つ「新型大国関係」の構築を提案した．しかし，あたかも太平洋を両国で「分割」し，西太平洋域を勢力下におくかのような提案はオバマ政権の受け入れるところとならず，この構想は挫折した．習近平主席が2014年11月のAPEC首脳会議において大々的に打ち出した，アジアとヨーロッパを陸路と海路でつなぐ「一帯一路」構想は，まさにこの挫折と軌を一にしている[7]．中国がWTO体制のもとで目指す独自の地域主義は，中国の圧倒的な経済力のもとに，参加国が衛星国のように一対多の関係で連結するガリバー型の地域経済統合である[8]．

## 3　アメリカン・グローバリゼーションの展開

### （1）　21世紀の国際社会

　21世紀の国際社会は，グローバリゼーションによって強く特徴づけられる．ヒト，モノ，カネ，情報の世界的可動性と表現しうるグローバリゼーションは，戦後世界経済を貫く傾向である．しかし，グローバリゼーションが，これを追求するグローバリズムというイデオロギーを確立するためには，1980年代初頭に世界を席巻した新自由主義（ネオ・リベラリズム）の到来を待たなければならなかった．そのためには，アメリカのレーガン共和党政権，イギリスのサッチャー保守党政権，ドイツのコール・キリスト教民主同盟政権，そして日本の中曽根自民党政権の相次ぐ誕生によって，ケインズ型福祉国家が主要先進国から一掃されなければならなかった．その意味で，グローバリゼーションによって特徴づけられる21世紀国際社会は，1980年代初頭にその淵源をもつといってよい．わたしたちはこれを，ICT（情報通信技術）に依拠し，アメリカに主導されているという意味でアメリカン・グローバリゼーションと呼んでおこう[9]．「事柄（合目的的）」のアナロジーを用いれば，次のように定式化される[10]．

　　　21世紀の国際社会
　　　＝〔｜グローバリズム←⇒ネオ・リベラリズム｜
　　　　　　（目的）　　　　　　　　（手段）
　　　←⇒アメリカン・グローバリゼーション〕
　　　　　　　　（条件）

　目的としてのグローバリズムとは，世界的な資本（機能資本と擬制資本）の価値増殖であり，これを体現する主体が，多国籍企業，多国籍銀行，投資ファンドである．目的の実現を媒介する手段としてのネオ・リベラリズムとは，マーケットを唯一絶対と考える市場至上主義に基づく政策であり，それを体現しているのが，ワシントン・コンセンサスのもとで世界的に活動する諸機関[11]（アメリカ財務省，IMF，世界銀行）である．

### （2）　21世紀の世界経済（アメリカン・グローバリゼーション）

　21世紀の世界経済，すなわちグローバリゼーションが展開する世界は，それ

自体が目的をもたない力の世界であるから，「事柄（無目的的）」のアナロジーを用いて，次のように定式化される．

　　　21世紀の世界経済（アメリカン・グローバリゼーション）
　　　　＝〔¦グローバリティ←⇒誘発¦
　　　　　　　　（力）
　　　　　　←⇒地域主義(分割・不均等発展・再分割),格差拡大,環境破壊,パンデミック〕
　　　　　　　　　　　　　（力の発現）

　ヒト，モノ，カネ，情報の世界的可動性を意味するグローバリティは，GATT・WTO体制を突き動かす原動力である．このグローバリティを理解するために，まず「労働生産物」のアナロジーを用いれば，

　　　労働生産物＝〔労働←⇒労働対象〕
　　　　労働＝〔精神労働←⇒肉体労働〕
　　　　　＝〔¦管理労働←⇒分業・労働転換¦　←⇒協業・共同労働[12]〕
　　　　　　　（目的）　　　　　（手段）　　　　　　（条件）

　このアナロジーを用いれば，「グローバリティ」は，次のように定式化される．

　　　多国籍企業のグローバリティ
　　　　＝〔¦越境的経営管理←⇒生産工程の越境的分解¦
　　　　　　　　　　　　（フラグメンテーション・企業内国際分業）
　　　　　　←⇒生産要素の越境的組み合わせ〕
　　　（インテグレーション・企業内国際共同労働）

　すなわち，「ヒト，モノ，カネ，情報の世界的可動性」として，ひとまず現象的にとらえられたグローバリティの本質は，今日の世界的な労働のあり方──その越境的（cross border）分解と結合と管理──が，無数の多国籍企業を介して世界的に，そして計画的かつ無政府的に展開されたものと理解することができる．重要な点は，分業と協業の関係がそうであったように，多国籍企業の高い生産力の源は労働の結合にあるのであって，その分解にあるのではないという点である．分業は，協業・共同労働のさまざまな編成の仕方を表すものにすぎない[13]．

　グローバリゼーションを誘発し，グローバリティを顕在化させる誘因は，さまざまである．大きな歴史的要因としては，1980年代末から1990年代初頭に生じた冷戦終結と社会主義体制の崩壊，技術的要因としては，1990年代以降一気に花開くことになった情報通信技術（ICT）の飛躍的発展，そしてグローバリゼーションのもう一方の重要な担い手である発展途上国における輸出指向工業化戦略への転換が主要な誘因として挙げられる．

　グローバリゼーションにおいては，生産工程が越境的に分解され，生産要素が越境的に組み合わされることによって新たな付加価値を与えられ，最終製品が世界中で販売されるから，「ヒト，モノ，カネ，情報」の世界的可動性という現象が必然（可能かつ必要）となる．いわゆる GVC の編成である．すでに検討したように，GVC は地域的不均等発展を促進し，WTO 体制に地域主義をもたらす．しかし，これはアジア地域全般の不均等発展といったことではなく，中国沿岸部，各国の輸出加工区，日本の東海地方という具合に，国民経済から特定地域を切り取り，それら国際的結合体の不均等発展をもたらす．

　こうしてグローバリゼーションは，一方で驚くべき生産力の高まりとともに，地域主義，国内外の格差拡大，環境破壊，パンデミックといった姿で，その「力」を発現させる[14]．地域主義はこの場合，レーニンの不均等発展論[15]を援用して理解するのが有効である．すなわち，第二次世界大戦後にアメリカ主導のもとで一旦分割され尽くされた世界経済が，現在のアジア，未来のアフリカにおいて地域的不均等発展が生じることで，「太平洋二分論」や「一帯一路」といった構想の下に中国によって再分割が要求されている[16]．

## 4　アメリカン・グローバリゼーションと中国

### （1）　アメリカ資本主義と中国

　経済的，政治的，そして軍事的にも台頭する中国に対して，アメリカ政府が目指すものは，EU，日本，オーストラリア等との協力のもとに，相対的に頭一つ飛びぬけた覇権国として君臨し続けることに集約される．それは，欧米日の多国籍企業，多国籍銀行，投資ファンドが自由に，かつ優位にビジネスを展開することのできる世界経済を維持することであり，そのジュニア・パートナーとして中国を技術的にも市場的にも組み込んでいくことを意味している．この構図は，1980年代から1990年代初めまで荒れ狂った日米貿易摩擦と何ら変

わらない. 日本の場合, 1990年代初頭のバブル崩壊と長期沈滞過程の開始, ア メリカの ICT 経済の開花によって摩擦は沈静化した. これに対して中国は, 世界金融危機直前の2007年以来, GDP 成長率を半減以下にまで低下させてい るが (07年14.3%, 18年6.6%), 摩擦の行方は予断を許さない.

 アメリカ資本主義にとって, 中国の位置づけは三層である. アメリカ製造業 が価値増殖するための「世界の工場」としての位置づけが第一層——具体的に は, 沿岸部を中心とする現地生産をアメリカ多国籍企業の GVC の一環として 組み込むこと. また, 安価な機械, 原材料, 労働者用消費財を輸入すること で, アメリカ本土の全般的な利潤率を上昇させること. 次に, アメリカ農業・ 製造業・サービス業にとって巨大な価値実現の場を提供することが第二層—— 輸出, ライセンシング, 現地生産のための市場としての位置づけである. 最後 に, アメリカ銀行資本・証券資本・ファンド資本の価値増殖 (インカム・ゲイン とキャピタル・ゲイン) の場としての位置づけが第三層である. ここには, 中国 国内への直接的な金融進出という側面と, 巨額の中国外貨準備がアメリカ財務 省証券に安定的に還流することによって金利上昇が抑えられ, これら金融資本 の世界展開を促すという側面がある.

## （2） 中国の「党＝国家」資本主義体制

 他方で中国は, 資金調達, 技術獲得, GVC への参加という面でアメリカ ン・グローバリゼーションを徹底的に活用し, 国有企業主導の巨大な混合寡占 経済を国内に構築することに成功した[17]. これを「事柄 (合目的的)」のアナロ ジーを使って定式化すれば, 次のようになる.

 「党＝国家」資本主義体制 ＝ 〔 ¦「共産」党＝国家←⇒国有・私有制¦
  ←⇒国有企業主導の巨大混合寡占経済〕

 中国の国家体制は, 憲法に規定された党の優越と指導の下に, 党と国家が一 体となった旧社会主義国家と共通の政治体制である. このもとに, 党軍産一体 の複合体として資本主義体制が構築されていることが特徴である[18]. なお, 2002 年第16回党大会において党規約が改定されて民営企業資本家の入党が認めら れ, 共産党は, 労働者, 農民, 国民, 中華民族の前衛という新たな位置づけを 与えられた. つまり, 「共産」党はここで, 変質を遂げた[19].

 国家は一般に, 所有制度を媒介として経済をコントロールする. いわゆる

「国進民退」は，国有企業が主導性を回復する過程を表すものであるが，これは，2002年の胡錦涛政権の成立とともに開始され，2006年に国有企業が支配的地位を保持する主要産業が指定された[20]．こうして現在では，通信サービス，自動車，航空輸送，電力，船舶輸送，石油化学，そして金融部門 (銀行，証券，保険) において国有企業の圧倒的な寡占市場が形成されている．3大石油会社 (中国石油 CNPC，中国石油化工 Sinopec，中国海洋石油 CNOOC)，3大通信キャリア (中国移動，中国電信，中国聯合通信)，4大商業銀行 (中国工商銀行，中国建設銀行，中国農業銀行，中国銀行)，これに次ぐ交通銀行，招商銀行，2大送電網 (国家電網，中国南方電網)，3大自動車メーカー (上海汽車，第一汽車，東風汽車)，3大鉄鋼メーカー (宝山鋼鉄，首都鋼鉄，武漢鋼鉄[21]) は，国内の巨大な寡占・独占市場から安定的な収益を確保している[22]．これら国有企業群が，巨大な ICT 関連民間企業——通信機器大手のファーウェイ (華為科技)，企業間電子商取引のサポート・サイトを運営するアリババ (阿里巴巴)，中国最大の検索エンジンを提供するバイドゥ (百度)，メッセンジャー・サービスの「ウィチャット」を提供するテンセント (騰訊)，総合家電メーカーのシャオミ (小米)，オンライン直販事業を行う京東 (JD.com) など——とともに，中国に進出した多国籍企業と一体となって，混合寡占経済を形成している．これが，中国の求める新たな地域主義「一帯一路」を突き動かす原動力となっている．

　ところが，この巨大な寡占体制は，とりわけアメリカ企業を頂点とした先端産業のグローバルな寡占体制の一翼に，ジュニア・パートナーとして組み込まれていない．また，アジア通貨危機やリーマンショックの教訓から厳しい内外金融規制を敷くことで，アメリカをはじめ先進国の銀行，保険会社，証券会社，投資ファンドに対しても Great Firewall を構築し，巨大な国有銀行体制をすでに確立している[23]．米中経済摩擦の本質は，中国の経済的な台頭それ自体ではない．その全般的な台頭が，アメリカン・グローバリゼーションの内部に，脅威を与えない形で組み込まれていないことからくるアメリカ資本主義のフラストレーションの表出である．

### （3）　米中財貿易の軌道分析

　米中経済摩擦の重要問題として，両国間の巨額の貿易収支不均衡がしばしば取り上げられる．そこで，両国の財貿易の不均衡について取り上げてみよう．OECD データを用いて主要国・地域の財貿易収支を見たものが**図1-1**であ

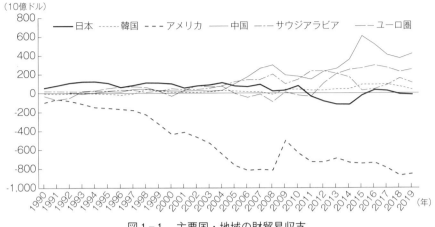

図1-1 主要国・地域の財貿易収支

（出所）OECD.

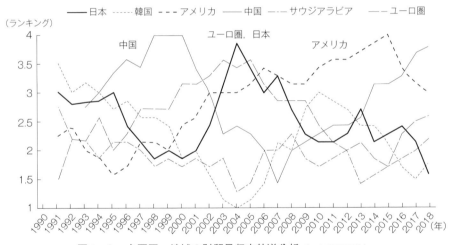

図1-2 主要国・地域の財貿易収支軌道分析（7年移動平均）

（出所）OECD.

る．これによれば，かつて1980年代の日米貿易収支関係がそうであったように，中国の黒字とアメリカの赤字が，まるでミラー・イメージのような対称関係にあることがわかる．世界経済全体としてみれば，ある国の黒字は他国の赤字であって，全体を合計すればゼロとなる．したがって，黒字と赤字の間で因果関係を特定することは，本来できない．しかし，軌道分析の手法を用いれば，多変数間の先導・追従関係——すなわち，変化を先導する変数とそれに追従する変数間の序列関係を明らかにすることができる．その結果を示したものが，図1-2である．

　これによれば，中国経済が本格的に輸出指向工業化に乗り出す1994年からWTO加盟を果たす2001年にかけて，たしかに世界の財貿易収支の変化を先導[25]していたのは中国であった．この変化に，日本・韓国・ユーロ圏が反応・追従し，これらが相乗効果となってアメリカの財貿易赤字の拡大につながっていった．しかし，2002年から05年にかけて，ユーロ圏と日本の収支変動が世界を先導するようになる．この間アメリカは，財貿易収支を4700億ドルから7700億ドルの赤字へと悪化させている．しかし，これ以降2006年から16年にかけて，世界の財貿易収支の変動を一貫して先導していたのはアメリカの赤字であった．その先導性は，他を圧倒していたといってよい．たしかに，2017-18年にふたたび中国がキック・スターターの地位に返り咲くが，それは黒字の拡大によってではなく，逆にその縮小によって他を先導していたのである[26]．以上から，2016年の大統領選挙期間中から始まったトランプ政権の対中貿易収支不均衡批判は，マクロ経済的には，まったく根拠をもたないものであることがわかる．

## 5　グローバリゼーションとパンデミック，そして中国

　21世紀パンデミック，すなわち感染症のグローバリゼーションは，2002年11月に中国広東省に端を発した重症急性呼吸器症候群（SARS），2012年に発生した中東呼吸器症候群（MERS）を経て，2019年末の湖北省武漢に発生した新型コロナウイルス COVID-19によってその頂点に達した．これを「事柄（無目的的）」のアナロジーを用いて，次のように定式化しよう．

21世紀パンデミック

= 〔¦ウイルス感染力の潜在的グローバリティ ⟵⇒経済的グローバリゼーション¦

　　　　　　　（力）　　　　　　　　　　　　　　　　（誘発）

⟵⇒経済的グローバリゼーションの破壊（国境閉鎖，都市封鎖，行動制限）〕

　　　　　（力の発現）

　ウイルスのもつ感染力は，あくまで潜在的な，そしてもっとも純粋なグロー
バリティ——すなわち，グローバルな規模での感染性をもつ．これが，経済的
グローバリゼーションによって人と人との接触が飛躍的に増大することによっ
て誘発されて顕在化し，パンデミックとなる．そして，これによってもたらさ
れるのが，誘因であった経済的グローバリゼーションそのものの破壊，すなわ
ちロックダウンと呼ばれる国境閉鎖や都市封鎖，そして一人ひとりの行動制限
である．この誘因そのものの破壊によって，パンデミックは一旦終息する．

　自然界においては，集団免疫しか完全な感染終息の方法はない．新型コロナ
ウイルスの場合，集団免疫が成立するためには人口の40－60％あるいは80％以
上の感染が必要と言われているから，たとえ数％の致死率としても，死者の数
は膨大となる[27]．このような「自然的集団免疫」は，現代社会において政治的に
到底耐えうるものではない[28]．したがって，中国を除く多くの国では，感染者数
を十分抑え切らないまま国境閉鎖や都市封鎖を解いて経済的グローバリゼー
ションを再開し，再びパンデミック第2波以降に襲われることになる．

　これに対処する国際公衆衛生体制は，「事柄（合目的的）」のアナロジーを用
いて，次のように定式化される．この構造の中に，グローバル社会が公衆衛生
面で抱える深刻な問題が暴露されることとなった．

国際公衆衛生体制

= 〔¦公衆衛生のグローバリズム（WHO）⟵⇒国民国家の保健機関¦

　　　　　（目的）　　　　　　　　　　　　　　　　（手段）

⟵⇒不均等な「パンデミック」〕

　　　　　（条件）

　世界保健機関（WHO）が体現する「目的」が，公衆衛生のグローバリズム
（感染症のグローバルなレベルでの撲滅）である．しかし，これを実現する「手段」
は，WHO の各国支部ではなく，加盟各国の保健機関であった．新型コロナウ

イルスがあらわにしたものは，住民の公衆衛生に最終責任をもつ主体は，結局のところ国民国家しか存在せず，その政策の巧拙が諸国民の生死を分けたという事実である．もっとも超国民国家的統合の進んだ EU でさえ，シェンゲン協定を停止して「国境」を復活させ，イタリアを見捨てた事実は，このことの決定的な証拠の 1 つであろう．財政統合，政治統合はおろか，本来等しかるべき EU 市民の命を守る公衆衛生統合さえできていないのが EU の現状である．また，アメリカ，タイ，シンガポールなどにおける外国人労働者（合法，非合法）の間での感染拡大に対して，自国民を最優先した事実は，「自国民か否か」という基準が，「重症患者か否か」というトリアージュの原則よりも重いという現実を突きつけた．これに加えて，経済的グローバリズムを促進する「手段」の役割を担うネオ・リベラリズム（市場至上主義）が，感染症のグローバリゼーションに対してまったく為す術をもたず，ただ自国政府の支援を懇願するのみであった事実をわたしたちは忘れてはならない．

　さて，以上のような諸国と対比して，国民国家のもつ権能を最大限行使することで，一気に感染終息を達成したのが中国であった．公衆衛生という観点から見れば，徹底した国境閉鎖，都市封鎖，行動制限そして大規模検査を行えば，効果的に防疫を果たすことができることを中国は証明した．そのためには，集中された強い国家機構（国家権力）のもとで，強制機関としての軍隊・警察組織を一党支配のもとで効率よく動員し，それを組織的・イデオロギー的に保証する巨大な共産党組織を国民生活の隅々まで張り巡らしていることが条件となる．ICT の有効活用は，これらの結果に過ぎない．このような強権をもった国家体制こそが，ポスト・コロナ時代の国家モデルであるという言説が，今後世界に流布されていくことになろう．

## おわりに

　鄧小平の92年南巡講話以来，「韜光養晦（とうこうようかい）」を心に刻みつつ力を蓄えてきた中国は，胡錦濤政権末期から本格的な積極外交へと転換し，2012年の習近平政権成立とほぼ同時に中国独自の地域主義政策「一帯一路」を打ち出すに至った．しかし，これがアメリカン・グローバリゼーションに取って代わるわけではないし，世界的なスケールでアメリカの覇権を押しのける意図も実力も中国にはなかろう．北東アジア，東南アジアに力点を置きつつ，やや広がりをもった地

域的覇権を目指していると考えられる．しかし，それが限定的なものであれば
あるほど，そこから十分な利益を汲み出すことはむつかしかろう．したがっ
て，日米韓 EU との安定的な貿易投資関係を再構築する必要性は，高まること
こそあれ，けっして低くなることはない．また，RCEP を基盤とした広域 FTA
の再構築も喫緊の課題である．こうした経済的必要性にもし中国が引き寄せら
れ，バイデン民主党政権のもとでそのための政治条件が整えられたならば，米
中摩擦が沈静化に向かう可能性は十分にあると考えられる．

### 注

1）直近に出版され，コンパクトかつ質の高い米中経済摩擦に関する文献として，大橋
（2020）を挙げておきたい．

2）関税の撤廃や削減を定める自由貿易協定（Free Trade Agreement：FTA），関税だけ
でなく知的財産の保護や投資ルールの整備なども含めた経済連携協定（Economic Part-
nership Agreement：EPA）などの区別があるが，ここでは一括して FTA という名称
のもとに取り扱う．

3）日本貿易振興機構（JETRO）〈https://www.jetro.go.jp/theme/wto-fta/basic.html〉2020
年 9 月 7 日アクセス．

4）包括的及び先進的な環太平洋パートナーシップ協定（Comprehensive and Progressive
Trans-Pacific Partnership：CPTPP），日 EU・EPA，TTIP（環大西洋貿易投資パート
ナーシップ），RCEP（東アジア地域包括的経済連携）などがこれに分類される．

5）以上，日本貿易振興機構（JETRO）〈https://www.jetro.go.jp/world/asia/cn/trade_
01.html〉2020年 9 月 8 日アクセス．

6）2020年に ECFA 発効10周年を迎えたが，その成果は少ない．当初，中国側はプラス
チック製品など539品目（対中輸出の16％，138億ドル），台湾側は267品目（対台輸出の
11％，28億ドル）で関税引き下げが行われたが，その後ほとんど進展がなく，現時点で
はそれぞれ 5 ％程度の比重しかない．2014年には馬政権が ECFA 拡大を強行しようと
して，学生が立法院（国会）を占拠する事件が発生した（『日本経済新聞』2020年 9 月
12日）．

7）習近平政権の政治的・外交的側面に関しては，林（2017）特にその第 1 章を参照．

8）「独自の地域主義」という観点から重要な意味をもつものとして，2019年10月に調印
されたアフリカ初のモーリシャスとの FTA，2017年12月に調印されながら2018年11月
に見直しが表明されたモルディブとの FTA がある．また，オーストラリア政府が新型
コロナウイルス発生源の調査を中国に求め，国内 5 G 通信網からファーウェイ排除を決
定したこと，また香港問題に対して批判的姿勢をとったことに対して，中国向け一部牛
肉の輸入停止，大麦への80％超の追加関税など相次いで輸入制限が課され，さらに2020
年11月27日にはワインに対して反ダンピング対抗措置が取られた．FTA 締結国オース
トラリアに対するこのような「制裁」もまた，中国が目指す「独自の地域主義」の実態

を示すものである.

9）この全面的な分析については, 中本・萩原（2005）, 中本・宮崎（2013）を参照.

10）これは, 社会＝〔｜イデオロギー←⇒政治｜←⇒経済〕の応用である.

11）①財政赤字の是正, ②補助金カットなど財政支出の変更, ③税制改革, ④金利の自由化, ⑤競争力ある為替レート, ⑥貿易の自由化, ⑦直接投資の受け入れ促進, ⑧国営企業の民営化, ⑨規制緩和, ⑩所有権法の確立, の10項目から構成される. Williamson（1990）を参照.

12）特定の機能に特定の労働者が固定されることを分業, 労働者がさまざまな機能をこなしていくことを労働転換という. 労働転換は, 分業にまつわるさまざまな弊害を乗り越えていく未来社会の方向性を示している. 協業は, ベルトコンベヤー・システムに代表されるように, 労働過程の完全な連動性（synchronization）と, それに基づく生産性の向上によって特徴づけられる. これに対して共同労働は, 協業と協業の間を調整（coordination）することによって生産性を向上させていく. 現代の多国籍企業は, この共同労働を世界的に展開するものである. 詳しくは, 板木（1989）を参照.

13）分業こそが生産力の源であるという理解は, アダム・スミス以来の誤ったドグマである. スミス『諸国民の富』第1章「分業について」とマルクス『資本論』第1巻第11章「協業」, これを受けた第12章「分業とマニュファクチュア」, 第13章「機械と大工業」を読み比べ, 改めて第11章のもつ現代的な意味を深く理解する必要がある.

14）Rodrik（2011；2018）に示されたグローバリゼーション抑制論は, 目的としてのグローバリズムを修正し, 手段としてのネオ・リベラルズムを捨て, 適切にコントロールされたグローバリゼーションを実現しようと主張するものである. つまり, 無目的的な力であるグローバリティの猛威による「地域主義（分割・不均等発展・再分割）, 格差拡大, 環境破壊, パンデミック」を抑制しようとする. ここから生まれる重要な論点は, 「はたしてグローバリゼーションは必然か？」という問題提起であろう.

15）レーニン（1917）『帝国主義』第5章「資本家団体のあいだでの世界の分割」, 第6章「列強のあいだでの世界の分割」を参照.

16）本章とは観点を異にするが, 「一帯一路」に関する最新の研究として, 平川・町田・真家ほか（2019）を参照.

17）ここに至る経緯に関しては, 詳しく議論する紙幅をもたないが, 中国経済全般を論じた中国人研究者の著作として滕（2017）, 蔡（2019）を参照.

18）「党＝国家」資本主義体制確立の直前までを扱った研究であるが, すでに「官僚金融産業資本主義」という規定を与えたものとして, 小島（1997）を参照. 加藤（1997）では「市場化」というあいまいな概念に基づく分析であったが, 加藤・渡邊・大橋（2013）では, 「国家資本主義」の概念を全面に押し出した優れた分析を行っている. また, 関下（2015）では, これを党営資本主義（party capitalism）と規定し, それを支える体制を党軍体制と規定している.

19）高原・前田（2014）第3章「社会主義の中国的変質」参照.

20）具体的には, 2003年4月に国有企業体制全般をつかさどる国有資産監督管理委員会が設立され, 2006年12月「国有資産監督管理委員会の国有資本調整および国有企業再構築

に関する指導意見（97号文件）」の発出によって国有企業優位が決定づけられ，合わせ
て「国有資本が絶対的支配権を保持する産業7つ，相対的な支配権を保持する産業9
つ」が示された．

21）その後，宝山製鉄を擁する宝鋼集団と武漢鋼鉄集団は，2016年に合併し，宝武鋼鉄集
団となった．さらに，2019年にはこの宝武鋼鉄集団と馬鋼集団の経営統合が発表され
た．

22）以上，加藤・渡邊・大橋（2013）第1，5章参照．

23）この状況は，2020年に入って変化しつつある．JPモルガン・チェースが10億ドルを
投じて，公募投資信託を販売する合弁会社の完全子会社化を完了しつつある．ゴールド
マン・サックスも証券合弁会社の完全子会社化を目指しており，いずれも実現すれば中
国初の100％外資の投資銀行となる．モルガン・スタンレーは3月に現地合弁会社への
出資比率を49％から51％に引き上げて完全子会社化を目指している．シティグループは
9月に米銀ではじめて証券保管業務の認可を取得した．資産運用会社ブラックロックは
8月，個人向け投信を販売する100％子会社の設立認可を受け，バンガード・グループ
は上海に地域統括会社を設立する予定であるという．完全子会社を通じた米金融機関の
対中進出が加速しつつある（日本経済新聞，2020年10月19日）．11月の大統領選挙に向
けて，金融不動産分野からの政治献金が他産業を圧倒し（これに次ぐのが通信・電
機），しかもそれがトランプ大統領ではなくバイデン民主党候補に集中した事実（同，10
月23日）は，この変化と深い関連がありそうである．

24）Itaki（2014）を参照．

25）軌道分析では，このようなポジションをキック・スターターと呼ぶ．

26）2015年に過剰資本を発生させた中国経済は，財政の大幅赤字と金融緩和政策をとり，
民間消費の上昇とともに固定資本形成の減少を補っていた．これが貿易黒字縮小の背景
である．つまり，世界に先駆けた貿易収支の変化とは，中国独自の自律的なメカニズム
にもとづくものであった．Itaki（2021）を参照のこと．

27）2020年11月3日アメリカ大統領選挙当日，世界全体の感染者数4687万1264名，死者数
120万6187名，致死率2.57％（『日本経済新聞』2020年11月4日）．

28）同日アメリカは，感染者数929万人，死者23万人を超える世界最大の感染国であった
（同上）．そして感染者数は，ほどなく1000万人を突破した．

**参考文献**

板木雅彦（1989）「企業内国際分業の労働体系」吉信粛編著『現代世界経済論の課題と日
本』同文舘，pp. 41 – 64.

大橋英夫（2020）『チャイナ・ショックの経済学——米中貿易戦争の検証——』勁草書
房.

小島麗逸（1997）『現代中国の経済』岩波書店.

加藤弘之（1997）『中国の経済発展と市場化——改革・開放時代の検証——』名古屋大学
出版会.

加藤弘之・渡邊真理子・大橋英夫（2013）『21世紀の中国　経済篇——国家資本主義の光

と影──』朝日新聞出版.

関下稔（2015）『米中政治経済論──グローバル資本主義の政治と経済──』御茶の水書房.

蔡昉（2019）『現代中国経済入門──人口ボーナスから改革ボーナスへ──』丸川知雄監訳，東京大学出版会.

高原明生・前田宏子（2014）『開発主義の時代へ 1972 - 2014』岩波書店.

滕鑑（2017）『中国の体制移行と経済発展』御茶の水書房.

中本悟・萩原伸次郎編（2005）『現代アメリカ経済──アメリカン・グローバリゼーションの構造──』日本評論社.

中本悟・宮崎礼二編（2013）『現代アメリカ経済分析──理念・歴史・政策──』日本評論社.

林望（2017）『習近平の中国──100年の夢と現実──』岩波書店.

平川均・町田一兵・真家陽一・石川幸一編著（2019）『一帯一路の政治経済学──中国は新たなフロンティアを創出するか──』文眞堂.


Itaki, Masahiko（2014）"Orbit analysis of leading - following relations among multiple variables," *The Ritsumeikan Journal of International Studies*, Vol. 27, No. 1（『立命館国際研究』第27巻 1 号），pp. 1-33.

───（2021）"The formation of surplus capital in China and the capital flight crisis in 2015 - 2016", *The Ritsumeikan Economic Review*, Vol. 69, No. 5-6（『立命館経済学』第69巻第 5 ・ 6 号）pp. 156-192.

Rodrik, Dani（2011）*The Globalization Paradox : Why Global Markets, States, and Democracy Can't Coexist*, Oxford University Press.（柴山桂太・大川良文訳『グローバリゼーション・パラドクス』白水社，2014年）.

───（2018）*Straight Talk on Trade : Ideas for a Sane World Economy*, Princeton University Press.（岩本正明訳『貿易戦争の政治経済学』白水社，2019年）.

Williamson, John（1990）"What Washington means by policy reform," Williamson, John（ed.），*Latin American Readjustment : How Much has Happened*, Washington : Peterson Institute for International Economics.

―第**2**章―────────────
# 米中間における貿易不均衡の構造
## ──アジア太平洋地域における国際分業と企業行動──

田 村 太 一

## は じ め に

　本章では，米中間における貿易不均衡の構造を，企業活動をベースとした国際分業の視点から考察する．

　21世紀に入って以降，米中間の貿易は急速に増大し，そのなかで両国間の貿易不均衡は拡大することになった．この背景には，中国のWTO加盟（2001年）に代表されるように中国が世界経済の枠組みに組み込まれるなかで，アメリカ企業をはじめとした多国籍企業による中国への生産拠点の移転が進められたことが大きく関係している．本章では，米中間の財貿易不均衡の構造に焦点を絞り，それがどのような国際分業の編成過程のなかで生じているのか，またそれがどのような企業活動の結果生じているのかという点に着目して分析する．

　本章の構成は，以下である．第1節では，米中間の財貿易の拡大とアジア太平洋地域にまたがる国際分業構造（いわゆる「三角貿易」構造）の関係を考察する．第2節では，アジア太平洋地域に形成された国際分業構造のなかの中国の役割を確認する．そのうえで，中国からアメリカへの輸出構造と企業活動の関係を見る．第3節では，アジア太平洋地域にまたがる国際分業を，個別企業（Apple社）の事例を通して分析する．

## 1　米中貿易の拡大と「三角貿易」

### （1）　米中間貿易の拡大
本節では，米中間における貿易の拡大と国際分業の関係について見ていく．
はじめにアメリカ商務省の統計からアメリカの対中国財貿易額の推移とアメ

リカの貿易全体に占める中国の比重をみると，2000年から2018年にかけて，ア
メリカと中国との間の貿易額が増大し，アメリカ全体の貿易に占める中国の比
重が高まっている[1]．アメリカの中国との財貿易額は，輸出では164億ドルから
1221億ドルへ，輸入では1002億ドルから5401億ドルへと，それぞれ7.5倍，5.4
倍に増大した．それに合わせてアメリカの財貿易全体に占める中国の比重も，
輸出では2.1％から7.3％へ，輸入では8.1％から21.1％へとそれぞれ上昇して
いる[2]．つまり米中間の貿易関係は，アメリカの中国からの輸入額が増大するか
たちで強まったのである．その結果，2018年時点では，アメリカの貿易収支赤
字の半分近く（47.5％）を中国が占めるに至っている．

　このような21世紀に入ってからの米中間の貿易拡大と貿易不均衡の拡大の背
景には，アメリカによる中国への恒久的な最恵国待遇付与の承認（2000年），お
よび中国のWTO加盟（2001年）が通商関係の上で大きな要因であったと考え
られている[3]．たしかに，米中間の貿易関係において，制度的な貿易障壁が取り
払われたことは，二国間で貿易が拡大していく重要な条件であったと言える．
しかしそれよりもむしろ，米中間の貿易拡大にはそれらを基礎的な条件とし
て，アジア太平洋地域で形成された生産ネットワーク＝国際分業構造が大きく
関係している．

### （2）「三角貿易」の展開

　アジア太平洋地域に展開された国際分業構造は，「三角貿易」構造と呼ばれ
ている．三角貿易とは，日本，韓国，台湾，ASEANから中国の生産拠点に部
品・加工品などの中間投入財が輸出され，中国で組立・加工がなされた後に，
「Made in China」の最終財としてアメリカや欧州に輸出されるという分業構造
である[4]．この関係を生産工程別の財貿易統計を使用して特徴を抽出・整理した
ものが，**図2-1**である．ここでは，米中間の貿易関係が強まった21世紀に
入ってからの変化を見るために，2000年と2010年の2時点のデータを取り上げ
て，その特徴を見ていこう[5]．

　この図から読み取ることのできる主な特徴は，以下の2点である．

　第1に，2000年から2010年にかけて，アジア各国・地域において貿易が拡大
したが，日本，韓国，台湾，ASEANと中国との貿易では，中間財の取引が増
えている．特に，日本，韓国，台湾から中国やASEANに向けて，またASEAN
と中国との間で，中間財貿易の増大が見られる．

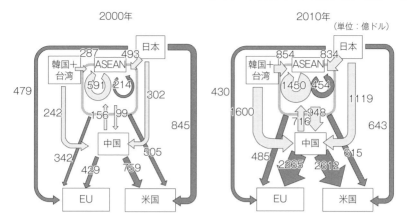

**図 2−1 東アジア地域における中間財・最終財貿易の推移** (2000年，2010年)

(注) 図中の「ASEAN」はインドネシア，マレーシア，フィリピン，シンガポール，タイ，ブルネイ，カンボジア，ベトナムの8カ国を指し，「EU」は，EU15カ国（英国，フランス，ドイツ，イタリア，オーストリア，ベルギー・ルクセンブルク，デンマーク，フィンランド，ギリシア，アイルランド，オランダ，ポルトガル，スペイン，スウェーデン）を指す．

(出所) 経済産業研究所（2020）より作成.

　第2に，アジア各国・地域から欧米諸国への最終財の輸出を見ると，日本の役割がやや後景に退き，ASEANと中国の役割が大きくなっていることがわかる．特に中国の最終財輸出の役割は2000年から2010年にかけて圧倒的に拡大しており，対EU向けでは5.3倍（429億ドル → 2265億ドル），対アメリカ向けでは3.4倍（759億ドル → 2612億ドル）となった．

　このように，米中間の貿易拡大（特に中国からアメリカへの輸出の増大）には，アジア太平洋地域を取りまく生産ネットワークの形成がかかわっており，そのなかで二国間関係が強まっていったのである．

　その結果，主な組立型の製造業種においては，中国に生産拠点が一極集中するようになっている．中国がWTOに加盟する前の時点では，コンピュータ・周辺機器，家電製品などの生産は，アジア地域にある程度集中はしていたが，中国での生産はそれほど多いものではなかった．例えば，ノート型PCの生産では，2000年時点で世界の生産量の8割強（86.4%）をアジア地域で生産していたが，その生産拠点は主に台湾（53.6%），日本（23.2%）に集中し，中国での生産の割合はわずか0.4%であった．ところが，2018年時点の生産拠点の状[6]

況を見ると，大部分の組立製造業種において，中国に一極集中化している．一例を挙げれば，ノート型 PC (93.2%)，DVD／BD プレイヤー(86.4%)，スマートフォン (65.1%) などである．つまり，中国は上記にみた国際分業構造において「世界の生産加工・輸出基地」[7] として位置づけられるようになったのである．

　以上，米中間の貿易関係の強まりは，主としてアメリカの対中輸入の増大を通じて展開されたのであり，その要因は，アメリカによる中国への恒久的な最恵国待遇付与の承認 (2000年)，および中国の WTO 加盟 (2001年) を基礎的な条件として，アジア太平洋地域で形成された「三角貿易」構造であった．

## 2　中国の貿易構造と対米輸出

### （1）　中国の貿易構造

　本節は，中国からアメリカへの財輸出の増大がどのような貿易構造のなかで展開されてきたのかという点を見ていく．具体的には，前節でみた「三角貿易」のなかで中国が一大輸出拠点になった貿易構造とアメリカへの輸出の構造を見ることにする．

　まず，中国の貿易構造の把握からはじめよう．表 2－1 は中国の税関統計から作成した 3 時点 (2000年，2010年，2018年) の貿易形態別・企業所有別の貿易構造である．この表を見ると，中国の世界との貿易額 (輸出と輸入の合計) は，2000年の4743億ドルから2018年の 4 兆6230億ドルへと，18年間で9.7倍の増加となっている．続いて中国の貿易を企業所有別に見ると，「外資系企業」が貿易のおよそ半分を担っていることがわかる．2000年時点では，国有企業が45.4%，集団所有企業が4.7%，外資系企業が49.9%と，外資系企業が担う貿易が中国の貿易の半分を占めていた．2018年時点では，国有企業の割合は17.4%に減少し，かわりに民営企業の割合が40.0%へと高まっているが，外資系企業は依然として中国の貿易の42.6%を占めている．

　さらに関税制度に基づいた貿易形態から見れば，外資系企業は「加工貿易」[8] の大部分を担っていることがわかる．中国の貿易のうち，加工貿易形態の比重は高く，2000年時点で48.5%，2010年時点で38.9%が加工貿易の形態であった．2018年時点では加工貿易形態の比重は低下するものの，いまだに 3 割近く (27.4%) を占めている．この加工貿易の 7 － 8 割を担っているのが外資系企業

表 2 - 1　中国の貿易形態別・企業所有別の貿易構造（2000, 2010, 2018年）

（単位：億ドル）

### 2000年

| | 全企業 | | 国有企業 | | 集団所有企業 | | 外資系企業 | |
|---|---|---|---|---|---|---|---|---|
| | 金額 | 比重 | 金額 | シェア | 金額 | シェア | 金額 | シェア |
| 輸出入総額 | 4,743 | 100.0% | 2,154 | (45.4%) | 222 | (4.7%) | 2,367 | (49.9%) |
| 一般貿易 | 2,053 | 43.3% | 1,449 | (70.6%) | 141 | (6.8%) | 463 | (22.5%) |
| 加工貿易 | 2,302 | 48.5% | 591 | (25.7%) | 54 | (2.3%) | 1,658 | (72.0%) |
| 　来料加工 | 691 | 14.6% | 439 | (63.5%) | 24 | (3.5%) | 228 | (33.0%) |
| 　進料加工 | 1,611 | 34.0% | 152 | (9.4%) | 29 | (1.8%) | 1,430 | (88.8%) |
| 保税貿易 | 161 | 3.4% | 39 | (24.1%) | 9 | (5.6%) | 113 | (70.2%) |
| 加工区への設備輸入 | 147 | 3.1% | 14 | (9.6%) | 0.5 | (0.3%) | 133 | (90.0%) |
| その他 | 78 | 1.6% | 60 | (76.6%) | 18 | (22.7%) | 0.6 | (0.7%) |

### 2010年

| | 全企業 | | 国有企業 | | 集団所有企業 | | 外資系企業 | |
|---|---|---|---|---|---|---|---|---|
| | 金額 | 比重 | 金額 | シェア | 金額 | シェア | 金額 | シェア |
| 輸出入総額 | 29,728 | 100.0% | 6,219 | (20.9%) | 7,505 | (25.2%) | 16,003 | (53.8%) |
| 一般貿易 | 14,887 | 50.1% | 4,432 | (29.8%) | 5,696 | (38.3%) | 4,759 | (32.0%) |
| 加工貿易 | 11,578 | 38.9% | 993 | (8.6%) | 875 | (7.6%) | 9,709 | (83.9%) |
| 　来料加工 | 2,116 | 7.1% | 546 | (25.8%) | 285 | (13.5%) | 1,286 | (60.8%) |
| 　進料加工 | 9,462 | 31.8% | 447 | (4.7%) | 591 | (6.2%) | 8,424 | (89.0%) |
| 保税貿易 | 2,422 | 8.1% | 583 | (24.1%) | 537 | (22.2%) | 1,302 | (53.7%) |
| 加工区への設備輸入 | 215 | 0.7% | 2 | (1.1%) | 2 | (1.0%) | 211 | (97.8%) |
| その他 | 626 | 2.1% | 208 | (33.3%) | 395 | (63.1%) | 23 | (3.6%) |

### 2018年

| | 全企業 | | 国有企業 | | 民営企業 | | 外資系企業 | |
|---|---|---|---|---|---|---|---|---|
| | 金額 | 比重 | 金額 | シェア | 金額 | シェア | 金額 | シェア |
| 輸出入総額 | 46,230 | 100.0% | 8,046 | (17.4%) | 18,504 | (40.0%) | 19,681 | (42.6%) |
| 一般貿易 | 26,749 | 57.9% | 5,972 | (22.3%) | 13,454 | (50.3%) | 7,323 | (27.4%) |
| 加工貿易 | 12,676 | 27.4% | 619 | (4.9%) | 1,748 | (13.8%) | 10,308 | (81.3%) |
| 　来料加工 | 1,796 | 3.9% | 218 | (12.1%) | 230 | (12.8%) | 1,348 | (75.1%) |
| 　進料加工 | 10,880 | 23.5% | 402 | (3.7%) | 1,517 | (13.9%) | 8,961 | (82.4%) |
| 保税貿易 | 5,101 | 11.0% | 1,249 | (24.5%) | 1,982 | (38.9%) | 1,869 | (36.6%) |
| 加工区への設備輸入 | 130 | 0.3% | 0.9 | (0.7%) | 6 | (4.9%) | 123 | (94.3%) |
| その他 | 1,575 | 3.4% | 205 | (13.0%) | 1,313 | (83.4%) | 57 | (3.6%) |

（注 1 ）2000年と2010年の集団所有企業は，民営企業およびその他企業を含めている。2018年の民営企業は，集団所有企業およびその他企業を含めている。
（注 2 ）外資系企業（FIE：Foreign-invested Enterprises）には，Sino-foreign Contractual Joint Venture（CJV：中外合作企業），Sino-Foreign Equity Joint Venture（EJV：中外合弁企業），Foreign-owned Enterprises（FOE：外資独資企業）が含まれる。
（注 3 ）企業所有制別のシェアは，全企業に占めるそれぞれの企業の割合を示す．
（注 4 ）「保税貿易」には，保税区や保税倉庫に預けた貨物が含まれる．
（注 5 ）「来料加工」とは，委託元の企業が原材料や資材設備を海外から運搬し，請け負った中国の企業が委託元の外国企業の指示に従って製品を製造して加工賃を受け取り，その企業に再輸出するもの．
（注 6 ）「進料加工」とは，加工貿易を行う企業が海外から原材料や設備などを購入（輸入し），組立・加工を施した製品を海外に販売する（輸出する）もの．
（注 7 ）中国の税関統計には，「来料加工」と「進料加工」の他に，「出料加工」という加工貿易の形態が存在するが，貿易額の0.1％にも満たないものであるため，ここでは省いている．
（出所）GACPRC（2000；2010；2018）より作成．

である（2000年72.0％，2010年83.9％，2018年81.3％）.

以上の点を「三角貿易」における中国の役割の中で位置づけると，外資系企業は生産と貿易の主要な部分を担ってきたのであり，主として加工貿易形態で貿易活動を行ってきたということである[9]．この外資系企業が多数を占める加工貿易の主な品目は組立製造業種であり，特に「コンピュータ・電子機器」などの業種が多い．別の統計で，加工貿易全体に占める「電気・電子機器」関連の加工貿易の割合を見ると，2000年時点では35.2％であったが，2010年時点では60.5％となり，2018年時点でも60.3％となっている[10]．

このような中国の貿易における外資系企業の役割の拡大は，中国商務部が公表している「中国輸出額上位200社」のリストの変化にも反映されている．中国がWTOに加盟をした2001年と2018年の輸出額上位200社のリストを分析すると，外資系企業の数は，2001年では73社（上位200社輸出額合計に占める割合：31.8％）であったが，2018年には103社（同割合：60.4％）にまで増大している．

図2-2は，このリストをもとに，2001年と2018年の輸出額上位200社の業種構成を図示したものである．これを見ると，2001年時点でもっとも多かった「貿易」関連の企業（そのすべてが国有企業形態）が2018年には大幅に減少し，それにかわって「情報通信技術（ICT）」関連の企業が増大していることがわかる．企業所有別で内訳を見れば，「ICT」関連企業の8割超が外資系企業であり，アメリカ，韓国を母国とする企業も増えてはいるものの，台湾企業の拡大が顕著である．個別企業名を確認すると，そこには，鴻海科技集団／富士康科技集団（Foxconn；本社は台湾）や廣達電脳（Quanta Computer；台湾），和碩聯合科技（Pegatron；台湾），仁宝電脳（Compal Electronics；台湾），緯創資通（Wistron；台湾），Flex（旧Flextronics；シンガポール）など電子機器の受託製造サービス（Electronics Manufacturing Services；EMS）企業が軒を並べ，それらの企業による輸出が増えている．2018年時点で上位200社の輸出額合計のうちEMS企業（39社）だけで見ると36.0％を占め，なかでも最大手の鴻海科技集団／富士康科技集団（Foxconn）の関連会社（16社）だけで上位200社輸出額合計の16.6％を占めるほどである．中国において，EMS企業による契約ベースの製造が拡大している証左であると言えよう[11]．

## （2） 対米輸出の構造

では，中国からアメリカへの輸出はどの品目で拡大してきたのか．この点を

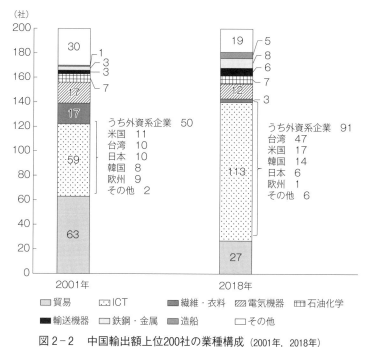

**図2-2　中国輸出額上位200社の業種構成** (2001年，2018年)

（注）輸出企業の業種および企業の所有関係については，企業名鑑およびHPなどを参照した．
（出所）中国対外経済貿易年鑑編輯委員会（2002）および中国商務部のデータより作成．

図2-3で確認しよう．この図は，アメリカ側から見た中国からの品目別輸入構成を示したものである．これを見ると，アメリカの中国からの輸入品目（逆に言えば，中国の対米輸出品目）は，軽工業品から機械類・電気機器などの品目にシフトしていったことがわかる．1992年時点では，「繊維・アパレル」，「靴・帽子・傘」，「家具類・玩具・雑貨類」など，いわゆる軽工業品が全体の54.4％を占めていたが，2018年には22.9％にまで低下している．他方，「機械・電気機器」および「輸送・精密機器」の品目は，1992年の20.6％から2018年の55.8％にまで比重を増大させている．そのなかでも，「コンピュータ・電気機器」業種にかかわる品目の輸入増大が顕著であり，これは先に見た中国の輸出額上位200社の業種構成の変化と一致している．

　こうしたアメリカの中国からの輸入の増大には，アメリカ企業がかかわっている貿易も少なくはない．アメリカの中国からの輸入のうち，アメリカ企業が

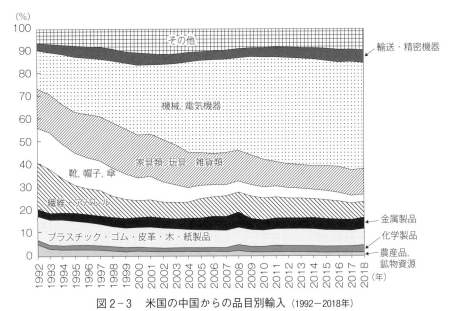

**図 2 - 3　米国の中国からの品目別輸入**（1992－2018年）

（注）HS分類による．01－27：農産品・鉱物資源，28－38：化学製品，39－49：プラスチック・ゴム・皮革・
　　木・紙製品，50－63：繊維・アパレル，64－67：靴・帽子・傘，72－83：金属製品，84－85：機械・電気機
　　器，86－92：輸送・精密機器，94－96：家具類・玩具類・雑貨類，68－70，71，93，97－99：その他，とし
　　た．
（出所）U. S. Census Bureau（2020b）．

　かかわる「関連企業貿易[12]」を見ると，1992年時点では輸入全体の１割
（10.5％）を占めるに過ぎなかったが，2001年に中国がWTOに加盟して以降そ
の割合は高まっており，ピーク時の2010年には29.4％にまで上昇し，2018年時
点では23.1％となっている[13]．つまり，アメリカの中国からの財輸入のうち，少
なくとも２割はアメリカ企業の在中国子会社・関連会社からの輸入ということ
である．

　以上のように，中国の貿易構造からみていくと，中国からアメリカへの輸出
拡大には中国に進出している外資系企業が大きくかかわっており，三角貿易構
造のなかで，加工貿易を中心として貿易が拡大したと言える．こうして中国の
生産拠点で組立・製造された「Made in China」の製品が最大の消費地である
アメリカに向けて大量に輸出されているのである．特に，アメリカの主要な貿
易収支赤字品目であるICT業種の貿易の大部分は，中国に生産拠点を持つ外

資系企業（主に台湾の EMS 企業）がかかわっており，委託生産に基づく貿易が多く含まれている構造だということである．

## 3　米中貿易不均衡と国際分業

### （1）　国際分業と Apple 社

　本節では，米中間の貿易増大と貿易不均衡の拡大が，具体的にどのような企業行動の結果として生じているのかという点を確認する．ここでは，前節までに見てきた「三角貿易」構造を体現するかたちでグローバルに事業活動している Apple 社を取り上げて，そのケーススタディを通して米中間にまたがる国際分業を考察する．

　あらかじめ Apple 社の概況について触れておくと，同社はアメリカを代表する ICT 企業の 1 つであり，時価総額 2 兆ドル（2020年 8 月末時点）を超える巨大多国籍企業でもある．同社は，スマートフォンや PC など ICT 関連の製品を販売しているが，それらの製品の多くは自社で製造するのではなく，自社の設計した部品を世界中の専門メーカーに生産委託し，最終組立も中国に立地する EMS 企業にアウトソーシングする戦略をとっている[14]．よく知られているように，「iPhone」や「iPad」などの製品の裏側には，"Designed by Apple in California Assembled in China" という文字が印字されており，上記の戦略が明示されたものとして理解できる．

　以下では，Apple 社の戦略の 1 つである「Assembled in China」の部分に焦点を絞って，その内容を具体的に分析することによって米中間にまたがる国際分業の実態に迫りたい．そのために，ここでは同社が公表している「Apple Supplier List」を使用して，ICT 製品の製造のために，どの企業からどの材料や部品を調達し，どの企業にどこで製造を委託しているのか，そしてそれがどのように変化しているのかについて見ていく．

　まず**表 2 - 2** を使って，Apple 社のサプライヤーの数とその変化を見ていこう．この表は2012年と2018年の 2 時点における Apple 社のサプライヤーの数をサプライヤーの本国別で整理したものである[15]．以下，2 時点の変化を確認する．

　まず，サプライヤーの数を本国別で見ると，2012年では 1 位：アメリカ（52社），2 位：台湾（48社），3 位：日本（44社），4 位：中国（17社），5 位：韓国

表2-2 Apple社のサプライヤー数 (2012年, 2018年)

| サプライヤーの本国 | サプライヤーの数 | | | | 支社・工場数 | | うち中国にある支社・工場数 | | 中国支社・工場の割合 | |
|---|---|---|---|---|---|---|---|---|---|---|
| | 2012年 | | 2018年 | | 2012年 | 2018年 | 2012年 | 2018年 | 2012年 | 2018年 |
| | 数 | 比重 | 数 | 比重 | | | | | | |
| 米国 | 52 | 26.0% | 39 | 19.5% | 220 | 178 | 59 | 51 | 26.8% | 28.7% |
| 欧州 | 17 | 8.5% | 16 | 8.0% | 66 | 51 | 18 | 17 | 27.3% | 33.3% |
| 日本 | 44 | 22.0% | 37 | 18.5% | 256 | 214 | 66 | 54 | 25.8% | 25.2% |
| 韓国 | 11 | 5.5% | 13 | 6.5% | 44 | 42 | 13 | 12 | 29.5% | 28.6% |
| 台湾 | 48 | 24.0% | 45 | 22.5% | 155 | 189 | 125 | 132 | 80.6% | 69.8% |
| 香港 | 4 | 2.0% | 9 | 4.5% | 14 | 29 | 14 | 29 | 100.0% | 100.0% |
| 中国 | 17 | 8.5% | 36 | 18.0% | 25 | 87 | 23 | 73 | 92.0% | 83.9% |
| シンガポール | 6 | 3.0% | 4 | 2.0% | 19 | 14 | 13 | 10 | 68.4% | 71.4% |
| サウジアラビア | 1 | 0.5% | 1 | 0.5% | 3 | 3 | 2 | 2 | 66.7% | 66.7% |
| 合計 | 200 | 100.0% | 200 | 100.0% | 802 | 807 | 333 | 380 | 41.5% | 47.1% |

(注)「欧州」には，オーストリア，ベルギー，フィンランド，ドイツ，アイルランド，イタリア，オランダ，スイス，英国が含まれる．
(出所) Apple Inc. (2013；2019) より作成.

(11社) となっているが，2018年では，1位と2位の順位が入れ替わり，1位：台湾 (45社)，2位：アメリカ (39社) となっている (3-5位の順位は変わらない).

次に，サプライヤーの支社・工場数を本国別で見ると，2012年では1位：日本 (256社)，2位：アメリカ (220社)，3位：台湾 (155社)，4位：韓国 (44社)，5位：中国 (25社) の順であるが，2018年では1位は日本 (214社) で変わりないが，台湾 (189社) が2位となり，アメリカ (178社) が3位，中国 (87社) が4位となっている．

続いて，それぞれのサプライヤーの支社・工場数のなかで，中国に拠点を持つ支社・工場数を見ていくと，2012年は1位が台湾 (132社)，2位：日本 (66社)，3位：アメリカ (59社)，4位：中国 (23社) の順であったが，2018年には1位は台湾 (125社) で変わらないが，2位：中国 (73社)，3位：日本 (54社)，4位：アメリカ (51社) と，それぞれ順位の変動が見られる．

以上，2012年から2018年の間に見られる変化の特徴は，第1に，Apple社のサプライヤー数において，台湾および中国企業からの調達が増えている点，第2に，サプライヤーの本国にかかわりなく，中国に立地する企業からの調達が増えている点である．つまり，Apple社のサプライヤーの数および支社・工場

表2-3　Apple 社の種類別サプライヤー数 (2012年, 2018年)

| サプライヤーの主要製品の種類 | サプライヤーの数 | | サプライヤーの支社・工場の数 | | うち中国支社・工場の数 | | 中国支社・工場の割合 | |
|---|---|---|---|---|---|---|---|---|
| | 2012年 | 2018年 | 2012年 | 2018年 | 2012年 | 2018年 | 2012年 | 2018年 |
| ディスプレイ関連 | 17 | 17 | 59 | 58 | 27 | 29 | 45.8% | 50.0% |
| PCB | 17 | 21 | 47 | 65 | 22 | 31 | 46.8% | 47.7% |
| ICs | 30 | 24 | 161 | 153 | 22 | 21 | 13.7% | 13.7% |
| カメラモジュール | 6 | 7 | 15 | 20 | 6 | 6 | 40.0% | 30.0% |
| 音響関連 | 5 | 4 | 14 | 10 | 10 | 6 | 71.4% | 60.0% |
| メモリ | 5 | 4 | 24 | 17 | 1 | 4 | 4.2% | 23.5% |
| ストレージ | 4 | 2 | 8 | 4 | 4 | 3 | 50.0% | 75.0% |
| 機構部品 | 23 | 14 | 85 | 60 | 44 | 33 | 51.8% | 55.0% |
| 受動部品 | 11 | 11 | 125 | 81 | 27 | 23 | 21.6% | 28.4% |
| 光学デバイス | 12 | 10 | 38 | 38 | 12 | 19 | 31.6% | 50.0% |
| 周辺機器 | 10 | 13 | 24 | 41 | 21 | 30 | 87.5% | 73.2% |
| バッテリー | 5 | 7 | 25 | 32 | 13 | 19 | 52.0% | 59.4% |
| 金属加工・筐体 | 14 | 17 | 38 | 31 | 32 | 26 | 84.2% | 83.9% |
| 素材・材料 | 14 | 21 | 31 | 48 | 13 | 23 | 41.9% | 47.9% |
| ファウンドリー／OEM／ODM | 12 | 14 | 63 | 104 | 52 | 71 | 82.5% | 68.3% |
| パッケージ・印刷 | 15 | 11 | 45 | 39 | 27 | 31 | 60.0% | 79.5% |
| その他 | − | 3 | − | 6 | − | 5 | − | 83.3% |
| 合計 | 200 | 200 | 802 | 807 | 333 | 380 | 41.5% | 47.1% |

(出所) Apple Inc. (2013 ; 2019) より作成.

数から見ると，この間に在中国企業との取引が増大しているということである．

　続いて，表2-3で Apple 社のサプライヤーの主要製品の種類別から中国がどのようにかかわっているのかを見ていこう．Apple 社のサプライヤーが提供する製品の種類は多岐にわたるが，この表をみることで，どの種類の製品を中国の支社・工場から調達しているのかを確認することができる．一瞥すると，すべての種類の製品で中国企業がかかわっていると判断できるが，供給製品の種類によっては，その依存度の高低が異なっていることがわかる．中国に立地する支社・工場とのかかわりが相対的に低いのは，ICs（プロセッサー）関連，カメラモジュール，メモリ，受動部品（コンデンサ，抵抗，コイルなど）などである．これらは，アメリカや日本，台湾，韓国，欧州の企業が強みを持っている

とされる電子部品である．他方，ディスプレイ関連，光学デバイス，バッテリーなどの製品においては，サプライヤーの本国がたとえアメリカや日本，欧州などであったとしても，中国に立地する支社・工場からの調達が増える傾向にある．このことは，Apple 社のグローバル・バリュー・チェーン (Global Value Chain : GVC) につながることで在中国企業の技術水準が高まり，技術移転が進んでいるものと推察できる<sup>16)</sup>．

　結果，Apple 社および主要サプライヤーの売上高における中国依存度は高まっている．各企業の国別売上高から中国の比重をみると，2010年から2018年の間で，Apple 社では4.2％から19.6％へ，Intel 社では12.9％から26.6％へ，Micron Technology 社では38.8％から57.1％へ，Qualcomm 社では29.1％から67.0％へと，それぞれ比重を高めている<sup>17)</sup>．つまり，アメリカ企業は GVC を通じて中国との結びつきを強めており，中国市場はアメリカ企業にとって主要な市場として位置づけられているのである．

### （2）　中国の ICT 業種における付加価値貿易

　以上，Apple 社のケーススタディを通じて「Assembled in China」の具体的な内容を確認したが，そこで明らかになったことは，中国企業は Apple 社との供給関係を通じて GVC につながることで着実にアップグレードしている事実である．それは中国の付加価値貿易における変化にも表れている．付加価値貿易とは，貿易を「仕事の貿易 (trade in tasks)」として捉え，生産過程のなかで付け加えられた付加価値が貿易されるとみる考え方である<sup>18)</sup>．これを見ることで，製品の生産過程で付加価値がどこの国で，どの産業で，どのくらい付け加えられたのかという点を把握することができる．

　付加価値貿易からみた米中関係の詳細については第3章に譲るが，ここでは中国の主要輸出品目である ICT 業種の付加価値貿易を見ておこう．OECD の付加価値貿易データベース（OECD TiVA database）で，中国の「コンピュータ，電気・電子機器」業種の総輸出と付加価値貿易の内訳をみると，2005年時点では中国の輸出総額に占める「国内付加価値」部分は59.9％，「海外付加価値」部分は40.1％であり，輸出する製品の実に4割が海外に由来する付加価値で構成されていた<sup>19)</sup>．それが2015年になると，輸出総額に占める「国内付加価値」部分は73.0％，「海外付加価値」部分は27.0％となり，この10年間で「国内付加価値」部分が大幅に増大している．このような傾向は，Apple 社のケー

ススタディで見られた変化を反映したものとして理解できる．つまり，中国に立地する企業はアメリカ企業をはじめとする外国企業の GVC につながることで，後方連関を強めながら技術水準を向上させて，中国国内での付加価値を増大させてきたのである．

## おわりに

　本章では，米中間の貿易不均衡の構造を，企業活動をベースとした国際分業の視点から考察した．本章で明らかにしたように，米中間の貿易増大と貿易不均衡拡大の背景には，アジア太平洋地域にまたがって形成された国際分業構造が大きく関係していた．中国は2001年の WTO 加盟を契機として貿易を増大させたが，その主な担い手は加工貿易形態で貿易を増大させた外資系企業であった．アメリカの中国からの主要輸入品目である「コンピュータ・電気機器」などの生産と貿易は主として在中外資系企業（主にEMS企業）が担っており，国際分業構造のなかでアメリカは中国からの輸入を増大させたのである．その結果，大橋（2020：50）の指摘するように，「米中貿易収支の非対称性は構造化している」のである．

　このように見ていくと，中国を主要な輸出基地とする国際分業構造が再編されない限り，アメリカの中国からの輸入構造は大きく変わらないものと言える．2018年7月からはじまった米中間における「関税引き上げ合戦」は，確かにアメリカの中国からの財輸入を減少させる効果をもたらしたが，企業の経済合理的な行動に基づいて形成されている国際分業構造を大規模に再編させるものではなかった．

　加えて，2020年初からの新型コロナウイルス感染症（COVID-19）の世界的な蔓延も，中国の生産拠点が一極集中化している現状を見直す契機にはなったが，既存の国際分業構造を大きく再編させうる外的な「力」となっているかは不透明である．2020年11月15日に，ASEAN10カ国，日本，中国，韓国，オーストラリア，ニュージーランドの計15カ国で東アジア地域包括的経済連携（RCEP）協定が署名されたことを踏まえると，国際分業構造の再編も極めて限定的な範囲にとどまる可能性があると言える．

**注**

1 ）以下の数値は，BEA（2020）より算出．

2 ）中国側からアメリカの貿易関係を見ると，中国の全世界との貿易が同じペースで増大しているので，アメリカが占める比重は輸出で 2 割程度とそれほど変わっていない（2000年20.9％，2010年18.0％，2018年19.2％）．GACPRC（2000 - 2018）より算出．

3 ）CEA（2018）Ch. 5 は，これらの要因と中国からの輸入増大に伴うアメリカ製造業の雇用低下との関係を整理している．

4 ）経済産業省（2005），ADB（2009），大橋（2012）などを参照．

5 ）ちなみに，2010年から2018年の変化を見ると，以下に示す特徴がそのまま継続している．

6 ）数値は，富士キメラ総研（2001；2019）より算出．

7 ）末廣（2014：48）．

8 ）「加工貿易」の場合，「一般貿易」と異なって，輸入時の関税と輸入関係諸税（増値税，消費税など）等の徴収が猶予され，「保税」状態で加工を行うことができる．中国の加工貿易の詳細については，黒田（2001），大橋（2003）などを参照．

9 ）ただし近年では，民営企業も生産と貿易の主要な主体の 1 つとなっている．

10）ここで見ている「電気・電子機器」には，① 通信機器（固定電話機，携帯電話機，ファックスなど），② 映像記録機器（デジタルビデオカメラなど），③ コンピュータ・同関連機器（コンピュータ，プリンタ，スキャナ，ディスプレイ，HDD など），④ 家電機器（カラーテレビ（薄型テレビを含む），DVD／BD 再生・録画機器など），⑤ 電子部品（集積回路，液晶パネルなど）が含まれている．数値は，中华人民共和国工业和信息化部（2011），工业和信息化部运行监测协调局编（2010；2018）より算出．

11）関下（2015：186）は，米中貿易と外国多国籍企業の分析を通して，「台湾企業なくして，中国の対米黒字は語れない」と指摘している．

12）ここで言う「関連企業貿易」とは，輸入の場合，「あらゆる組織の発行済み議決権株式（または株式）の 5 ％以上を，直接または間接的に，所有，支配，または議決権を有している者」を含む，様々な種類の関係を持つ関係者からの輸入を意味する．

　　ただし，1992年の「関連企業貿易」の輸入データは定義が若干異なっており，「あらゆる組織の発行済み議決権株式（または株式）の 6 ％以上を，直接または間接的に，所有，支配，または議決権を有している者」を含む，様々な種類の関係を持つ関係者からの輸入となっている．

13）数値は，U. S. Census Bureau（2020a）より算出．

14）Apple 社のビジネスモデルについての説明は，田村（2018）を参照．もっとも Apple 社は，ICT 製品の製造についてはこうした外部企業からの調達を行っているが，他方で iOS を主軸とする「プラットフォーム」を通じたビジネスを展開しており，その点は別途分析する必要がある．

15）Apple 社のサプライヤー200社リストは，2012年で材料・製造・組立の調達費用の97％，2018年で同98％を占めている．

16）こうした現地サプライヤーの GVC への参加による技術水準の高度化（upgrading）

は，GVC 研究の重要な論点の1つである．これについては，Humphrey and Schmitz（2004）を参照のこと．中国 ICT 部門における GVC と技術水準の高度化の関係については，Sun and Grimes（2018）が詳しい．

17）数値は，すべて U.S.SEC，10-K 資料より算出．

18）付加価値貿易の概念については，OECD（2013），UNCTAD（2013），猪俣（2019）などを参照．詳しくは，本書の第3章を参照．

19）2005年の「海外付加価値」部分の内訳をみると，東アジア地域（日本，韓国，台湾，マレーシアなど）の「海外付加価値」部分が24.5％で，「海外付加価値」部分（40.1％）の半分以上を占めていた．以上の数値は，OECD（2018）より算出．

## 参考文献

猪俣哲史（2019）『グローバル・バリューチェーン──新・南北問題へのまなざし──』日本経済新聞社．

大橋英夫（2003）『経済の国際化』名古屋大学出版会．

────（2012）「中国経済の台頭と日米中関係」日本国際問題研究所『日米中関係の中長期的展望』日本国際問題研究所，pp. 91-108.

────（2020）『チャイナ・ショックの経済学』勁草書房．

黒田篤郎（2001）『メイド・イン・チャイナ』東洋経済新報社．

経済産業研究所（2020）「RIETI-TID2018」〈http：//www.rieti-tid.com〉2020年8月17日アクセス．

経済産業省編（各年）『通商白書』〈http：//www.meti.go.jp/report/whitepaper/index_tu-haku.html〉2020年9月1日アクセス．

末廣昭（2014）『新興アジア経済論──キャッチアップを超えて──』岩波書店．

関下稔（2015）『米中政治経済論──グローバル資本主義の政治と経済──』御茶の水書房．

田村太一（2016）「東アジアの国際分業構造と中国の付加価値貿易」『流通経済大学創立五十周年記念論文集』pp. 401-435. 〈https：//rku.repo.nii.ac.jp〉2020年9月10日アクセス．

────（2018）「グローバル化の推進軸としての ICT 産業」河﨑信樹・吉田健三・田村太一・渋谷博史『現代アメリカの経済社会──理念とダイナミズム──』東京大学出版会，pp. 201-242.

富士キメラ総研（各年）『ワールドワイドエレクトロニクス市場総調査』富士キメラ総研．

Apple　Inc.（2013-2019）Apple Supplier List〈https：//www.apple.com/supplier-responsibility〉2020年9月1日アクセス．

ADB（Asian Development Bank）（2009）*Asian Development Outlook 2009 Update: Broadening Openness for a Resilient Asia,* Asian Development Bank.

BEA（Bureau of Economic Analysis）（2020）International Transactions（ITA）〈https://

www.bea.gov/〉2020年9月2日アクセス.

CEA（Council of Economic Advisers）（2018）*Economic Report of the President*, February.

Dedrick, Jason, Kenneth L. Kraemer and Greg Linden（2009）"Who Profits from Innovation in Global Value Chains? A Study of the iPod and Notebook PCs,"*Industrial and Corporate Change*, Vol. 19, No. 1, pp. 81 − 116.

GACPRC（General Administration of Customs of the People's Republic of China）（2000 − 2018）*China's Customs Statistics*, December issue, Economic Information & Agency.

Gereffi, Gary（2018）*Global Value Chains and Development : Redefining the Contours of 21 st Century Capitalism*, Cambridge University Press.

Humphrey, John, and H. Schmitz（2004）"Chain Governance and Upgrading : Taking Stock," in Schmitz, H. eds. *Local Enterprises in the Global Economy*, Edward Elgar, 349 − 381.

Koopman, Robert, Zhi Wang and Shang-Jin Wei（2008）"How Much of Chinese Exports is Really Made in China? Assessing Domestic Value-Added When Processing Trade is Pervasive," NBER Working Paper Series, No. 14109, June.

OECD（Organization for Economic Co − operation and Development）（2013）*Interconnected Economies : Benefiting from Global Value Chains*, OECD.

─────（2018）Trade in Value Added（TiVA）database, December2018〈https://stats. oecd.org/〉2020年8月20日アクセス.

Sun, Yutao and Seamus Grimes（2018）*China and the Global Value Chain : Globalization and the Information and Communications Technology Sector*, Routledge.

UNCTAD（United Nations Conference on Trade and Development）（2013）*World Investment Report* 2013 : *Global Value Chains : Investment and Trade for Development*, UNCTAD.

U. S. Census Bureau（2020a）Imports and Exports by Related Parties〈https://www.census.gov/foreign − trade/Press − Release/related_party/index.html〉2020年8月5日アクセス.

─────（2020b）USA Trade Online〈https://usatrade.census.gov/〉2020年8月25日アクセス.

Xing, Yuqing and Neal Detert（2010）"How the iPhone Widens the United States Trade Deficit with the People's Republic of China,"*ADBI Working Paper Series*, No. 257, December.

工业和信息化部运行监测协调局编（2001 − 2018）『中国电子信息产业统计年鉴』电子工业出版社.

中国对外经济贸易年鉴编辑委员会（2002）『中国中国对外经济贸易年鉴』中国展望出版社.

中国对外贸易经济合作部国际商报社编（1998）『1998年中国进出口额最大的500家企业』海

　　潮出版社.
中华人民共和国工业和信息化部（2011）『1949－2009中国电子信息产业统计』电子工业出
　　版社.

─第 **3** 章─
# 付加価値貿易から見た米中貿易
## ──もう1つの「国際分業」の形──

小山大介

## は じ め に

　1990年代以降グローバリゼーションが急速に進んだ．そのなかで米中間，米中を取り巻く主要国（周辺国）の経済関係は劇的に変容した．2001年から2019までの米中間の貿易だけをとっても，財貿易が4.6倍，サービス貿易が8.4倍に拡大した．[1] 米中を中心軸とした国際分業体制は，日本など先進国やアジア各国・地域を巻き込みながら，地場企業との連携，多国籍企業による海外直接投資および企業内外（企業内貿易や多国籍企業関連貿易）における取引関係の重層化をもたらしている．そして，この多角的な通商関係は，アメリカによってこれまで構築されてきた国際協調体制の枠組みの上に形成されてきた．しかし，中国の経済力が増大するなかで，当初より両国間の懸案事項であった米中通商摩擦が先鋭化し，貿易・投資の拡大やグローバリゼーションの進展に影を落としている．くわえて，2020年1月以降，感染拡大が続く新型コロナウイルス（Covid-19）の世界的蔓延は，世界各国・地域と米中との新たな経済関係の起点（画期）となり，米中関係をさらに深い対立の泥沼へと誘っている．

　そこで本章では，① 米中と周辺国における貿易・投資に着目し，② 貿易の担い手として多国籍企業の存在を無視することはできないことから，日米中三カ国に本拠を置く多国籍企業における貿易・投資動向にも分析をくわえる．その際，従来の貿易統計とは異なるアプローチである，付加価値貿易（Trade in Value-added：TiVA）統計を活用しつつ，国際分業体制が深まったグローバル時代の米中および，日本の貿易構造の検討を試みる．なお，ここで日本および日本企業の活動にまで分析の幅を広げるのは，米中における貿易・投資活動に日本企業あるいは日本からの輸出入が深くかかわっているからである．

　中国の経済発展は，米中間はもとより，アジア地域の主要国を巻き込みつ

つ，直接投資や国際分業の深化をもたらし，それは世界貿易機関（WTO）をはじめとする国際協調体制の深化のなかで実現してきた．そこでは中国企業だけでなく，中国へと進出した多国籍企業による第三国間貿易を含めた企業内貿易や現地販売が活発に行われている．付加価値貿易統計分析は，このような貿易活動による多様な担い手の存在を明らかにすることができると考えられる．また，コロナ禍は確かに，世界経済に大きな打撃を与え，経済・政治・社会を変容する力学を形成しているが，世界経済の動態変化はコロナ禍以前から存在していた．世界経済の長期的な変容過程とコロナ禍による世界経済への影響とを分けて検討したい．

## 1　グローバリゼーションの到達点と米中経済関係

### （1）　急速な拡大から「横ばい」へと転じる世界経済

　現代世界経済におけるグローバリゼーションの過程と現段階における到達点，米中関係を明らかにするため，まず米中および両国において積極的な海外事業活動を展開する日本を加えた三カ国の海外直接投資，財・サービス貿易の発展過程を分析したい．世界経済は，1970年代の先進国間における相互直接投資の時代を経て，1980年代には一部の発展途上国・地域を包摂しつつ領域的な拡大が進んだ．そして1990年代には冷戦構造は終焉し，本格的なグローバリゼーションの幕が開かれている．

　まず，国境を横断する財・サービス貿易に着目しよう．国連貿易開発会議（UNCTAD）のデータによると，アメリカの輸出額は，2019年に1兆6456億2600万ドル，輸入は2兆5684億700万ドルに達している．そして中国においても，輸出は2019年に2兆4990億2900万ドル，輸入が2兆770億9700万ドルとなっており，アジア・太平洋地域を挟んだ一大貿易圏の中心軸を形成している．サービス貿易については，2019年のアメリカの輸出が8758億2500万ドル，輸入が5883億5900万ドルとなっており，中国では輸出が2831億9200万ドルと，日本のサービス輸出額上回る水準に達している．また，サービス輸入については，2019年には5006億8000万ドルに達し，アメリカに迫る水準にある．日本においては，2011年に発生した東日本大震災のなかで，貿易額の増加が頭打ちとなり，輸出入ともに7000億ドル台で推移している．しかし，サービス貿易は，輸出入とも増加を続け，2019年には2000億ドル台に達している．また，日米中それぞ

れの貿易収支に着目すると，財貿易収支の赤字とサービス貿易収支黒字が併存するアメリカ，財貿易収支黒字とサービス貿易赤字の中国，貿易収支がほぼ均衡している日本に，分類することができる[3]．

　また，海外直接投資については，当初から主要な投資国であった日米にくわえ，2010年代には，投資国としても，受入国としても中国が存在感を増している．対外直接投資では，アメリカが1990年代後半に，クロス・ボーダー・M&A（合併・買収）を通して，その投資額を拡大させ，2000年代以降は毎年，3000億ドル前後の対外直接投資を行うようになっている．中国については，2000年代後半より対外直接投資額が拡大し，2010年代には日本の投資額と遜色ない規模にまで拡大している．また，対内直接投資では，アメリカ，中国の存在感が大きい．米中両国は海外へと投資を行う主体であるだけでなく，海外から投資を集める主体ともなっている．そのため，アメリカが流入超過となっているのをはじめ，中国については2017年に対外直接投資残高が対内直接投資残高を初めて上回っている．だが，日本の対内直接投資残高は低調であり，対外直接投資残高の大幅な超過となっている．

　だが，2008年のリーマン・ショックを経て，世界経済には「変容」の足音が聞こえるようになっている．それは，これまで世界経済のグローバリゼーションを牽引してきた財貿易額と海外直接投資額の伸び悩みである．1990年代以降，対外直接投資フローは，1997年のアジア通貨危機やアメリカの「ドットコムバブル」（2001年）の崩壊を経て，順調に増加してきたが，2007年以降では伸び悩みが見られるようになっている．また，米中両国とも，2017年以降，投資額は減少傾向となり，受入額はほぼ横ばいの状態となっている．そこに新型コロナウイルスの感染拡大が直撃し，2020年の全世界の対内直接投資額は2019年の1.5兆ドルから40%減少し，その影響は2022年まで続くと予想されている．くわえて，2020年と2019年とで月単位の投資プロジェクト数を比較すると，新規投資を示すグリーン・フィールド投資（Greenfield Projects）が51%減，クロス・ボーダー・M&A が52%減となっている（UNCTAD, 2020 ; 2021）．

　貿易額についても同様の傾向が読み取れる．世界全体の貿易額については，2010年代後半より伸び悩みが見られ，ほぼ横ばいの状態が続いているのである．これについては，米中対立による「貿易関税の引き上げ競争」が大きく作用していると考えられ，米中両国と密接な関係を有している日本の輸出入額は，2019年に減少へと転じている．このように，世界経済は2010年代以降，こ

れまで急拡大を遂げてきた貿易・投資が横ばい状態へと転じ，経済のグローバリゼーションが1つの「到達点」を迎えたと考えられる．そして，米中貿易摩擦（戦争）が貿易・投資の低迷に拍車をかけるなかで，新型コロナウイルスの感染が広がり，国境を横断する人・モノ・カネの流れが大きく制限される結果となり，国際分業や世界経済の「変容」を加速させていると考えられる．

### （2）　2010年代における米中関係と多国籍企業

　次に，グローバリゼーションによって米中関係が深化するなかで，多国籍企業の海外事業活動がどのように拡大したのか検討する．貿易や海外直接投資は，統計上は国・地域間における一定期間内の経済関係として分析されているが，そこには必ず経済主体が存在している．さらに，その経済主体のうち，多国籍企業は親会社・子会社あるいは子会社間で重層的な国際分業体制を財・サービス分野両面において構築している．この基本構造と国境を横断する付加価値の流れとを同時に分析することで，米中に日本を含めた付加価値貿易の実態を初めて明らかにすることができる．

　表3-1は日本企業とアメリカ企業とに分けて，アメリカと中国，そして香港，日本における海外事業展開状況を示し，なおかつアメリカ市場における日中多国籍企業（在米外国子会社）による事業活動実態を示したものである．これによると，米中に日本をくわえた三カ国は，アジア・太平洋地域における相互貿易・投資の担い手として，すでに密接な関係を築いていることがわかる．まず，アメリカ企業から言えば，中国はすでにアジア地域最大の投資先・市場として位置づけられており，対外直接投資残高こそ，日本をやや下回るものの，中国での売上高総額は，すでに日本を大きく上回っており，中国に立地しているアメリカ企業の子会社による第三国への輸出額は，日本の2倍以上に達している．また，現地販売額は3166億ドル，常時従業者数は207万7100人に達しており，アメリカ企業にとって，中国市場は現地販売，親会社向け輸出，第三国間輸出すべての面で，アジアにおける最重要市場へと成長し，これまでアジアで最大の市場であった日本市場を大きく凌駕する市場へと発展している．

　日本企業にとっても中国の重要性は同様である．日本企業は2018年の段階で6534社の現地法人を有しており，中国の財・サービス貿易額は，輸出入ともに17兆円以上に達している．また，売上総額45兆7636億6900万円は，アメリカの89兆7009億1500万円に次ぐ水準であり，現地販売額のみを取り上げても30兆円

表 3−1　多国籍企業による海外事業展開から見た日米中関係

| | 日本企業 (2018年) | | | アメリカ企業 (2018年) | | |
|---|---|---|---|---|---|---|
| | アメリカ | 中国 | 香港 | 日本 | 中国 | 香港 |
| 対外直接投資残高 | 55兆2378億円 | 13兆6235億円 | 3兆6520億円 | 1132億5400万ドル | 1093億3200万ドル | 797億9700万ドル |
| 財・サービス輸出額 | 27兆9958億円 | 17兆3513億円 | 5兆937億円 | 1225億1200万ドル | 1791億9600万ドル | 519億6300万ドル |
| 財・サービス輸入額 | 13兆3529億円 | 17兆7453億円 | 5959億円 | 1787億2500万ドル | 5592億3500万ドル | 179億8300万ドル |
| 各国・地域に立地する現地法人数 | 3053社 | 6534社 | 1220社 | 833社 | 1970社 | 889社 |
| 売上高総額 | 89兆7009億1500万円 | 45兆7636億6900万円 | 8兆1916億3000万円 | 2103億3600万ドル | 3899億5200万ドル | 1517億2600万ドル |
| 本国向け輸出額 | 4兆4612億5300万円 | 5兆6932億6300万円 | 1兆2381億1600万円 | 60億500万ドル | 268億2800万ドル | 622億2100万ドル |
| 企業内貿易額 | 3兆3875億8700万円 | 5兆669億5800万円 | 9786億6300万円 | 53億8000万ドル | 220億9800万ドル | 593億7000万ドル |
| 現地販売額 | 56兆7657億8300万円 | 30兆1707億4300万円 | 3兆5197億6000万円 | 1821億6500万ドル | 3166億ドル | 618億1900万ドル |
| 第三国輸出額 | 28兆4738億7900万円 | 9兆8996億8400万円 | 3兆4337億5400万円 | 221億7500万ドル | 465億2500万ドル | 276億8500万ドル |
| 常時従業者数 | 76万7609人 | 138万1634人 | 6万417人 | 50万4500人 | 207万7100人 | 15万4900人 |

アメリカ市場における日中企業

| | 2012年 | | | 2017年 | | |
|---|---|---|---|---|---|---|
| | 日本企業 | 中国企業 | 香港企業 | 日本企業 | 中国企業 | 香港企業 |
| 対内直接投資残高 | 2937億9200万ドル | 160億6700万ドル | 81億4800万ドル | 4758億6400万ドル | 313億600万ドル | 133億3000万ドル |
| 在米外国子会社数 | 1313社 | 51社 | 79社 | 1355社 | 260社 | 96社 |
| 総資産額 | 1兆4456億9500万ドル | 778億600万ドル | 273億6700万ドル | 2兆2240億5600万ドル | 2396億500万ドル | 388億4700万ドル |
| 従業者数 | 72万7100人 | 3万3900人 | 2万400人 | 88万5200人 | 12万2100人 | 2万5500人 |
| 給与支給額 | 583億4500万ドル | 12億4000万ドル | 14億700万ドル | 792億6100万ドル | 83億8100万ドル | 23億ドル |
| 売上高総額 | 6055億4800万ドル | 144億7300万ドル | 274億6000万ドル | 8346億5700万ドル | 649億9500万ドル | 278億6100万ドル |
| サービス販売 | 1303億6100万ドル | 56億2500万ドル | 41億8800万ドル | 1893億3300万ドル | 203億9200万ドル | 64億9700万ドル |
| 純利益 | 128億8300万ドル | 4億2600万ドル | 10億8200万ドル | 216億5800万ドル | −2億6300万ドル | 3300万ドル |
| 親会社向け輸出 | 337億5300万ドル | 1億9700万ドル | 1億2200万ドル | 424億5600万ドル | 24億6900万ドル | 5700万ドル |
| 企業内輸入 | 1434億7600万ドル | 23億1100万ドル | | 1674億2500万ドル | 70億6800万ドル | |
| 付加価値額 | 1011億8700万ドル | 36億1000万ドル | 33億100万ドル | 1537億7800万ドル | 140億3500万ドル | 36億3900万ドル |

（注）2018年における年間平均為替レートは，TTS（elegraphic Transfer Selling rate）で 1 ドル111.4円，TTB
（Telegraphic Transfer Buying rate）で109.4円となっている〈http://www.murc−kawasesouba.jp/
fx/yearend/index.php?id=2018〉2020年11月 6 日アクセス。
（出所）総務省統計局「海外事業活動基本調査」（〈https://www.e−stat.go.jp/stat−search/files?page= 1
&toukei=00550120&kikan= 00550&tstat=000001011012〉2020年 9 月23日アクセス），財務省「国際収支状
況」（〈https://www.mof.go.jp/international_policy/reference/balance_of_payments/bpfdii.htm〉
2020年 9 月23日アクセス），BEAdata（〈https://www.bea.gov/〉2020年 9 月23日アクセス）より作成。

以上に達している。また，本国向け輸出はアメリカのそれを超えており，第三
国輸出額も 9 兆8996億8400万円に及んでいる。日本企業にとって米中市場はま
さに，海外事業活動の生命線を成しており，米中対立は日本企業のみならず日
本経済にとって死活問題であるとも言える。
　　また，アメリカ市場における日本企業，中国企業の事業活動状況を2012年と
2017年で比較すると，中国企業の事業拡大が顕著となっている。2012年におい
て中国企業は，対米直接投資残高160億6700万ドルであったが，2017年では約

２倍の313億600万ドルに拡大しており，在米外国子会社数も51社から260社に増加している．また，従業者数でも３万3900人から12万2100人と，アメリカ市場に大きな一歩を記している．売上高総額の増加も顕著であり，2012年には144億7300万ドルであったが，2017年には649億9500万ドルにまで拡大し，アジアにおいては，日本，韓国に次ぐ規模となっている．ただ，企業内貿易では，日本企業にように大規模に展開されているわけではなく，中国企業のアメリカでの事業展開は，現地販売に特化する形で行われている．

　このように，米中関係は2010年代以降，中国からアメリカへと一方的に商品を輸出する単なる貿易相手国としての構造から変容している．アメリカ企業は，中国市場へと進出し，日本を大きく上回る現地販売額を計上しているだけでなく，中国からアメリカへの逆輸入や第三国向け輸出も活発に行われている．また，中国企業も，アメリカ市場への進出を果たしており，アメリカにおいて現地販売を中心として一定の基盤を形成しつつある．さらに，米中両国で海外事業を展開する日本企業はアメリカ，中国両市場で深く事業展開しており，それはアメリカ企業も同様である．日米中三カ国は，アジア・太平洋地域において，貿易・投資面で切っても切れない関係を構築しているだけでなく，各国企業が相互投資を行い現地では相互に事業活動を展開する関係が形成されている．

　では，この密接な米中経済関係のどこに対立に火種が眠っているのだろうか．次節では，この疑問にアプローチするため，米中における付加価値貿易動向へと分析を進め検討したい．

## 2　米中における付加価値貿易の基本構造

### （1）　付加価値貿易の考え方と分析の意義

　米中に日本を含めた付加価値貿易統計の分析を進める前に，そもそも，付加価値貿易統計とは，どのような統計で，分析にはどのような意義があるのか説明しておききたい．

　まず付加価値貿易とは，実額（取引額）で表示された従来の財・サービス貿易統計と異なり，「世界中で使用された財・サービスを各国で生み出された付加価値（value - added）によって計測した」統計である．[5]　各国の貿易統計を基礎的データとし，国際産業連関分析の手法を応用し作成されており，経済協力開

発機構（OECD）を中心とした国際機関が連携し構築を進めている[6]．統計が入手可能な国・地域はOECD加盟国を中心に64カ国に広がり，EUやASEANなど地域別のデータも入手することができる．また，統計は，品目別ではなく産業別に構築され，サービス業を含めた36産業の動向を時系列で分析することが可能となっている[7]．この点は日米の多国籍企業関連統計と類似性が存在する．

　この付加価値貿易分析を行う際，「カギ」となる統計が3つ存在する．それは，① 海外最終需要に占める国内付加価値(Domestic value added embodied in foreign final demand)，② 国内最終需要に占める外国付加価値(Foreign value added embodied in domestic final demand)，③ 輸入中間財・サービスの再輸出(Re-exported intermediate imports) である．①は海外最終需要のなかで輸出国の国内で生産された付加価値部分の輸出を指し，GDP統計に計上され，国内の雇用や投資，所得の拡大に貢献するとされる．②は，国内の最終需要のうち，外国で生産された付加価値額およびその比率を指し，GDP統計には計上されない (UNCTAD, 2013)．③は海外から輸入した財・サービスをどれだけ再輸出したのかを示し，中間財貿易の拡大にともない必然的にこの金額や比率は上昇することになる．海外から輸入した中間財・サービスはGDP統計に計上されることはないが，国内で何らかの付加価値を付け再度輸出した場合は，付加価値部分のみGDPに反映されることになる．なお，①海外最終需要に占める国内付加価値から②国内最終需要に占める外国付加価値を差し引くと，通常の貿易収支額と同額となる．

　このような特徴の付加価値貿易統計を分析することで，グローバルな付加価値の流れをある程度，把握することができる．それは，中間財貿易が拡大し，国際分業が深まる現代世界経済において，完成品に含まれる付加価値がどこで形成され，どこへと運ばれているのかを明らかにし，国際分業における「受益者」がだれなのか，を検討する手がかりを与えてくれる．また，従来の貿易統計で課題となっていた貿易の二重計算を防止し，グローバル・バリュー・チェーン（GVC）の構築実態や貿易が各国経済発展に果たす役割，各国通商政策の策定に貢献することが期待されている[8]．

## （2）　国際分業と米中関係

　それでは，実際に付加価値貿易統計を分析することで，米中に日本を含めた貿易構造の分析を進めていきたい[9]．

　さて，図3−1は，アメリカ，中国に日本を加え，海外最終需要に占める国内付加価値額（付加価値輸出額）を示した図となっている．これによると，米中，それに日本は，欧州，北米，アジア地域において付加価値輸出を行っているが，日本，中国にとっては，アメリカが最大の付加価値実現の「場」となっていることが分かる．特に中国は，アメリカにおいて，4349億2930万ドルの付加価値を実現しており，それはEU28カ国の2916億8250万ドルを大きく上回っている．また，日中両国は，相互に付加価値輸出を行っており，中国から日本へは1414億900万ドル，日本から中国へは1294億7740万ドルの付加価値輸出が行われている．日本は，すでに米中が最大の付加価値実現の「場」となっており，それは前節で示した日本企業の米中市場での現地販売額からも見て取れる．アメリカについては，中国や日本が重要な市場の1つであることに違いないが，付加価値輸出額としては，EU28および隣接するカナダ，メキシコなどの国々が最大の市場を形成している．また，通常の貿易統計と同様に，対中国，対日本において付加価値貿易収支赤字を有していることに変わりはない．

　また，図3−1には，「付加価値輸出総額」と「輸出総額」という2つの輸出額が示されている．これは「付加価値輸出総額」が海外最終需要に占める国内付加価値の金額を示したものであり，各国・地域に向けられている矢印はすべて，この金額の内訳が記載されている．それに対して，輸出総額は通常の貿易統計に記載されている貿易総額を示した統計となっており，輸出総額と付加価値輸出総額，両者の差が，貿易統計における二重計算部分や中間財貿易部分と考えられる．このデータから，各国・地域における「国内付加価値輸出比率」を計算することができる．これによると，アメリカや日本では，輸出総額に占める国内付加価値輸出比率が80％を超える水準にあり，2015年においては，アメリカが84.7％，日本が85.5％となっており，輸出額の相当部分の付加価値は国内で生み出されたものとなっている．これに対して，中国，香港においては，60％台後半から70％台とアメリカや日本よりも，輸出に占める国内付加価値額が少なくなっている．2015年のデータでは，中国が79.6％，香港が73.2％である．また，韓国・台湾においても同様の傾向が見られ，同じく2015年のデータでは，韓国が66.7％，台湾が67.1％となっている．くわえて，輸入中間財・サービスの再輸出比率を分析すると，アメリカや日本では，2015年データで15.8％，21.7％となっているが，中国では30.3％，韓国では50.6％，台湾では61.0％に達している．このことは，アジア地域において中国を中心とした

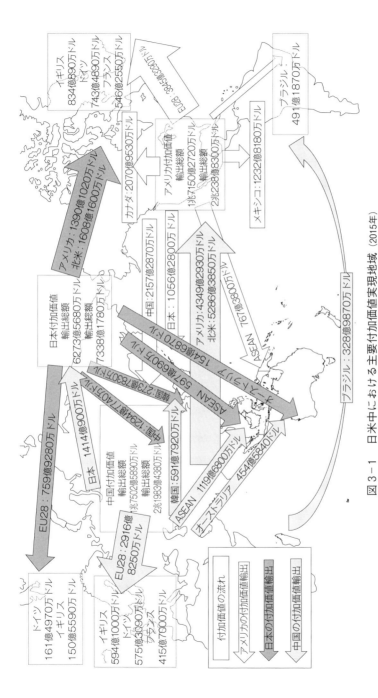

図 3-1 日米中における主要付加価値実現地域 (2015年)

（出所）OECD データベース（〈https://stats.oecd.org/Index.aspx?DataSetCode=TIVA_2018_C1〉2020年 9 月24日アクセス）より作成.

イギリス 834億8907万ドル
ドイツ 743億4890万ドル
フランス 546億2550万ドル

EU28 ●●●●●●

ブラジル 491億1870万ドル

カナダ：2070億9530万ドル

アメリカ付加価値
輸出総額
1兆7150億2720万ドル
2兆233億8300万ドル

メキシコ：1232億8180万ドル

日本付加価値
輸出総額
6273億5680万ドル
7338億1780万ドル

中国：2157億2870万ドル
日本：1056億2800万ドル
アメリカ：4349億2930万ドル
北米：5286億3850万ドル

アメリカ：1390億1020万ドル
北米：1608億1600万ドル

オーストラリア 597億6890万ドル
インド：273億7830万ドル
ASEAN 15兆1億6870万ドル

ブラジル：328億9870万ドル

日本 1414億900万ドル

日本：1294億7403万ドル
中国：591億7920万ドル

EU28：759億9280万ドル

中国付加価値
輸出総額
1兆7502億6589万ドル
2兆1983億4380万ドル

EU28：2916億8250万ドル

韓国：591億7920万ドル
ASEAN 1119億6900万ドル

オーストラリア 454億5640万ドル

ドイツ 161億4970万ドル
イギリス 150億5590万ドル

イギリス 594億1000万ドル
ドイツ 575億3090万ドル
フランス 415億7900万ドル

ASEAN 767億3800万ドル

付加価値の流れ

アメリカの付加価値輸出

日本の付加価値輸出

中国の付加価値輸出

GVCが形成されており，最終的な付加価値実現の「場」がアメリカ市場であることを物語っている（猪俣，2019）．だが，中国においては，2000年代以降，総輸出額に占める国内付加価値比率が上昇傾向にあり，アメリカや日本をはじめとした先進各国の水準に近づきつつある．中国の国内付加価値の上昇について，より深く分析すると，卸・小売業，運輸・倉庫業，金融・保険業，その他ビジネスサービス業などの産業で，付加価値輸出額が総輸出額を上回っている．その付加価値貿易構造は，アメリカのそれと酷似しており，このことは，2010年代以降，中国がサービス経済化を進めていることを物語っている．

### （3）　対中貿易収支赤字の過大評価と先進国による付加価値移転

　では次に，米中間における付加価値貿易収支に着目してみたい．米中間貿易については，アメリカの一方的な対米貿易収支赤字の存在が語られることが多く，それが米中貿易摩擦（戦争）の火種となっていることがしばしば指摘されている．だが，現代世界経済では，各国・地域で生産された付加価値が中国へと集積し，完成品として組み立てられ，アメリカなどの市場へと輸出されるGVCが形成されている．それは付加価値貿易統計から見るとどのように映るのであろうか．

　表3−2は，日米中三カ国の主要産業別の貿易収支と付加価値貿易収支とを併記したものである．この統計での重要な点は，通常の貿易収支と付加価値貿易収支とは，全産業を合計すれば「イコール」となる点である．これによると，アメリカでは，製造業における通常の貿易収支赤字が7113億6920万ドルに達しているが，付加価値貿易収支では3930億414万ドルとなっており，その差は3183億2780万ドルとなっている．これに対して，中国においては，通常の貿易統計においては製造業で8705億5340万ドルの貿易収支黒字となっているが，付加価値貿易収支においては，それが4203億6520万ドルとなっており，その差は4504億8820万ドルとなっている．他方，日本の製造業における通常の貿易収支黒字は，1157億8380万ドル，付加価値貿易収支が1034億8890万ドルであり，大きな乖離は存在しない．

　この意味を明らかにするため，各国の産業別動向を深掘りしてみると，アメリカ，中国における製造業で，輸出入額と付加価値輸出入額との乖離が大きいことが明らかとなってくる．つまり，アメリカでは2015年の製造業の輸出・輸入額がそれぞれ，9241億700万ドル，1兆6354億7620万ドルなのに対して，付

表 3 - 2　日米中三カ国における付加価値貿易収支構造（2015年）

（単位：百万ドル）

| | 日本 | | アメリカ | | 中国 | |
|---|---|---|---|---|---|---|
| | 貿易収支 | 付加価値貿易収支 | 貿易収支 | 付加価値貿易収支 | 貿易収支 | 付加価値貿易収支 |
| 全産業 | −15,773.9 | −15,773.9 | −507,031.4 | −507,031.5 | 305,768.0 | 305,768.1 |
| 農業 | −15,792.8 | −24,382.8 | 13,622.8 | −34,900.7 | −56,195.7 | 21,114.0 |
| 鉱業 | −113,868.0 | −101,509.6 | −142,145.1 | −152,691.5 | −260,297.9 | −142,144.3 |
| 製造業 | 115,783.8 | 103,488.9 | −711,369.2 | −393,041.4 | 870,853.4 | 420,365.2 |
| 電気・ガス・水道供給 | −622.7 | −1,250.8 | −4,594.7 | −31,626.7 | 4,361.7 | 24,320.7 |
| 建設業 | −186.0 | 757.1 | −1,552.1 | −10,468.4 | −1,133.4 | −7,667.0 |
| 卸・小売業 | 13,044.2 | 30,819.2 | 60,000.6 | −69,778.0 | −60,786.1 | 27,488.1 |
| 運輸・倉庫業 | 17,040.2 | 13,182.3 | 12,774.0 | −33,547.1 | −28,610.6 | 21,814.0 |
| 情報通信業 | −21,049.5 | −12,919.1 | 28,244.1 | 24,800.8 | −28,492.3 | −20,316.8 |
| 金融保険業 | −6,192.7 | −18,787.2 | 84,602.6 | 49,613.0 | −16,312.1 | 50,955.3 |
| 不動産業 | −1,240.1 | −3,059.6 | 3,954.8 | 29,320.7 | −8,237.6 | −14,007.5 |
| その他のサービス業 | −9,429.2 | −10,714.4 | 123,686.5 | 110,717.4 | −24,008.5 | −33,325.1 |
| 行政サービス・教育業・福祉業 | −1,956.1 | 7,193.1 | 19,689.0 | 6,751.3 | −25,504.7 | −24,056.0 |

（出所）OECD database（〈https://stats.oecd.org/Index.aspx?DataSetCode=TIVA_2018_C 1 #〉2020年
　　　　9 月24日アクセス）より作成。

加価値輸出・輸入額はそれぞれ4798億2860万ドル，8728億7000万ドルとなって
おり，中国においては輸出・輸入額が 1 兆9577億230万ドル， 1 兆868億4890万
ドルなのに対して，付加価値輸出・輸入額が9221億8970万ドル，5018億2450万
ドルとなっており，付加価値から見たアメリカと中国の貿易収支赤字と黒字は
ともに，過大評価されていると考えられる．

　だが，これだけではまだ米中間の貿易の実態を明らかにしたことにはならな
い．さらに図 3 - 2 でアメリカを舞台とした日中の貿易収支状況を分析してみ
る．すると，アメリカにおける，対中貿易収支赤字は，繊維，コンピュー
ター・電気・電子に集約され，対日においては，輸送機器にほぼ集約されてい
ることが分かる．だが，これらの産業の付加価値貿易収支を見ると，中国では
繊維が408億9920万ドル，コンピューター・電気・電子が435億5270万ドルと
なっており，通常の貿易収支との乖離が顕著となっている．また，日本におい

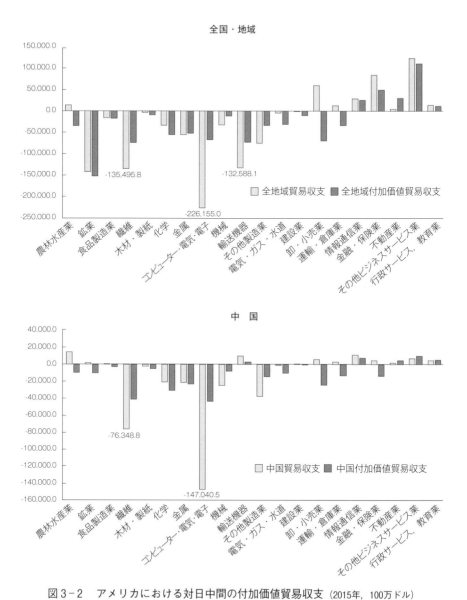

図 3-2 アメリカにおける対日中間の付加価値貿易収支 （2015年，100万ドル）

（出所）OECD database（〈https://stats.oecd.org/Index.aspx?DataSetCode=TIVA_2018_C 1〉2020年 9
月24日アクセス）より作成.

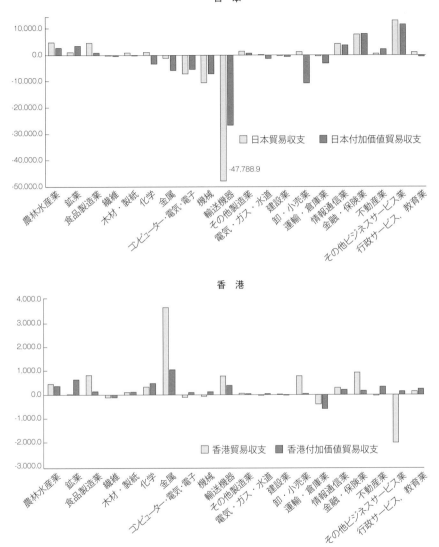

日 本

10,000.0
0.0
-10,000.0
-20,000.0
-30,000.0
-40,000.0
-47,788.9
-50,000.0

日本貿易収支　　■ 日本付加価値貿易収支

農林水産業　鉱業　食品製造業　繊維　木材・製紙　化学　金属　コンピューター・電気・電子　機械　輸送機器　その他製造業　電気・ガス・水道　建設業　卸・小売業　運輸・倉庫業　情報通信業　金融・保険業　不動産業　その他ビジネスサービス業　行政サービス、　教育業

香 港

4,000.0
3,000.0
2,000.0
1,000.0
0.0
-1,000.0
-2,000.0
-3,000.0

香港貿易収支　　■ 香港付加価値貿易収支

農林水産業　鉱業　食品製造業　繊維　木材・製紙　化学　金属　コンピューター・電気・電子　機械　輸送機器　その他製造業　電気・ガス・水道　建設業　卸・小売業　運輸・倉庫業　情報通信業　金融・保険業　不動産業　その他ビジネスサービス業　行政サービス、　教育業

ては輸送機器分野での通常の貿易収支が477億8890万ドルの黒字であるのに対して，付加価値貿易収支黒字が266億810万ドルの黒字と，ここでも大きな乖離が見られるのである．これらの乖離は，もちろん国際分業の結果としてもたらされているのだが，中国や日本の対米貿易収支黒字は，中国や日本における国内生産活動によってというよりも，むしろGVCのなかで，中間財を中国へと集約し，その完成品を中国からアメリカへと輸出するなかでもたらされていると考えられる．つまり，マクロ的視点で見た中国における巨額の対米貿易収支黒字は，日米独などの先進国，東南アジア各国から中間財（付加価値）を集約し，先進国へと輸出する役割を担っていることによって，過度に注目される結果となっている．

## 3　米中を中心とした付加価値貿易構造の変容

### （1）　アジア・太平洋地域における中心軸の変容

ここまで主に付加価値貿易統計を手がかりとして，米中を中心とした貿易構造分析を進めてきた．そこでは，1990年代以降，中国がアメリカの主要な貿易相手国として台頭し，多額の対米貿易収支黒字を計上するに至った要因が描き出されている．中国は，単にアメリカへと繊維製品やスマートフォン，コンピューターを輸出する主体ではなく，先進各国や韓国・台湾あるいは東南アジア各国・地域から中間財を集約し，中国本土の製造拠点において完成品へと組み立て，それを全世界へと供給する役割を担っている．そしてアメリカは，北米における国際分業を強化しながらも，中国からそれらの製品を輸入することによって，国民生活や企業活動を維持するという経済構造が形成されている．そして，2000年代後半以降，アジア・太平洋地域における国際分業の中心軸は，日本から中国へと入れ替わっており，日本は国内分業における周辺国へと変容している．そして，それが中国の経済発展と世界経済における影響力の増大を伴うことで，米中貿易摩擦（戦争）の先鋭化が発生していると考えられる．

　ただ，これまでの日米関係と米中関係が大きく異なる点は，グローバルな国際分業が深化している点と，中国で事業活動や貿易を担っている企業が，中国企業だけでなく，アメリカ企業や日本企業などの外資系企業であるという点であろう．この点に着目すると，米中の貿易・通商関係は，多国籍企業による企

業内・企業外の貿易・取引の拡大に起因しており，国家単位で経常される貿易収支赤字やグローバルな付加価値移転の主要な担い手は多国籍企業ということになる．そして，この担い手のなかには，アメリカ，日本，韓国，そして台湾に本社を置く多国籍企業も含まれているのである．

### （2） 付加価値貿易と多国籍企業による企業内貿易

　世界貿易の中心主体は各国に本拠を置く多国籍企業である．では，これら多国籍企業はどのような「形」で付加価値貿易に関与しているのであろうか．多国籍企業の主要な海外事業活動の1つに「企業内貿易」があり，企業グループ内の垂直的生産ネットワークを分析するうえで重要な指標となっている．この企業内貿易は，全貿易額の約3割に達しており，世界貿易の飛躍的な増大にもかかわらず，その割合は維持されてきた（小山，2016a）．グローバルに展開されている企業内貿易は，国境を横断する付加価値の流れを分析する上で重要な道標となる．つまり，多国籍企業は自社にとって大きな付加価値をもたらし利益の源泉をなす技術，知財などが含まれた財・サービスについては垂直的な企業内貿易を行い，相対的に付加価値の低い，労働集約的な組み立て生産や，低付加価値中間財等については，EMS企業の活用や各国の地場企業へと生産委託していると考えられ，そこには企業内外，地場企業，ENS企業を巻き込んだ重層的な取引関係が存在する．米中間貿易における通常の貿易額と付加価値貿易額との乖離，アメリカ，日本など先進各国における輸出額に占める高い国内付加価値額は，多国籍企業の企業内貿易と生産活動の外部化が同時に展開されていることを物語っており，中国は多国籍企業による委託生産加工拠点と現地販売市場としての色彩が強く表れている．付加価値貿易は，多国籍企業による企業内外にまたがるもう1つの国際分業の形を指示していると言えよう．

### （3） 米中対立の火種としてのサービス貿易と中国企業の対米進出

　では2017年以降，先鋭化している米中貿易摩擦（戦争）の火種はどこにあるのだろうか．アメリカにおいてトランプ政権が誕生して以降，急速に米中対立が深まっている点は否定できないが，それだけが要因であるとは考えにくい．付加価値貿易統計を分析すると，米中対立のヒントが見え隠れしている．

　中国の経済発展によって，東アジアにおける国際分業の構造は変容し，中国を中心軸とした分業体制へと書き換えが進んでおり，2000年代以降には中国国

内における付加価値の増加も見られる．だが，米中対立の中心論点は，これら
の動向にくわえ，金融・サービス分野における中国の国内付加価値の上昇，つ
まり，中国の金融・サービス分野における国際競争力の強化にあると考えられ
る．この根拠を補うため，付加価値貿易統計を時系列分析すると，製造業にお
ける付加価値貿易収支構造に大きな変化は見られないものの，サービス分野に
おける変化は確かに見られた．特に，中国はアメリカとの付加価値貿易におい
て，製造業における黒字にくわえ，卸・小売業，運輸・倉庫業，そして金融・
保険業において黒字を確保するようになっている．また，中国における金融・
保険業の付加価値貿易収支黒字は，全体で509億5530万ドルに達しており，カ
ナダ，日本，メキシコ，インド，ベトナムなどの国々に対して黒字を確保して
いる．くわえて，その他ビジネスサービス業においても，付加価値貿易が活発
に行われ，日米EUなどの先進国間貿易では，その収支が赤字となっているも
の，インド，インドネシア，マレーシア，タイ，ベトナムなどアジア各国の
付加価値貿易においては，黒字を確保するようになっている．この動向は，日
米の付加価値貿易収支構造と大きく異なる点である（小山，2016b）．日本の対ア
メリカ付加価値貿易収支では，2010年代に金融・保険業が赤字化しており，日
米間における金融・サービス分野のアメリカの優位性が際立っているからであ
る．これにくわえ，中国の輸出総額に占める国内付加価値率の上昇は，中国の
国内産業が確実に高度化していることを物語っている．

　さらに，国際分業の担い手である多国籍企業の海外事業活動に視点を移す
と，中国企業が対外直接投資の主要なプレーヤーとして台頭しているだけでな
く，アメリカ市場へと進出を果たし，かなりの現地販売額を有し，中国企業の
経済活動がアメリカ国内へと深く浸透しつつあることは注目に値する．

　中国は製造業における国内付加価値だけでなく，サービス分野の国内付加価
値拡大に努めてきた．さらに中国企業は本格的に海外展開を行い，アメリカ市
場における売上高や雇用の増加が見て取れる．この点は，2000年代と2010年代
の米中関係を比較した時の大きな相違点をなしている．この点からも，すでに
財貿易は米中対立の中心的争点とはなっておらず，米中対立の軸足は経済・通
商関係から見れば，サービス（知的財産権）分野，金融分野へと移っていること
が垣間見えるが，付加価値貿易統計でのさらに詳細な分析は難しい．アメリカ
は，中国を単に貿易収支赤字計上国ではなく，世界経済における政治面・経済
面でのライバルとして，認識するようになっていると考えられるだろう．

## お わ り に
### ——米中対立と逆回転する世界経済——

　ここまで，米中および日本企業の海外直接投資動向，海外事業活動，付加価
値貿易統計分析によって，米中に日本を加えた貿易・投資関係の構造変化を明
らかにしようと試みてきた．米中関係は，2010年代に単なる貿易相手国から，
世界経済におけるライバル関係へと変容を遂げており，中国の国内産業の高度
化，金融・保険，サービス部門における付加価値の増大，中国企業の対米進出
からも，その一端を垣間見ることができた．新型コロナウイルスの感染拡大や
トランプ政権下での対立激化は，2000年代から今日までの米中関係や日本を含
めたアジア・太平洋地域における国際分業構造の変容のなかで生み出されてい
る．だとすれば，米中の対立関係は，今後も長期に渡って日本を含めた近隣諸
国・地域に経済的影響を及ぼすであろう．このことを裏付けるように，近年ベ
トナムからの対米輸出が拡大し，2020年1月から10月期の対米貿易収支黒字
は，日本を超える水準に達している．米中対立のなかで，ベトナムが中国の生
産拠点を代替あるいは補完する存在に浮上しつつある[10]．

　では，新型コロナウイルスの感染拡大によって，世界経済や米中関係はどの
ように変容するのであろうか．コロナ禍によって米中経済摩擦（戦争）に拍車
がかかったことは事実である．そのなかにあっても国際的な生産や物流網は，
一時的な混乱が見られたものの，寸断させることはなく，国際分業体制の強靱
さが示された反面，輸出入の貿易制限措置の実施によって，国民国家の権力と
いうものを再認識させられる事態も発生している．世界経済のグローバリゼー
ションが逆回転し，一部分において国際分業体制が後退することも考えられ
る．だが，サービス貿易のうち，情報・知的財産権取引は減退しておらず，む
しろ活発化している[11]．コロナ禍によって貿易のサービス化が加速することも十
分に考えられる．であれば，米中対立は周辺国，各国多国籍企業を巻き込みな
がら，グローバルな国際分業体制を長期的に変容させていくことになるだろ
う．

注
　1）アメリカ経済分析局（BEA）によると，2001年アメリカの対中財輸出額は，131億7400

万ドル，輸入が819億1500万ドル，サービス貿易が輸出で45億3300万ドル，輸入が27億2200万ドルであった．2019年には財貿易の輸出が1079億4200万ドル，輸入が4521億8200万ドルに，サービス貿易の輸出が565億3700万ドル，輸入が204億4000万ドルに拡大している〈https://www.bea.gov/data/intl-trade-investment/international-trade-goods-and-services〉2020年9月26日アクセス．

2）新型コロナウイルスの感染拡大状況や世界経済への影響については，主に2020年8月31日までの状況から検討している．

3）日米中三カ国における財・サービス貿易動向については，UNCTADのデータベースを参照している〈https://unctad.org/en/Pages/statistics.aspx〉2020年9月17日アクセス．

4）新型コロナウイルスの感染（第一波）が拡大した2020年4－6月において各国の貿易額は大きく減少している．日米両政府が発表したデータによると，2020年4月，アメリカの輸出額は，3月から321億6100万ドル，輸入が263億5800万ドル減少している．日本においても，同時期，輸出で125億2200万ドル減少し，輸入については4月と5月で101億3100万ドル減少している．また，サービス貿易のうち，旅行による受取・支払ともに2020年3月以降，大幅に減少している．

5）付加価値貿易の概要説明については，OECDホームページ参照〈http://www.oecd.org/sti/ind/measuringtradeinvalue-addedanoecd-wtojointinitiative.htm〉2020年9月29日　アクセス．

6）この付加価値貿易統計をグローバルに構築するため，OECDとWTOが共同プロジェクトを組み，先進各国やUNCTADもプロジェクトに協力することで構築されて統計データである．日本においては，これまでアジア各国を中心に国際産業連関表を作成してきた，IDE－JETORO（日本貿易振興機構・アジア経済研究所）や独立行政法人経済産業研究所がプロジェクトに参画している．

7）付加価値貿易統計は，2020年9月30日現在，2018年バージョンとなっており，2005年から2015年，限定的ではあるが2016年までの統計が掲載されている．

8）付加価値貿易統計の政策的重要性については，WTO OMC（2015）およびUNCTAD（2013）を参照．

9）ただし，付加価値貿易統計の最新データは，2015年となっており，本章執筆中における直近の2019年の貿易統計とは比較することができないことは，あらかじめ指摘しておきたい．

10）日本経済新聞は，ベトナムの対米貿易収支黒字拡大の要因を，労働コスト上昇や米国との貿易摩擦を抱える中国の生産拠点の代替となる「チャイナプラス1」の代表的な国に浮上したことによると，分析している（『日本経済新聞』2020年12月18日，朝刊）．

11）新型コロナウイルス感染拡大後のサービス貿易動向については，日米独の3カ国における月単位での動向を分析している．それによると，「旅行収支」については，大幅な減少が見られるが，「情報サービス収支」については経済活動が維持されており，「受取」，「支払」の両面において取引額の増加傾向が見られる．また，当該データは，日本が財務省（〈https://www.mof.go.jp/statistics/index.html〉2020年9月4日アクセス），

アメリカがアメリカ商務省経済分析局（〈https://www.bea.gov/data/intl-trade-investment〉2020年 9 月 4 日アクセス），ドイツが EU 統計局（〈https://ec.europa.eu/euro-stat/data/database〉2020年 9 月 4 日アクセス）に依拠している．

## 参考文献

猪俣哲史（2019）『グローバル・バリューチェーン——新・南北問題へのまなざし——』日本経済新聞出版社，pp. 66-68.

小山大介（2015）「付加価値貿易統計と多国籍企業——日米企業の貿易関係を中心に——」『立命館国際地域研究』第42号，立命館大学国際地域研究所，p. 61.

――――（2016a）『米日多国籍企業の海外事業活動と企業内貿易の展開——グローバル化とリージョナル化の基礎過程——』京都大学大学院経済学研究科学位申請論文, pp. 76-78.

――――（2016b）「日米中三カ国における付加価値貿易構造——アジアの国際分業と日米中貿易の位置——」『立命館国際地域研究』第43号，pp. 151-154.

UNCTAD（2013）*World Investment Report Global Value Chains : Investment and Trade for Development*, United Nations, New York and Geneva, pp. 122-125.

――――（2020）*World Investment Report 2020 : International Production Beyond the Pandemic*, United Nations, United Nations Publications, New York, pp. 2-6.

――――（2021）*Investment Trends Monitor : Global FDI Flows Down 42% in 2020*, Issue 38, United Nations, United Nations Publications, New York, p. 1〈https://unctad.org/system/files/official-document/diaeiainf2021d1_highlight_en.pdf〉2021年 4 月25日　アクセス．

WTO OMC（2015）*Trade in Value-added : concepts, Methodologies and Challenges*（*Joint OECD-WTO Note*）p. 2〈http://www.oecd.org / sti / ind / measuringtradeinvalue-addedanoecd-wtojointinitiative.htm〉2020年 9 月29日アクセス．

# 第4章

## 大国の食料貿易
### ——食料安全保障と世界的なインパクト——

千葉　典・渡邉英俊

## はじめに

　国連貿易開発会議（UNCTAD）の統計によれば，2017年の世界の貿易におい
て最大の輸出国は2兆2634億ドルを輸出した中国，第2位は1兆5463億ドルを
輸出したアメリカであった．また，輸入額では首位がアメリカで2兆4085億ド
ル，第2位が中国で1兆8438億ドルとなっており，世界の貿易における米中両
国の地位は，圧倒的な存在を示している．それでは，食料貿易に焦点を当てた
場合，米中両国の存在はどれほどの重みを持っているのか．また，両国間の食
料貿易は，どのような様相を示しているのだろうか．

　本章の課題は，世界の食料貿易を概観し，米中両国の存在をそのなかに位置
づけるとともに，両国間の食料貿易の実相と変容を分析し，その意義を探るこ
とである．そのため，最初に今世紀に入ってからの世界食料貿易の全体的動向
を追跡し，米中両国の位置づけを確認する．次いで，世界貿易機関（WTO）加
盟後の中国が巨大な食料輸入国に変貌する経過について，米中両国の食料貿易
の展開を分析する中で，その特徴を析出する．最後に，主要品目を対象として
食料貿易の動向を量的に把握し，米中両国が世界市場の需給に与えるインパク
トについて考察を加える．これらの作業をつうじて，世界の食料貿易に占める
米中両国の位置が明らかにされるとともに，世界の食料安全保障の焦点と米中
両国の食料貿易との関連性が示されるはずである．

# 1　世界食料貿易の構造変化

## （1）　2000年代の世界食料貿易

### 食料輸出の動向

　21世紀に入って，世界の食料貿易は劇的に拡大した．2000年の全世界の食料
輸出額は3696.6億ドルであったが，その後2008年まで増加の一途をたどり，2009
年には世界金融・経済危機（いわゆるリーマンショック）の影響で一時的に減少し
たものの，2010年には回復して1兆163.9億ドルと，10年間でおよそ2.5倍に拡
大した．言うまでもなく世界最大の輸出国はアメリカで，2000年の輸出額は
471.4億ドル，以下オランダ243.7億ドル，フランス241.2億ドル，ドイツ196.0
億ドル，カナダ166.2億ドル，ベルギー152.6億ドル，スペイン137.2億ドル，
中国128.1億ドル，ブラジル119.0億ドル，オーストラリア115.6億ドル，イタ
リア114.3億ドル，アルゼンチン111.5億ドルであり，以上12カ国でそれぞれの
輸出額が100億ドルを超えている（ただし，EU諸国の数値は域内貿易を含む．以下同
様）．

　2010年の内訳を見ると，やはり首位はアメリカで1069.0億ドル（対2000年比増
加率127%，カッコ内以下同様），次いでオランダ724.7億ドル（197%），ドイツ
581.1億ドル（196%），ブラジル579.7億ドル（387%），フランス462.1億ドル
（192%），中国422.5億ドル（230%），カナダ362.2億ドル（118%），スペイン
333.5億ドル（143%），ベルギー328.9億ドル（116%），アルゼンチン327.0億ド
ル（193%）となっており，ブラジルと中国の伸張が著しい．ちなみに，2010年
の輸出額は，インドネシアが249.2億ドル，タイが244.3億ドルに達しており，
食料輸出開発途上国の躍進が目立つ．

### 食料輸入の動向

　食料貿易を輸入の側面からみると，2000年の全世界の食料輸入額は3972.6億
ドル，2010年は1兆325.8億ドルであり，10年間で2.6倍に増加したことにな
る．2000年時点で世界最大の食料輸入国は日本で，その輸入額は436.9億ドル
に上る．これにアメリカが続き385.5億ドル，以下ドイツ286.6億ドル，英国
230.4億ドル，フランス210.2億ドル，イタリア181.1億ドル，オランダ160.0億
ドル，ベルギー130.4億ドル，スペイン120.7億ドル，カナダ107.8億ドルと

なっている．輸入額が100億ドルを超えるのは上記10カ国で，主要な食料輸入国はすべて先進国から構成されている．

2010年の内訳では，首位がアメリカに転じて食料輸入額798.8億ドル（対2000年比増加率107%，カッコ内以下同様），第2位はドイツの708.9億ドル（147%）となり，日本の地位は576.4億ドル（32%）で第3位に後退，中国の輸入額が571.3億ドル（559%）でこれにほぼ肩を並べている．以下，英国469.6億ドル（104%），フランス455.1億ドル（117%），オランダ451.4億ドル（182%），イタリア396.9億ドル（119%），ロシア319.9億ドル（337%）と続いており，とくに中国とロシアの劇的な輸入増加が目を引く．輸入額が30億ドルを超えるのは以上の9カ国であるが，メキシコ，韓国，サウジアラビア，香港，インド，ポーランドの7カ国・地域も10億ドルを超える食料を輸入しており，この時期に開発途上国の食料輸入が着実に増加したことを示している．

### （2）　2010年代の世界食料貿易

2010年代に入ると，世界の食料貿易は漸増しながらも，ほぼ横ばいに転じる．全世界の食料輸出額は，2011年に1兆2374.1億ドルに達してから増減を続け，2017年には1兆3560.1億ドルとなっており，2010年比では33%の増加にとどまっている．首位であるアメリカの地位は揺るがず，2017年の輸出額は1298.8億ドル（対2010年比増加率21%，カッコ内以下同様），オランダがこれに続き970.3億ドル（34%）であるが，ブラジルが第3位となり753.5億ドル（55%），第4位のドイツ694.5億ドル（20%）に続いて中国が655.3億ドル（55%）で第5位となった．以下，スペイン492.0億ドル（48%），カナダ478.9億ドル（32%），フランス467.9億ドル（1%）であり，以上8カ国が輸出額400億ドルを超えている．世界全体の増加は比較的緩慢だが，7年間の変動ではインドがほぼ倍増，ブラジル，中国，インドネシアも5割を超える増加と，開発途上国における食料輸出の増加が目立つ．

当然ながら食料輸入額の変化もほぼ同様の傾向を示し，2011年の全世界の食料輸入額は1兆2549.0億ドル，2017年には1兆3459.1億ドルに達しており，2010年比の増加率は30%である．首位は相変わらずアメリカで，2017年には1204.4億ドル（51%）を輸入したが，中国が第2位となり1064.3億ドル（86%）とアメリカに肉薄している．以下，ドイツ832.0億ドル（17%），オランダ645.9億ドル（43%），日本598.2億ドル（4%），フランス534.4億ドル（17%），英国531.5億ド

ル（13%）と続き，食料輸入額が300億ドルを超える諸国は，中国を除いてすべて先進国となっている．しかし，輸入額200億ドル超の諸国・地域を列挙すると，ロシア271.9億ドル（-15%），韓国269.9億ドル（47%），香港238.9億ドル（55%），メキシコ225.8億ドル（21%），サウジアラビア205.1億ドル（31%）であり，開発途上国のなかでもいわゆる中進国が主要な食料輸入国に名を連ねていることがわかる．

### （3）　世界食料貿易における米中両国の地位

　世界の食料貿易に占める米中両国のシェアを上記のデータから求めると，まず輸出においては2000年のアメリカが12.8%，これに対して中国は3.5%であり，アメリカの圧倒的な地位を確認することができる．しかし，その後アメリカのシェアは若干低下して2005年には9.5%と，1割を下回るようになる．2007年には10%台を回復して2010年には10.5%に達するが，2016年まで10%台を維持したものの，2017年には再度9.6%までシェアを低下させた．他方，中国のシェアは基本的に増加傾向を示し，2005年には3.9%，2010年4.2%，2015年4.9%と推移し，2017年には4.8%となっている．両国のシェアを合計すると，2000年16.3%，2005年13.4%，2010年14.7%，2015年15.2%，2017年14.4%と推移しており，世界の食料輸出のおおむね15%前後が米中両国によるものということになる．

　これに対して食料輸入をみると，アメリカのシェアは2000年が9.7%，2005年が9.2%と，世界の約1割弱程度であったが，その後若干の低下を示して2007年から2013年まで7%台となり，その後再び増加して2015年には9.0%，2017年には8.9%と，2000年代初頭の水準を回復している．これに対して，中国のシェアは一貫して増加傾向にあり，2000年が2.2%，2010年5.5%，2017年7.9%と，2010年前後のアメリカに肩を並べるまでになった．両国のシェアを合計すると，2000年11.9%，2010年13.2%，2017年16.8%となり，おもに中国の輸入増加によって，今世紀に入ってから5%程度のシェア上昇を記録している．

## 2　2000年代と2010年代の米中食料貿易

### （１）　2000年代の米中食料貿易
#### 中国の食糧政策[1]

　1996年の中国食糧白書において食糧自給の方針が打ち出されて以来，中国では主要穀物の自給率を95％以上に保つことが食糧政策の基本とされてきた．ところが2014年にこの方針は大きく転換し，主食用穀物であるコメと小麦のみ自給を堅持することとして，植物油や飼料の原料となる大豆やトウモロコシについては適度な輸入を認めるかたちに改められた．さらにこの時，従来の95％という自給率の数値目標も廃止されている．

　時代を遡って2001年の WTO 加盟にあたり，中国政府は重要農産品７品目（コメ，小麦，トウモロコシ，植物油，砂糖，綿花，羊毛）に関税割当制度を導入し，このうち羊毛を除く６品目の輸入は少数の国営貿易企業（State Trading Enterprise）による国家貿易として行われることになった[2]．また2004年には価格支持制度としてコメと小麦に「最低買付価格制度」が導入され，2008年には「臨時買付保管制度」がトウモロコシと大豆に導入されている[3]．こうした関税割当制度や価格支持制度は，言うまでもなく生産者の保護が目的であり，WTO 加盟後の食糧生産の維持・拡大をねらいとしていた．

　こうした生産者保護の導入により，中国はコメ，小麦，トウモロコシについては100％近い自給率を維持している．しかし大豆は自給率の低下が著しく，2002年に６割以上であった自給率は2015年に１割強まで低下している．さらに今のところ高い自給率を維持しているとはいえ，コメ，小麦，トウモロコシの輸入も増加していることから，2014年の中国の新たな食糧政策では，自給対象を主食として最も重要なコメと小麦に絞りこむことになった．

#### 中国の食料輸入

　それでは WTO 加盟後の中国の食料貿易について，UNCTADSTAT（UNCTAD のデータベース）をもとに詳しく見ていくことにしよう．ここでは食料貿易の全体像を分析対象とするため，主食を中心とする「食糧」ではなく，より広範囲の品目を含む「食料」をタームとして意識的に用いている．

　図４−１は，UNCTADSTAT において基礎食料（Food, basic）に分類される品

（10億米ドル）

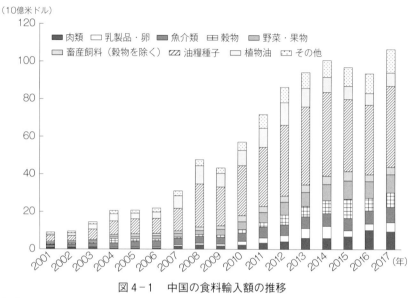

図 4-1　　中国の食料輸入額の推移

（出所）UNCTADSTAT より作成.

目の中国の輸入額を示している. 中国の食料輸入額の推移を見ると，2001年か
ら2017年にかけて12倍に増加した. 他方で中国の食料輸出額は，2001年から2017
年までに5.3倍に増加している. WTO 加盟後の中国では食料輸出も増加して
いるが，それをはるかに上回って食料輸入が伸びている. そのため，2008年以
降は中国の食料貿易収支は継続的に赤字となり，赤字額も増加し続けている.

　中国の主な食料輸入元は，2001年以降，アメリカ，東南アジア諸国連合
（ASEAN），ブラジルが一貫して大きなシェアを占めている. ただし食料輸入が
増加し始めた2000年代と，その後の急速な拡大を見た2010年代とでは，主要な
輸入元や輸入品目に違いが見られる. そこで，ここでは2000年代の主要な輸入
元や輸入品目を整理し，本節（2）で2010年代に焦点を当てて整理することに
しよう.

　2000年代の中国の主な食料輸入元は，アメリカ，ASEAN，ブラジル，アル
ゼンチンである. 2008年の輸入元シェアは，アメリカ23.9%，ASEAN
18.5%，ブラジル17.5%，アルゼンチン17.5%であった. また ASEAN とは
2005年に物品分野で自由貿易協定（FTA）が発効しており，FTA 発効国・地

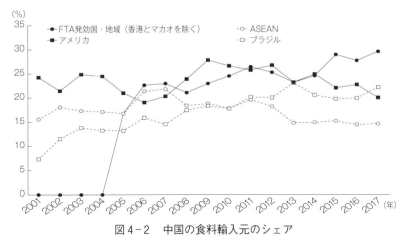

図 4-2　中国の食料輸入元のシェア

（出所）UNCTADSTAT より作成.

域との貿易比率を示す FTA カバー率は，食料輸入では2008年に21.1％となっている[5].　したがって2000年代の中国の主な食料輸入元は，アメリカ，FTA 発効国・地域（うち ASEAN が大半），ブラジル，アルゼンチンだと言える[6].

　2000年代の中国の主な輸入品目は，油糧種子，植物油，魚介類である.　このうち油糧種子は，2001年から2019年現在まで，中国が世界最大の輸入国である.　また植物油も2004年から2012年まで中国が世界最大の輸入国であった[7].　これらの品目の08年／01年の輸入増加率を見ると，油糧種子は7.1倍に増加し，植物油は16.4倍に増加した.　油糧種子で大半を占める大豆は，輸入後に中国国内で搾油され植物油となるほか，搾油後の搾りかすも重要な飼料となる.　2000年代の中国の食料輸入では，油糧種子と植物油が輸入の1位と2位を占めており，両者を合わせると全体の4割から6割を占めていた.　なお魚介類については，中国が世界最大の輸出国でもあるため，大幅な輸出超過となっている.

　これらの主要品目の2008年の輸入元シェアを見ると，油糧種子はアメリカ36.9％，ブラジル31.8％，アルゼンチン25.3％の順に大きい.　植物油は FTA 発効国・地域64.4％（うち ASEAN59.7％）であり，輸入元は ASEAN に集中している.　魚介類はアメリカ14.4％，FTA 発効国・地域12.0％（うち ASEAN 8.1％）が輸入元として大きい.　このように2000年代の中国の食料輸入は，植物油にかかわる品目が中心を占めており，ASEAN から植物油を大量に輸入しつつ，アメリカやブラジルから原料となる油糧種子の輸入を急速に拡大させてい

たところに特徴がある.

### アメリカの食料輸出

2000年代の中国最大の食料輸入元はアメリカであった. アメリカの食料輸出額は2001年から2017年にかけて2.7倍に増加した. またアメリカの食料貿易収支は, 一時的に赤字を記録した2005年を除くと2000年代を通じて黒字であり, 特に2000年代後半は大幅な輸出超過であった.

2000年代のアメリカの主な食料輸出先は, NAFTA (現USMCA) 加盟国のカナダとメキシコ, 日本, 中国, 欧州連合 (EU), ASEANである[8]. 2008年の輸出先シェアは, NAFTA29.8%, 日本12.6%, 中国9.1%, EU8.4%, ASEAN5.3%であった. また食料輸出のFTAカバー率は, 2008年に35.9%であり, その大半がNAFTA向けであった[9].

このようにNAFTAに次いで食料輸出が多かったのが日本であり, 日本への食料輸出は2001年には19.4%を占めていた. しかしその後, 日本のシェアは低下し, 2008年には12.6%まで低下した. かわってシェアが増加したのが中国である. 中国への食料輸出は, 2001年には3.2%を占める程度であったが, 2008年には9.1%まで増加した.

2000年代のアメリカの主な輸出品目は, 穀物, 油糧種子, 野菜・果物, 肉類である. これらの品目にはアメリカが世界最大の輸出国であるものが多い. 特に穀物と油糧種子は, 長年にわたりアメリカが世界最大の輸出国となっている[10]. これらの主要品目の2008年の輸出先シェアを見ると, 穀物はFTA発効国・地域29.9% (うちNAFTA21.7%), 日本18.9%の順に大きい. 油糧種子は中国43.2%, FTA発効国・地域17.5% (うちNAFTA15.5%) である. 2003年に中国への輸出がNAFTAを上回って以来, 中国が最大の油糧種子の輸出先となった. そのほかに野菜・果物はFTA発効国・地域50.8% (うちNAFTA46.1%), EU16.5%の順に大きく, 肉類はFTA発効国・地域35.0% (うちNAFTA31.7%), 日本16.2%となっている.

このように2000年代のアメリカの食料輸出は, 油糧種子の輸出先が急速に中国へ集中するようになったが, その他ではNAFTA等のFTA発効国・地域と日本が主な輸出先となっていた.

## （2）　2010年代の米中食料貿易

### 中国の食料輸入

　世界金融危機後の食料価格の下落と取引量の減少により，2009年の世界の食料輸出額は前年から11％減少した．2007年から急増した中国の食料輸入額も2009年には減少したが，2010年には2008年の水準を2割ほど上回るまで回復し，中国の食料輸入額は2014年まで拡大し続けた．

　2010年代の中国の主な食料輸入元は，ASEAN 等の FTA 発効国・地域，ブラジル，アメリカ，EU，カナダである．2000年代との違いは，輸入の増加に伴って輸入元が多元化したことである．さらに図4-2のとおり，FTA 発効国・地域からの輸入比率が2008年の21.1％から2017の29.6％へ上昇したことにも注目すべきである[11]．このうち ASEAN のシェアが最も大きいが，ニュージーランド，オーストラリア，チリからの輸入も伸びている[12]．

　FTA 発効国・地域以外では，ブラジル，アメリカ，EU，カナダからの輸入が大きなシェアを占めている．このうちアメリカからの輸入額は2014年の251億ドルをピークに減少しており，アメリカのシェアは2010年代を通じて低下傾向を辿っている．他方でブラジル（08年17.5％→17年22.2％）のほか，EU（08年3.8％→17年8.6％），カナダ（08年3.4％→17年5.9％）のシェアは拡大している．

　2010年代の中国の主な輸入品目は，油糧種子，野菜・果物，肉類，魚介類，穀物である．このうち特に輸入の増加が著しいのは穀物である．中国の穀物輸入額は17年／08年の増加率で8.9倍となっており，主要な輸入品目で最も高い増加率である．また2017年の穀物輸入の内訳を見ると，小麦13.7％，コメ24.3％，トウモロコシ8.0％であり，中国の食糧政策において国内自給を堅持するとされた小麦やコメについても例外ではない．17年／08年の増加率で見ると，輸入額は小麦で140倍，コメで10倍に増加している．中国の穀物輸入は国営貿易企業の管理下にあるが，中国政府の価格支持政策によって内外価格差が生じており，国産に比べて安価な輸入穀物への需要が高まっていることが輸入増加の要因だと言われている．

　2017年の穀物の主な輸入元は，FTA 発効国・地域57.9％（うち ASEAN 29.8％，オーストラリア25.2％），アメリカ20.6％である．コメは ASEAN からの輸入が9割以上を占めている．小麦は，FTA 発効国であるオーストラリアからの輸入が4割と最も大きく，ついでアメリカ25.9％，カナダ15.3％の順となっている．トウモロコシの主な輸入元は，ウクライナ61.4％，アメリカ

26.5％，FTA 発効国・地域11.7％（うち ASEAN11.5％）であった．トウモロコ
シは2013年までアメリカからの輸入が 9 割以上を占めていたが，2014年以降は
ウクライナからの輸入が急増し，アメリカのシェアは大きく減少した．先述の
通り，アメリカは世界最大の穀物輸出国であるが，中国がアメリカから輸入す
る主要穀物は小麦とトウモロコシに限られており，さらにトウモロコシは近年
アメリカからの輸入が急減している．

　2010年代の中国の輸入品目で最大のシェアを占めたのは，引き続き油糧種子
であるが，2008年には 5 割であった油糧種子のシェアは，2017年に 4 割へと 1
割低下した．そして2010年代には輸入元にも変化が見られる．2017年の油糧種
子の輸入元シェアは，ブラジル48.6％，アメリカ32.6％，カナダ7.2％の順で
あり，2013年以降，最大の輸入元はアメリカにかわってブラジルとなってい
る．

　肉類も2010年代に輸入が大きく増加した品目である．ここでもアメリカから
の輸入は増加しておらず，アメリカのシェアは2008年の53.5％から17年の
12.5％へと大幅に低下した．かわって FTA 発効国・地域（オーストラリア，
ニュージーランド）とブラジルからの輸入が増加し，2017年の輸入元シェアは，
FTA 発効国・地域22.5％（うちオーストラリア10.6％，ニュージーランド10.0％），
ブラジル19.7％となっている．

　このように2010年代の中国の食料輸入は，輸入元を多元化させながら拡大し
た．その結果，2000年代には最大の輸入元であったアメリカのシェアは低下傾
向を辿り，かわって FTA 発効国・地域やブラジルのシェアが高まることに
なった．こうした傾向は中国最大の輸入品目である油糧種子のほか，輸入が急
拡大した穀物や肉類のいずれにも言えることである．したがって遅くとも2010
年代半ばまでには，中国の食料輸入における「アメリカ離れ」は始まっていた
と考えられる．

### アメリカの食料輸出

　中国の食料輸入において「アメリカ離れ」が進むなかで，アメリカの食料輸
出額は2014年の1420億ドルをピークに減少し，2017年においても2014年の水準
を回復できていない．[13] また近年では食料輸出額が低迷するのに対して，食料輸
入額は右肩上がりに増え続けている．その結果，アメリカの食料貿易収支
は，2019年には2005年以来となる赤字へ転落した．

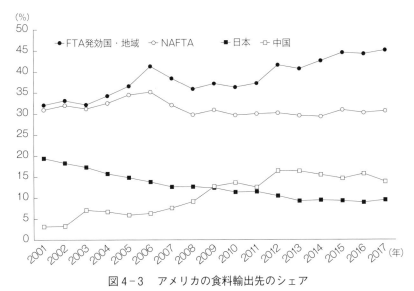

図 4-3　アメリカの食料輸出先のシェア

（出所）UNCTADSTAT より作成.

　2010年代のアメリカの主な食料輸出先を見ると，**図 4-3** で示したように NAFTA に次ぐ第2の輸出先であった日本のシェアが1割を切るまでに低下した．これは日本でも食料輸入の「アメリカ離れ」が進んだためであり，2010年代には東アジアの巨大な食料輸入国である中国と日本でそろってアメリカの地位は低下した[14]．

　かわってシェアが高まったのはFTA発効国・地域である．アメリカの食料輸出のFTAカバー率は，2008年の35.9％から2017年の45.1％へ上昇した[15]．そのうちNAFTAへの輸出が最大のシェアを占めているが，2012年の米韓FTA発効後には韓国のシェアが増加している．

　2010年代のアメリカの主な輸出品目は，穀物，油糧種子，野菜・果物，肉類であり，主要品目の構成に大きな変化はない．ただし輸出額に占めるシェアは変化しており，2000年代には輸出の最大品目であった穀物のシェアが大きく低下し，かわって伸びた油糧種子が穀物のシェアを上回るようになった．

　2017年の主要品目の輸出先を見ると，穀物，野菜・果物，肉類ではFTA発効国・地域への輸出が5割を占めており，2000年代と比べて輸出先は一層FTA発効国・地域へ集中するようになっている[16]．これとは対照的に，油糧種子のみ

表 4 - 1　　中国の対アメリカ食料輸入額の推移（2014－19年）

| | 輸入額（100万米ドル） | | | | | | 指数（2014年＝100） | | | | | |
|---|---|---|---|---|---|---|---|---|---|---|---|---|
| | 2014年 | 2015年 | 2016年 | 2017年 | 2018年 | 2019年 | 2014年 | 2015年 | 2016年 | 2017年 | 2018年 | 2019年 |
| 肉類 | 986 | 520 | 1,347 | 1,185 | 537 | 890 | 100 | 53 | 137 | 120 | 54 | 90 |
| 乳製品・卵 | 591 | 304 | 273 | 429 | 330 | 346 | 100 | 51 | 46 | 73 | 56 | 59 |
| 魚介類 | 1,180 | 1,086 | 1,033 | 1,320 | 1,256 | 1,080 | 100 | 92 | 87 | 112 | 106 | 91 |
| 穀物 | 2,137 | 2,831 | 1,572 | 1,550 | 950 | 1,250 | 100 | 132 | 74 | 73 | 44 | 59 |
| 野菜・果物 | 683 | 833 | 908 | 1,115 | 1,218 | 965 | 100 | 122 | 133 | 163 | 178 | 141 |
| 畜産飼料（穀物を除く） | 2,412 | 2,745 | 1,500 | 921 | 890 | 970 | 100 | 114 | 62 | 38 | 37 | 40 |
| 油糧種子 | 16,355 | 12,441 | 13,927 | 14,014 | 7,116 | 9,522 | 100 | 76 | 85 | 86 | 44 | 58 |
| 植物油 | 198 | 31 | 106 | 85 | 12 | 49 | 100 | 16 | 53 | 43 | 6 | 25 |
| その他 | 570 | 603 | 621 | 735 | 998 | 692 | 100 | 106 | 109 | 129 | 175 | 121 |
| 対アメリカ食料輸入額 | 25,113 | 21,395 | 21,287 | 21,354 | 13,307 | 15,764 | 100 | 85 | 85 | 85 | 53 | 63 |
| 対世界食料輸入額 | 100,635 | 96,896 | 93,556 | 106,431 | 115,727 | 126,335 | 100 | 96 | 93 | 106 | 115 | 126 |

（注）2019年は推計値を含む.
（出所）UNCTADSTAT より作成.

　中国への輸出が52.6％を占めており，FTA 発効国・地域のシェアは13.5％（うち NAFTA9.6％）に過ぎない.そしてここでも輸出先の集中度は高まっており，中国への輸出比率は2000年代の4割程度から5割強へと上昇しているのである.

### （3）　トランプ政権下の米中食料貿易

　2010年代の米中間の食料貿易をまとめると，中国では輸入元の多元化による「アメリカ離れ」が始まっていたが，アメリカでは輸出に占める油糧種子のシェアが高まるなかで，その輸出先は中国一国にますます集中するようになっていた.ここに大きな矛盾があるが，こうした状況において2018年7月に「貿易戦争」が勃発したのである.

　2018年7月6日，アメリカ政府が通商法301条により対中追加関税を発動したことを受けて，中国政府は報復措置として農水畜産物に追加関税を課した.**表 4 - 1** は，対アメリカ食料輸入額のピークである2014年を起点として，2019年までの中国の食料輸入額の推移を示している.2014年の対アメリカ食料輸入額を100とすると，すでに「貿易戦争」開始前の2017年には85へ低下していた.そして「貿易戦争」が始まった2018年には，2014年水準の約半分である53

にまで激減し，2019年も減少したままである．ところが中国の食料輸入額それ自体は減少しておらず，2018年と2019年にはむしろ増加していることから，「貿易戦争」により食料輸入の「アメリカ離れ」が加速したと言える．

これを品目別に見ると，穀物と油糧種子は大きな影響を受けたが，魚介類と野菜・果物はさほど影響を受けていない．特に野菜・果物はアメリカからの輸入が増え続けており，2018年に輸入が大きく減った肉類も2019年にはほぼ回復するなど，影響は限定的である．輸入が減少した品目は多くが主食となる「食糧」であり，かねてより中国政府が自給政策をとってきた品目である．そしてアメリカからの「食糧」輸入は，すでに「貿易戦争」以前から減っていた．これは自給率の低い油糧種子についても同様である．このように2018年7月の中国の報復関税措置は，アメリカからの「食糧」輸入を一層減少させながら，魚介類や野菜・果物などの対アメリカ輸入にはほとんど影響を及ぼすことはなかったのである．

## 3　米中食料貿易のインパクト

### （1）　主要品目の貿易に占める両国の位置
#### 大　　豆

本節では，おもに数量的側面から品目別貿易を検討するため，FAOSTAT（国連食糧農業機関：FAOのデータベース）のデータを用いて分析を進める．世界の大豆輸出は，2000年の4737.8万トンから2010年には9731.6万トンへほぼ倍増し，2017年には1億5178.3万トンと7年間でさらに6割増加している．二大輸出国はアメリカとブラジルで，近年までアメリカが首位であったが，2015年にはブラジルがアメリカを凌駕し，2017年の輸出量はブラジル6815.5万トン，アメリカ5538.0万トンと，ブラジルが1000万トン以上アメリカを上回っている．世界の輸出にアメリカが占める比率は，2000年57.4％，2010年43.5％，2017年36.5％と継続的に落ちてきており，いまだに大輸出国ではあるものの，世界市場におけるその影響力はやや低下してきていると考えられる．

世界の大豆輸入も同様の動きを示し，2000年の4848.2万トンから2010年の9603.2万トン，2017年の1億4813.5万トンへと，17年間でおよそ3倍となった．この間，中国は一貫して世界最大の輸入国であり続け，輸入量は2000年の1041.9万トンから2010年5479.8万トン，2017年9553.4万トンと，17年間で9倍

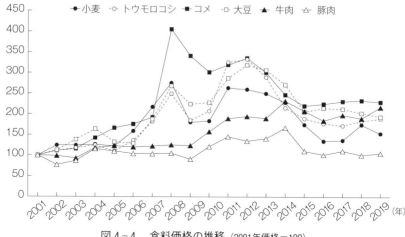

図4-4　食料価格の推移（2001年価格＝100）

（出所）IMF, Primary Commodity Price System より作成.

以上の増加をみている．同期間の世界の輸入量は9335.3万トンの増加，うち中国が8511.5万トンを占めており，増加分の9割以上が中国に起因することがわかる．これは，急激な経済成長と所得増加により，植物油や肉類の消費，およびそれに伴う飼料需要が急増した結果と考えられる．世界の輸入に中国が占める割合は，2000年が21.5％，2010年57.1％，2017年64.5％と，2000年代に大幅に上昇した後も伸長を続けており，中国の輸入動向が世界の大豆需給を大きく左右する状況が展開している．

　2000年代以降の大豆価格の推移をみると，2001年を100とした指数では2008年に268となり，世界金融・経済危機の影響で一時的に低下するものの再度上昇，2012年には319のピークを記録した（図4-4）．その後，価格水準は落ち着きをみせるが，2015年以降はおおむね2001年の2倍の水準で推移しており，価格的には高止まりの状況が続いている．

### トウモロコシ

　世界のトウモロコシ輸出量は，2000年の8235.4万トンから2010年には1億873.2万トンへ32.0％増加し，2017年には1億6153.5万トンと17年間でほぼ倍増した．この間，アメリカは2013年を除き一貫して首位に立っており，その輸

出量は2000年4797.1万トン，2010年5090.6万トン，2017年5303.9万トンと増加
を続けてきた．しかし，2000年の時点で2位であったアルゼンチンに加えて，
ブラジルやウクライナといった諸国が輸出を増加させ，世界全体の輸出量が大
きく増えたことから，アメリカのシェアは2000年の58.2%から2010年
46.8%，2017年には32.8%と低下してきており，いまだに世界最大の輸出国で
はあるものの，圧倒的とは言い難い存在へと後退している．

　世界のトウモロコシ輸入量は，2000年8210.4万トン，2010年1億773.6万ト
ン，2017年1億5721.1万トンと，17年間で91.5%の増加を記録した．輸入国は
多くの国々に分散しており，2000年の時点では首位が日本で1611.1万トン（世
界全体の19.6%，以下同様），2位の韓国が871.5万トン（10.6%），3位がメキシコ
で534.8万トン（6.5%）であったが，2014年以降メキシコが急速に輸入を伸ば
し，2017年には1533.9万トン（9.8%）で1452.8万トンの日本（9.2%）を追い越
し初の首位に立った．NAFTAの成立以降，メキシコは大量のトウモロコシ
をアメリカから輸入するようになった．その用途はおもに飼料であるが，一部
は主食向けとしても使われているとみられ，同国内での自給的生産を圧迫する
要因となった．第3位以下の輸入国は，韓国932.0万トン（5.9%），エジプト
833.2万トン（5.3%），ベトナム772.6万トン（4.9%），スペイン746.6万トン
（4.7%），イラン731.8万トン（4.7%），イタリア540.8万トン（3.4%），オランダ
520.5万トン（3.3%），コロンビア493.0万トン（3.1%）であり，以上の上位10
カ国で世界の輸入量の54.4%を占めることになる．なお，中国の輸入量は2009
年まで10万トンに満たないわずかな水準であったが，2010年の157.2万トン
（1.5%）を契機として継続的に数百万トン単位を輸入するようになり，2012年
の520.7万トン（4.4%）をピークとして激しい増減を繰り返し，2017年には
282.6万トン（1.8%）を輸入している．

　トウモロコシの価格変動も，大豆と似たパターンを示している．2001年から
2008年の間におよそ2.5倍となり，2009年に急落してから再上昇，2012年には
3倍を超えるピークに達したが，2015年以降は2倍足らずの水準に戻った．し
かし，2000年代前半の価格水準に比して高止まりしていることは，大豆と同様
であり，食料輸入国の負担は確実に増大している．

　　小　　　麦
　世界の小麦輸出は，2000年が1億1719.0万トン，2010年は1億4574.0万ト

ン，2017年には1億9085.4万トンに達し，17年間の増加率は62.9％である．ア
メリカは2014年まで世界最大の輸出国で，輸出量は2000年2783.0万トン
(23.7%)，2010年2762.9万トン (19.0%)，2017年は2729.9万トン(13.9%) と推移
しており，ほぼ2700万トン台で安定しているが，世界全体の輸出量増加に伴い
シェアは低下傾向にある．2015年にはカナダが2361.1万トン (13.8%) を輸出
し首位に立ったが，2014年以降はロシアの輸出が急増して2016年以降首位とな
り，2017年には3302.6万トン (16.8%) を輸出した．

　世界の小麦輸入は，2000年の1億1706.1万トンから2010年は1億4671.3万ト
ン，2017年には1億9178.7万トンへと，17年間で63.8％増加した．輸入国は，
トウモロコシと同じく多くの国に分散しているが，その順位には変化がみられ
る．2000年の首位はブラジルで752.3万トン (6.4%)，次いでイタリア686.0万
トン (5.9%)，イラン657.8万トン (5.6%)，日本585.4万トン (5.0%)，アル
ジェリア536.7万トン (4.6%) であったが，2010年にはエジプトが首位となっ
て1059.4万トン (7.2%)，以下イタリア747.7万トン (5.1%)，ブラジル632.3万
トン (4.3%)，日本547.6万トン (3.7%)，オランダ526.2万トン (3.6%) となっ
た．2017年にはインドネシアが1045.4万トン (5.5%) で首位，エジプトが
1010.9万トン (5.3%) と僅差で続き，以下アルジェリア807.9万トン (4.2%)，
イタリア743.0万トン (3.9%)，バングラデシュ680.5万トン (3.5%)，スペイン
618.5万トン (3.2%)，ブラジル602.2万トン (3.1%)，日本570.6万トン
(3.0%)，ナイジェリア562.9万トン (2.9%)，フィリピン550.0万トン (2.9%)
となっている．上記10カ国のシェアは37.5％にとどまり，小麦輸入国が広範に
分散していること，および開発途上国の輸入が増加してきていることがわか
る．中国の輸入量は，2009年まで例外的な年次 (2003年723.3万トン，2004年351.0
万トン) を除いて100万トン未満の低い水準であったが，2010年以降は100万ト
ンを超え，2013年のピークには550.7万トン，2014年〜2016年は300万トン前後
を輸入した．2017年の輸入量は429.6万トンに達したが，これは世界全体の2.2％
に過ぎず，供給体制に大きな影響はない．

　小麦価格の推移は，大豆やトウモロコシよりもやや穏やかである．2001年の
価格水準を100とすると，ピークは2008年の275であり，直後に急落してから2011
年に再上昇して263を記録した後は下降に転じ，2017年の価格水準は135まで低
下している．とは言え，2000年代前半の水準と比較すればやや高めにとどまっ
ていることも確かであり，輸入国の交易条件悪化要因となっている．

### アメリカと中国の影響力

　アメリカおよび中国の食料貿易が世界の食料需給に与える影響を考慮するにあたって，もっとも重視すべきは大豆市場の動向であろう．大豆輸出については，2010年代後半においてアメリカとブラジルが拮抗しており，2017年には両国で世界全体の輸出量の81.4％を占めている．したがって，両国における生産および輸出の動向が，大豆市場の供給条件を決定すると言っても過言ではない．ただし，アメリカのシェアは一貫して低下傾向にあり，今世紀初頭に比べるとその単独での影響力は一定程度減殺されてきていると考えられる．他方，大豆輸入においては中国の輸入拡大が著しく，拡大する大豆市場において大きくシェアを伸ばしてきており，近年では世界全体の輸入の6割以上を占めている．世界市場における大豆の需給動向に対して米中両国が与える影響力は，きわめて大きい．

　トウモロコシ輸出においては，ほぼ一貫してアメリカが世界最大の存在であるが，そのシェアはかつての6割近くから近年には30％台まで低下してきており，ブラジル，アルゼンチン，ウクライナ等の諸国からの代替的輸入を可能とする状況が展開している．輸入国は広範にわたり，日本や韓国など旧来の主要国に加え，メキシコ，エジプト，ベトナム等の開発途上諸国が輸入を増やしてきた．中国にとって最大の輸入相手国はウクライナで，近年の輸入量は300万トン前後であるが，世界市場におけるシェアは2％程度にとどまっている．

　小麦輸出においてもアメリカが長らく首位の座にあったが，2010年代中頃からロシアが急速に輸出を伸ばし，2016年にはついにアメリカを上回った．他にもカナダ，オーストラリア，ウクライナといった諸国が2000万トン前後を輸出しており，輸出国は多元的に存在している．主要輸入国のイタリア，日本，スペイン，ブラジルに加えて近年ではインドネシア，エジプト，アルジェリア，バングラデシュ等の開発途上国も存在感を増してきた．近年の中国の輸入量は300万トン前後，世界市場に占めるシェアは2％前後である．

　トウモロコシと小麦の需給については，輸出国としてアメリカが一定の影響力を維持しているものの，他の主要輸出国からの代替的輸入が可能な状況にあり，決定的な存在とまでは言い難い．世界市場における中国の輸入シェアは，いずれの品目でも2％前後であり，数多くの輸入国のなかの一員という存在にとどまると言えよう．これらの品目は，大豆の重要性に比べれば，仮に米中間貿易が後退したとしても経済摩擦の要因とはなりにくいと考えられる．

表 4 - 2　　穀物・食料輸入の指標（グループ別）

| | 穀物輸入依存度<br>（ 3 年平均） | | | 総輸出額に対する食料輸入総額<br>の割合（ 3 年平均） | | |
|---|---|---|---|---|---|---|
| | 2000－<br>2002年 | 2009－<br>2011年 | 2015－<br>2017年 | 2000－<br>2002年 | 2009－<br>2011年 | 2015－<br>2017年 |
| 高所得国 | －12% | － 9 % | －10% | 4 % | 5 % | 6 % |
| 上位中所得国 | 4 % | 0 % | － 2 % | 5 % | 5 % | 5 % |
| 下位中所得国 | 6 % | 5 % | 3 % | 8 % | 9 % | 11% |
| 低所得国 | 20% | 18% | 19% | 25% | 30% | 43% |

（出所）FAOSTAT より作成.

## お わ り に

　本章の最後に，以上に見てきた食料貿易の動向が，世界の食料安全保障に対して持つ意味を考察して，結びに代えたい.

　国連食糧農業機関（FAO）の統計により，世界の国々を一人あたり GDP の水準で 4 つのグループに分けて穀物輸入への依存度[17]を整理すると，その構成は今世紀に入ってからほとんど変化していないことが知られる（表 4 - 2）.依存度がもっとも高いのは言うまでもなく低所得国であり，国内の穀物供給に占める輸入割合は，2000－2002年平均で20%，2015－2017年平均では19%と，ほとんど同じ水準にとどまっている.これに対して，同じ期間に下位中所得国は 6 %から 3 %へと依存度を若干低下させており，上位中所得国に至っては 4 %から－ 2 %，すなわちわずかながら穀物輸出地域への転換を果たしている.しかし，穀物輸出地域として圧倒的存在なのは高所得国であり，純輸出量は今世紀初頭で国内消費量の12%，近年でも10%に上る.世界の穀物貿易をグループ別にみれば，高所得国が輸出し低所得国が輸入に依存するという構造が不変であることが，明確に観察される.

　続いて，総輸出額に対する食料輸入額の比率をグループ別にみると，低所得国における比率の上昇が著しいことが知られる.2000－2002年平均で25%，2009－2011年平均は30%，2015－2017年平均では43%と，今世紀に入ってから着実に上昇しており，輸出によって得た外貨のより多くの部分を食料輸入に振り向けなければならない状況に置かれている.その主因は，今世紀に入ってからの主

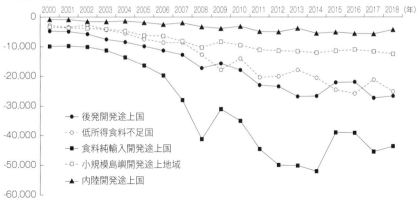

（百万ドル）

図 4 - 5　　食料貿易収支 （カテゴリー別）

（出所）FAOSTAT より作成.

要食料価格の上昇に求められるが，いわゆるリーマン・ショック直後の時期よりも価格が落ち着いてきた近年の方がより事態が悪化していることは，食料価格の高止まりが低所得国に継続的な打撃となっていることを示している.

　低所得国の食料安全保障の脆弱性は，今世紀に入っていっそう悪化していると言わざるを得ない. 開発途上国における食料貿易収支の動向をカテゴリー別にみると，今世紀に入ってすべてのカテゴリーで悪化する傾向にある（図 4 - 5）. とくに，食料純輸入開発途上国，低所得食料不足国，および後発開発途上国において，食料貿易収支の悪化が著しい. さらに，2013年の時点で食料貿易収支赤字が10億ドルを超えていた 9 カ国の動向をたどると，2017年の赤字が10億ドル未満に減少したのはスーダンとコンゴ民主共和国のみで，セネガル，ハイチ，ソマリアは10億ドル台，アフガニスタン，アンゴラ，イエメンは20億ドル台の赤字を抱えており，バングラデシュに至っては72.3億ドルまで赤字が拡大している. これらの諸国にとって，食料貿易赤字を少しでも縮小させることは，食料安全保障の確保のため喫緊の課題となっている.

　世界の食料貿易は，今世紀に入ってから金額的にはおよそ2.5倍の拡大を遂げたが，高所得国が食料を輸出し低所得国が輸入するという構造は何ら変化することなく，低所得国の置かれた状況は，食料価格の高止まり傾向の中でむしろ悪化している. なかでも世界大豆市場では，輸出国としてのアメリカと輸入

国としての中国の動向が，今後の需給動向を左右すると言っても過言ではない．また，トウモロコシや小麦の世界市場においては，その影響力が低下したとは言え，アメリカは依然として主要輸出国にとどまっている．米中間の経済摩擦において，アメリカの食料禁輸の可能性は中国への圧力としてしばしば論じられてきたが，そのインパクトを過大視することは避けるべきであろう．しかしながら，世界の食料貿易と食料安全保障に対する両国の影響力については，決して軽視することができない．

注

1）中国の食糧政策については，以下を主に参照した．農水省大臣官房国際政策課「平成27年度海外農業・貿易事情調査分析事業（中国）『中国の食料安全保障政策と食料輸入』」2016年．阮蔚「中国における食糧安全保障戦略の転換——増大する食糧需要に増産と輸入の戦略的結合で対応——」『農林金融』第67巻第2号，2014年．

2）2006年から植物油は国家貿易の対象外となっている．

3）どちらも公定の買付価格を市場価格が下回った場合に，地方政府が買い付けを行う制度である．買い付けられた食料は政府在庫となる．なお大豆は2014年に新設の不足払い制度へ移行した．

4）UNCTAD が分類する基礎食料（Food, basic）には，食料および動物生体（Food and live animals），油糧種子および油糧果実（Oil seeds and oleaginous fruits），動物性および植物性の油・脂肪・ワックス（Animal and vegetable oils, fats and waxes）が含まれる．

5）各国の FTA 締結状況については，ジェトロ「世界と日本の FTA 一覧（2019年12月）」を参照した〈https://www.jetro.go.jp/ext_images/_Reports/01/72c61ae87804b884/20190022.pdf〉2020年6月5日アクセス．食料貿易の FTA カバー率はそれをもとに UNCTADSTAT を用いて算出した．

6）中国が締結した FTA のうち2009年までに発効した国・地域は，マカオ，香港，ASEAN，チリ，パキスタン，ニュージーランド，シンガポール（発効順）である．

7）中国は2013年からインドに次ぐ世界第2位の植物油の輸入国である．

8）北米自由貿易協定（NAFTA）は，2018年にアメリカ・メキシコ・カナダ協定（USMCA）へ再編された．

9）アメリカが締結した FTA のうち2009年までに発効した国・地域は，イスラエル，カナダ，メキシコ，ヨルダン，チリ，シンガポール，オーストラリア，コスタリカ，エルサルバドル，グアテマラ，ホンジュラス，ニカラグア，ドミニカ共和国，モロッコ，バーレーン，ペルー，オマーン（発効順）である．

10）油糧種子は，2015年に初めてブラジルが世界最大の輸出国となり，アメリカは第2位へ後退した．

11）中国が締結した FTA のうち2010年から2017年までに発効した国・地域は，台湾，ペ

ルー，コスタリカ，アイスランド，スイス，オーストラリア，韓国（発効順）である．

12）2017年の輸入シェアは，ASEAN14.7%，ニュージーランド5.2%，オーストラリア4.8%，チリ1.6%である．

13）2019年のアメリカの食料輸出額は1284億ドルであり，2014年から1割も減少している．

14）日本側から食料輸入に占めるアメリカのシェアを見ると，2008年29.6%から2017年22.5%へ低下した．

15）米国が締結したFTAのうち2010年から2017年までに発効した国・地域は，コロンビア，パナマ，韓国（いずれも2012年発効）である．

16）2017年のFTA発効国・地域への輸出比率は，穀物53.8%（うちNAFTA32.1%），野菜・果物49.6%（うちNAFTA39.1%），肉類49.4%（うちNAFTA31.1%，韓国9.6%）である．

17）国内消費量に対する純輸入量の比率．純輸出国の場合，数値はマイナスになる．

**参考文献**

伊藤誠晃（2018）「海外トピックス　中国における飼料穀物需給動向及び米中貿易摩擦の行方」『輸入食糧協議会報』第754号．

薄井寛（2020）『アメリカ農業と農村の苦悩──「トランプ劇場」に観たその実像と日本への警鐘──』農文協．

阮蔚（2014）「中国における食糧安全保障戦略の転換──増大する食糧需要に増産と輸入の戦略的結合で対応──」『農林金融』第67巻第2号．

沈金虎（2017）「『新状態』に入った中国の農産物貿易の新動向──迫りつつある輸入農産物の脅威にどう対処すべきなのか──」『京都大学生物資源経済研究』第22巻．

農水省大臣官房国際政策課（2016）「平成27年度海外農業・貿易事情調査分析事業（中国）『中国の食料安全保障政策と食料輸入』」．

農林水産省（2017）『海外食料需給レポート2016』．

藤本晴久（2014）「世界農産物市場とアメリカ農産物貿易の動向」『農業・農協問題研究』第55巻．

# 激化する技術・知的財産をめぐる覇権争い
## ──「中国脅威」「デカップリング」の醸成──

─第 **5** 章────────────────────

# 自由な越境移転か，ローカライゼーションか
## ──「データ」をめぐる米中の角逐──

森原康仁

## は じ め に

冷戦崩壊からしばらくの間，相互依存を基本とした関係を模索してきた米中両国の関係は2010年代に入って大きく変貌し，2020年現在においては，両者の関係は「戦略的な競争相手」(The Whitehouse, 2017) となっている．そして，森原 (2020) で整理したように，米中関係のありようはしばしば「地政学的競争」と表現されるに至っている[1]．その中で，両国の技術覇権をめぐる争いが加速している[2]．

アメリカの先端技術をめぐる危機感は強い．アメリカ連邦議会に超党派で設置された「AI に関する安全保障委員会」が2019年11月に公表した中間報告書は，「我々のもっとも重大な競争相手である中国は，2030年までに AI 分野における世界のリーダーになることを公然と意図している」とし，また，これが狭い意味での技術競争力の向上にとどまらず，アメリカの軍事的・経済的地位に挑戦するものであると指摘する (NSCAI, 2019 : 6)．同時に，同報告書は米中間の相互依存関係にも注目し，経済的利益と安全保障上の利益，開放性の維持と自国企業の保護，商業上の目的と国家的な目的との間の「難しい選択 hard choices」に迫られていると指摘もしている (NSCAI, 2019 : 2)．

なかでも特に関心を呼んでいるのが「データ」(ビッグデータ) をめぐる問題である．「データ駆動型イノベーション」という概念を OECD が提唱するなど，あらたな「産業のコメ」としての地位を獲得しつつあるようにみえる「データ」だが，米中両国のこの問題にたいする姿勢は鋭く対立している．すなわち，アメリカは「自由なデータ流通」を基本とする国際枠組みの構築を追求しているのにたいして，中国はサイバーセキュリティ法に象徴されるように越境データ移転を規制し，データの国内保存義務 (データローカライゼーション)

を域内企業および個人に厳しく課している．こうした対立はなぜ生じているのか．また，「データ」が国家間の摩擦に発展するほどの重要性をもつに至ったのはなぜなのか．さらに，両国はこの問題にどのようにアプローチしようとしているのか．本章ではこうした問題を扱いたい．

　以下，第1節では冷戦崩壊後しばらく間アメリカが中国にたいして採用していた関与政策が破棄され，両国間の関係が「地政学的競争」へと至った経緯について整理する．さらにこうした地政学的競争の下で技術をめぐる争いがどのような位置づけをもっているのかも整理する．次に第2節では，政治（体制維持）と経済（産業的利害）両面において技術がもつ意味を考察する．その際，2020年1月に妥結した「米中第1段階合意」が触れているものではなく，触れていないもの，すなわちデータローカライゼーションをめぐる問題に注目したい．データは「デジタル・レーニン主義」とも表現される中国政府の政策において決定的な重要性を持っており，また，「中国版GAFA」であるBAT（バイドゥ，アリババ，テンセント）の成長にとってきわめて重要な意味をもっている．

　最後に第3節では，「データの自由な流通」をめぐる米中の角逐に触れる．中国の妥協できない一線であるデータローカライゼーションを，アメリカはTPPなどのメガFTA，G20などのサミット，さらには越境データ移転をめぐる国際枠組みの「中国抜き」の構築といったさまざまなチャネルをつうじて包囲しようとしている．そして，これは両国のデータをめぐる問題にたいする対照的姿勢の当然の帰結であることを示したい．

## 1　対中関与政策から地政学的競争へ

### （1）　対中関与政策とその否定

　周知のように，トランプ政権の対中政策の基調は，それ以前の政権が基本的に踏襲してきた対中関与政策の否定にあった．藤木（2017）によれば，1990年代初頭におけるアメリカでは，冷戦崩壊によって対中政策の見直しが迫られる中で，台頭する中国を軍事的に抑え込むべきとする抑止論者と既存の国際秩序に統合すべきとする関与論者の間で激しい議論が戦わされていた．

　しかし，当時のクリントン政権は「軍事と経済，民主主義の3つの領域で交渉を同時並行で進め，中国の政治的経済的自由化を促進する包括的関与政策を採用」（藤木, 2017: 72）した．一般に，対中関与政策は，① 争点の拡散（安全保

障以外の領域の重要性の拡大），② 内政の影響の増大，③ 安全保障問題の重要性低下という特徴をもつ冷戦崩壊後の政治的条件の下で，中国を経済的誘引によって国際社会に統合し，既存の秩序を受け入れさせることと理解されるが（湯浅，2004），こうした対中関与政策は，大筋において，後のブッシュ（子）政権および初期のオバマ政権に受けつがれた（川上，2011）．とりわけ，オバマ政権では米中共同覇権（G 2）論がささやかれるほどに「関与」の色合いが濃くなった[4]．

　これを否定したのがトランプ政権である．トランプ大統領に一定の影響力をもっていた政策アドバイザーのピーター・ナヴァロは[5]，「経済的関与は，中国の軍事力増強に資金を提供したにすぎない」として，以下のように述べている．

　　中国を好戦的な独裁国家から平和的でリベラルな民主主義国に変える力が経済的関与にあると信じ，アメリカとアジア同盟諸国はそれに大金を賭けた．実際，利益を生むチャンスがその賭には充分あったように思われる．少なくとも，1970年代にこの賭が最初におこなわれたときにはそうだった．…中略…ところが，中国の場合は，中国共産党の独裁体制が強化されていくように思われるだけでなく，経済的関与が中国の軍事力増強を強力に推進する経済的エンジンを提供してしまっている．これまで見てきたように，新たに得たこの経済力を使って中国は次第に攻撃的行動をエスカレートさせている．（ナヴァロ，2016：277-278）

ナヴァロは，関与政策（経済的関与）が中国の民主化に寄与するといわれる場合の論拠として，① 中間層の成長によって自由民主主義を求める圧力が強くなる，② 経済的自由が拡大するにしたがって国家を監視する第三者組織の影響力が増大する，③ 情報の流入量が増大し人びとが正しい判断をおこなえるようになる，という3点を挙げ，①についてはむしろ経済成長が中間層の不満をそらすのに利用され，②と③については治安機関の異常な膨張によって無力化された結果，関与政策が中国の民主化にはつながらず，むしろ中国の攻撃的行動を助長したとする[6]．そして，「少なくとも中国に関しては，アジアに平和をもたらす力として経済的関与に過度な期待を寄せないほうがいい」，「中国との経済的関わりを削減」せよ（ナヴァロ，2016：284）と警告するのである．

　ナヴァロのような議論は極端であるにせよ，こうした対中認識が多かれ少な

かれ影響力をもっているのはなぜだろうか．それは，リベラルな国際秩序 (LIO) への統合をもくろんだこれまでのアメリカの対中政策が，かならずしもうまくいっていないという現実そのものにある．具体的には，① 中国はアメリカの全面的な軍事介入を招かない範囲で地域的な勢力圏を構築しようとしてきたし（特に南シナ海をめぐる問題がその事例として挙げられる），② アジア全域では独自の通商・通貨体制の構築をも展望する経済制度を創設し，③ 世界全体では建設的なパートナーとして台頭するという「選択的・複合的な戦略」を追求してきた[7]．この結果，LIO は全面的に崩壊したわけではないにせよ，かなりの部分でその機能が侵食されている[8]．

　こうした現実をふまえると，アメリカの単極構造を前提としつつ，アメリカが中心となって形成された国際秩序への統合を中国に要求する政策ではなく，米中間に地政学的競争が生じているという現実を前提にした対中政策が前面に出てこざるをえない（それはオバマ政権初期の認識を全面的に修正するものとなる）．ただし，文字通りの意味で「関与」が停止するわけではなく，「世界の主要な地域への関与は継続するものの，中ロなどの大国に対しては軍事的優位に裏付けられた強い立場から是々非々で対応し，グローバルなレベルでのテロ対策を継続することなど，あくまでアメリカの優位を追求する政策」が継続されることになる（藤木，2018：17）[9]．

　いずれにせよ，トランプ政権期のアメリカは国家安全保障戦略で公式に中国を「戦略的競争相手」として位置づけるに至り，経済や産業のみならず，軍事的に警戒すべき対象として中国をみることになったのである（The White-house, 2017）．


### （2）「米中技術競争」

　それでは，こうした「地政学的競争」という状況認識のもとで，対中通商政策の力点はどういった点に置かれるのか．ここでは，先に触れたピーター・ナヴァロが率いるホワイトハウス通商製造政策局が2018年6月19日に発表した報告書 *How China's Economic Aggression Threatens the Technologies and Intellectual Property of the United States and the World* (OTMP, 2018) をみてみよう．

　報告書は，中国の成長は「経済的な侵略」によって達成されたものと断じ，中国を「世界経済全体の脅威」と認識したうえで，特に知的財産権の侵害に力

点を置いて具体的な事例を提示している．すなわち，① 物理空間，サイバー空間双方において企業機密を窃取している，② 研究機関に在籍する中国人に情報収集の役割を担わせている，③ 外国企業の技術を中国に移転させるために中国に進出した外資系企業に技術移転を要求したり，重要なデータを中国国内に保管するよう求めている（データローカライゼーション），④ 中国企業の経済的影響力をもちいて M&A やバイイングパワーを行使しアメリカ企業の技術を取得している，⑤ レアアースの輸出を制限して外国企業を不利にし，生産拠点や技術の移転を促している，という5点であるが，いずれにせよ，中国の技術競争力の向上に強い危機感をもっていることがわかる．つまり，巷間「米中貿易戦争」と呼ばれているものの実体の1つは，「米中技術戦争」なのである．

　以上を要するに，トランプ政権期のアメリカは，① 対中認識を地政学的競争の相手，すなわち戦略的競争相手として位置づけたうえで——アメリカ単極構造が国際秩序の基調であるという認識を事実上修正したうえで，② 軍事・外交・経済・産業・人権・民主主義などあらゆる領域で中国と「戦略的に競争」するに至った．ただし，③ 通商摩擦（あるいは貿易摩擦）といわれるものの実体の1つは，地政学的競争という認識の下での技術覇権をめぐる争いであり，現在アメリカが一定の通商紛争を抱えている欧州等との関係とは色彩が異なるということになろう．

## 2　米中第1段階合意とデータローカライゼーション

　OTMP（2018）は，① 中国政府と中国企業による知的財産権の窃取，② 技術移転の強要，③ 重要データの国内保存義務（データローカライゼーション）を批判していた．2019年に入ると，これらの問題は米中間で激しいやり取りが交わされ，あるものは一定の妥協が図られ，あるものは妥協できずそのままになっている．

　一定の妥協が図られた課題は①と②，妥協できずそのままになっている課題は③である．この違いはどこから生まれるのか．このことに注目すると，米中の技術覇権競争において決定的な重要性をもつ課題が浮き彫りになる．以下，2020年1月に妥結した「第1段階合意」の検討から始めたい．

表 5-1　「第 1 段階の米中合意」の主要な内容

| アメリカ側 |
| --- |
| ① 保留していた追加関税第 4 弾の後半分（輸入額1800億ドル相当）の発動を見送り |
| ② 2019年 9 月に発動した追加関税第 4 弾の前半分（輸入額1200億ドル相当）にかかる税率を15％から7.5％に引き下げ |
| ③ 第 1 弾～第 3 弾の追加関税（輸入額2500億ドル相当）にかかる税率を25％で据え置き |

| 中国側 |
| --- |
| ① 今後 2 年でアメリカからの輸入額を2000億ドル以上ふやす |
| ② 知的財産権保護，技術移転の強要禁止，農業市場の開放，金融サービスの開放，為替政策の透明性向上など |

（出所）新聞報道にもとづき筆者作成.

## （1）「米中第 1 段階合意」が触れていないもの

　表 5-1 は，2020年 1 月15日に正式に妥結した「第 1 段階の米中合意」の内容である.

　ここで中国側の措置に注目したい.　①については，その実現性に強い疑いがある.　日本貿易振興機構（2019）によれば2018年の中国の対米輸入総額は1550億9600万ドルであり，「2 年で2000億ドル」は現実性がない.　仮に無理やり対米輸入を増やそうとすれば他国・他地域からの輸入を減らさざるをえず，その矛先は欧州に向かう可能性が高い.　その結果，EU はアメリカを「民間企業が輸出入規模を自由に決定できるように市場開放を試みる従来の貿易協定から逸脱する」と批判している（Zumbrun, 2019）.　つまり，これまでの輸入実績という観点からみても，政治的・外交的な観点からみても，①は「2020年大統領選での再選をめざしていたトランプ大統領へのおみやげ」という面が強い.

　一方，②についてはどうか.　②のうち知的財産に関しては第 1 弾の米中合意文書はこのように述べている.「アメリカは知的財産保護の重要性を認める.　中国は，知的財産の主要消費国から主要生産国へとシフトする中で，知的財産保護・執行の包括的な法的制度の確立と実施の重要性を認める.　中国は知的財産保護・執行の拡充がイノベーティブな国家の建設とイノベーションを推進する企業の成長，質の高い経済成長をうながすものと確信する」(USTR, 2020：1 - 1).　知的財産権にかんする問題は，先述のように，米中摩擦の主要な争点の 1 つであり，また，通商法301条にもとづく中国調査の核心でもあった[10].　それだけにこの問題について第 1 弾合意で触れないわけにはいかなかった（合意文

書の冒頭に知的財産権問題が配置されていることからもその重要性がうかがえる）.

　ただし，その内容は一般論の域を出ない．さらに，「イノベーティブな国家の建設」自体は，すでに中国政府も認めているところである．すなわち，中国は2006年2月に「国家中長期科学技術発展規画綱要」という国家方針を公布し，この下で「国家知的財産権戦略綱要」が作成され2008年6月に公布している．その目的は，知的財産権の創造・活用・保護・管理の能力を向上させ，「創新型（イノベーション型）国家」を構築し，「小康社会」を実現することにあるとされていた（黒瀬，2009）．つまり，一般論としての知的財産権重視は米中合意のはるか以前からの中国の「国家方針」であり，また，「イノベーティブな国家の建設」も従来からの中国政府の方針であった．中国政府にとって合意は受け入れ可能なものであった．

　技術移転の強要禁止についても同様である．アメリカの対中圧力が強まる中で，中国政府は2019年3月に開かれた第13期全国人民代表大会で「外商投資法」を成立させ，外国企業にたいする技術移転の強要を禁止する旨を法律で明文化した．同法第22条には「中国は外商投資が行われる過程において，自由意志の原則と商業規則に基く技術合作を行うことを奨励する．技術合作の条件は投資の各当事者が公平な原則に基づき平等に協議して決める．行政機関及びその従業員は行政手段を利用して技術移転を強制してはならない」（三菱UFJ銀行中国投資部，2019：7）とあり，一般論としての技術移転の強要禁止はすでに中国の「国家方針」である．

　以上のように，2020年1月に妥結した「第1弾合意」に「新味」はない．むしろ，大統領選を控えていたトランプ大統領が成果を焦ったという評価が一般的である．


（2）　ビッグデータと体制問題——デジタル・レーニン主義

　こうしてみると，すでに地政学的競争の関係にある米中の関係にとって決定的な事柄を理解するためには，第1弾合意で明示的に触れられなかった問題に注意することが重要である．「米中技術戦争」という観点からみればビッグデータをめぐる問題がその1つとなろう．データをめぐる問題の政治的重要性を理解するために，まず，2019年4月から5月にかけての米中交渉の内実を振り返りたい．

　米中関係の緊張は2018年末のファーウェイ副会長逮捕が最初のピークだった

が，年明け2019年１月以降は急速に楽観論が台頭し「なんらかの妥協が成立するだろう」と見込まれていた．しかし，2019年５月５日にトランプ大統領がツイッターで突如対中追加関税の発動を示唆，市場に強い衝撃を与えた（このことはツイート直後から市場の動揺が始まったことから理解できる）[11]．また，同年５月８日も演説で「中国側が合意をぶちこわした」と非難した．

　いったん楽観論が台頭していたにもかかわらず，突然緊張が高まった（ようにみえる）のはなぜなのか．福田・青山 (2019) の取材によれば，「米国が14億人のビッグデータを活用しようと IT 領域にも切り込んだことで，〔筆者：2019年４月末の交渉は〕暗礁に乗り上げた」からである．すなわち，アメリカはデータのローカライゼーション（データの国外持ち出しの規制措置）をすすめるとされるサイバーセキュリティ法の見直しを要求したが「中国は突っぱねた」という．

　この事実が示唆することはきわめて重要である．すなわち，「中国共産党と中国政府は，技術移転や知的財産権保護では一定の妥協はできても，サイバーセキュリティ分野における妥協はできない」という意思――つまり体制そのものにもかかわる問題との認識をもっている可能性がある――を表明しているに等しいからである．

　中国のサイバーセキュリティ法では，第37条で「重要情報インフラの運営者は中華人民共和国内での運営において収集し作成した個人情報と重要データを国内で保存しなければならない」と規定し，データのローカライゼーションを義務付けている．さらに，同条項を注意深くみると，データの中国国内での保存義務の対象となるのは「個人情報」にくわえて「重要データ」もふくまれる．同法の施行規則である「個人情報及び重要データの越境安全評価弁法案」によれば，「重要データ」とは，国の安全保障，経済発展，公共利益に密接に関係するデータとされており，実質的に中国政府が「重要」と認識したあらゆるデータが「重要データ」に含まれる (阿部, 2019：27)．中国国内に立地する事業者は中国政府の指導下に置かれるから，実質的に「重要データ」が中国政府の管理下に置かれる／置かれていることになるのではないか，という懸念が出てくるわけである[12]．

　ドイツの政治学者，セバスチャン・ハイルマン (Heilmann, 2016) が言うように，サイバーセキュリティと「体制維持」は，現代の中国共産党と中国政府にとって切り離せない関係になっている（デジタル・レーニン主義）．かれの言う

「デジタル・レーニン主義」が意味するのは，集権的統治の再強化をめざす習近平政権にとって，データの活用は体制を維持するうえで不可欠な手段となっているということである．「〔筆者：ビッグデータと〕情報技術に支えらえた権威主義」が伝統的な権威主義的統治を刷新する，すなわち，たんに情報の統制・監視を行うのみならず，一般市民を特定の情報に誘導することを助けるというのである (Heilman, 2016：17)．

　サイバーセキュリティ法が「重要データ」の国内保存を義務付けている以上，さらにはアメリカとの摩擦の激化を覚悟してでもデータローカライゼーションの見直し要求を拒否している以上，データ問題が体制問題に直結する問題と位置づけられていると言わざるをえない「デジタル・レーニン主義」という表現が適切かどうかはともかく，ハイルマンの見立ては集権的統治の再強化という習近平政権の志向性をある程度正確に表現していると評価できるのではないか．

## （3）　データローカライゼーションと産業アップグレード

　ただ，データの国内保存の義務付けは政治的重要性をもっているだけではない．産業アップグレードにとってもデータの活用（と国外事業者の事実上の排除）は重要な意味をもつ．周知のように，データローカライゼーションを拒否するGoogle や Twitter, Facebook は中国域内において一部または全部のサービスを提供できない．その結果，これらのサービスは中国企業が提供している．データ越境を規制し，8億人のユーザーが生み出す膨大なデータを国内事業者に独占させることは，「中国版 GAFA」である BAT をはじめとした中国の巨大 IT企業の育成を助けるのである．

　ここではとくにデータの独占がもつ意味についてあきらかにしておきたい．森原 (2019) で分析したように，プラットフォーマーがビッグデータを収集する経済的インセンティブは，① ビッグデータの集積と集中が，「規模に関して収穫逓増」をもたらすだけでなく「範囲に関して収穫逓増」をもたらす可能性が高いこと，② ビッグデータの集積・集中を図る経済主体は独占レントを獲得できることにある[13]．

　すなわち，プラットフォーマーは生活に不可欠のサービスを無料で提供することでユーザー基盤を拡大させつつ有料サービスの収益拡大につなげているわけだが[14]，重要なのは，プラットフォーマーのデバイスやサービスのユーザーが

増えれば増えるほどその利用状況に関するデータは膨大なものになるということである（ビッグデータ）．集積されたビッグデータは，プラットフォーマーの提供する製品やサービスの品質改善や新規製品・サービスの開発に寄与するが（Miguel and Casado, 2016：143），ここではまず，規模に関して収穫逓増が生じる可能性がある．Shapiro and Varian（1998）が指摘したように，ネットワーク外部性のはたらく財やサービスでは，ユーザーが増えれば増えるほどその財・サービスの便益が高くなる．便利であるがゆえに，ユーザーはその財・サービスから離れない．したがって，「強者はますます強くなり，弱者はますます弱くなる」（Shapiro and Varian, 1998＝1999：312）．

　しかし，ビッグデータの集積がもつ意味はそれにとどまらない．より重要なことは，需要側に生じる規模の経済が，供給側の「範囲の経済」に帰結する可能性があるということである（範囲に関して収穫逓増）．プラットフォーマーの提供するさまざまな財・サービスの利用によって収集された大量のデータを連携することが可能であれば，個別のデータ部分（データサイロ）の総計よりも大きい「超付加的な」知見を得ることが可能になるだろう（OECD, 2015＝2018：202）．

　これは競合他社にたいする強力な「参入障壁」になりうる．Moazed and Johnson（2016）は，これを次のように説明している．「ネットワークをコピーするのは，機械の機能をコピーするよりもずっと難しい．ノキアとブラックベリーがアップルとグーグルに負けたとき述べたように，携帯電話の機能がもたらす価値は，無数のアプリ開発者のコミュニティーがもたらす価値と比べると，はるかに小さい．ネットワーク効果は，『経済的に最強の堀だ』」（Moazed and Johnson, 2016＝2018：116）．[15] 以上のような経済的インセンティブがあるがゆえに，オンラインにとどまらず，実物世界からも大量の非構造化データを収集しようとする傾向が強まっているのである．

　この分野ですでに圧倒的に先行している GAFA に中国の BAT が対抗するためには，8億人が生み出す膨大なデータを国内事業者に独占させることが近道であることはいうまでもない．さらに，多くの論者が指摘するように，BAT は GAFA と比較してデータ活用の裁量が非常に広い．この点では GAFA にたいして BAT が明確な「立地特殊優位」を有しているといえよう．[16]

　以上のように，習近平政権にとって知的財産権や技術移転は一定の妥協ができても，データローカライゼーションは体制の維持と産業アップグレードの両

面からみて妥協ができない課題である．言い換えれば，中国のプラットフォーマーである BAT は，習近平政権の体制維持という志向性（あるいは「デジタル・レーニン主義」）と利害が合致するがゆえに急速に成長しえたと言ってもよい．現在，旧西側諸国（アメリカ，EU，日本）は，データ保護をめぐっては基本的に「WTO での自由なデータ流通枠組みの構築」という点で一致している．これは，中国のデータローカライゼーションの志向とするどく対立することとなる．データをめぐる問題が構造問題であること，すなわち米中双方の体制のあり方をめぐる問題であることがうかがえる．

## 3　「データの自由な流通」をめぐる米中の角逐

### （1）　自由な越境データ移転か，データローカライゼーションか

　以上のように，米中で技術覇権をめぐる競争が激化している中で，「データ」をめぐる問題が内政，外交，産業・経済といったあらゆる領域できわめて重要となっている．米中間の「データ」をめぐる対立はデータローカライゼーションの是非をめぐる対立と言い換えられるが，それではその対立はどのような形で現れているのか．それを理解するには越境データフローをめぐる国際的な規制措置についての両者のスタンスの違いをふまえる必要がある．

　「データ」は，個人データと非個人（産業）データの2つに大別される．**表5-2**は，各国の個人データ，非個人データの越境移転の現状を整理したものである．同表によれば，個人データについては日本と EU において規制措置が存在するが，産業データについては米・日・EU において「原則自由」となっている．

　アメリカについては産業データの流通にかんするめだった規制措置がないことからのその姿勢は明確であるが，EU についても，欧州委員会が2018年11月に公布した「非個人データの EU 域内自由流通枠組規則」によってこの問題についての姿勢が明確となった．同規則は European Commission (2017) によって必要性が提起されたものであるが，この文書は欧州（およびアメリカ，さらには日本）のデータ移転にかんする姿勢を端的に示している．すなわち，欧州委員会によれば，① 自由なデータ移転の制限（データローカライゼーション）はデータ経済の発展を制約する可能性があり，② これは通商交渉の一部となりうる．そして，③ データローカライゼーションは増大する傾向にあるが，ローカラ

表5-2　個人データ・非個人データの越境移転の現状整理

| | 米国 | 日本 | EU | 中国 |
|---|---|---|---|---|
| | 原則自由 | 原則，本人同意が必要 | | 原則制限 |
| 個人データの越境移転 | 〈一般的な法規制はなし〉<br>※行政分野に例外あり | 〈個人情報保護法〉<br>●以下の場合を除き本人同意が必要.<br>・国：施行規則における指定<br>・事業者：企業単位の適合に基づく場合等<br><br>※ヘルスケア分野に例外あり | 〈一般データ保護規則(GDPR)〉<br>●以下の場合を除き本人同意が必要.<br>・国：十分性認定<br>・事業者：標準契約条項(BCR)，拘束的企業規則(SCC)<br><br>※行政，ヘルスケア，金融，電気通信分野等に例外あり | 〈サイバーセキュリティ法〉<br>●国外への提供が業務上必用であっても，<br>✓本人の同意がない<br>✓政治，経済，科学技術，国防上リスクがある<br>✓その他政府が認める時は移転ができない.<br>●個人データ，重要データは国内保存義務.<br>●「重要データ」は27分野＋その他重要と認められる分野，とされており，過度に広い.<br><br>※「重要情報インフラ」とは，政府機関，エネルギー，財政，輸送，水利管理，保険医療，教育，社会保障，環境保護，公益事業，電気通信ネットワーク，ラジオ，テレビ，インターネット，国防科学技術，大規模機器，化学薬品，食品及び製薬産業，科学研究，報道機関 |
| 産業データの越境移転 | 原則自由 | 公共の安全等を除き，自由 | | |
| | 〈一般的な法規制はなし〉 | 〈一般的な法規制はなし〉 | 〈非個人データの自由移動に関する枠組みに係る規制案〉<br><br>※行政，ヘルスケア，金融，電気通信分野等に例外あり | |

（注）日本の個人情報保護法は2020年6月に改正され，条件付きで個人が望まないデータの利用停止を企業に求める権利が拡大されている.
（出所）経済産業省編（2018：160）.

イズされたサービスは国境を越えたサービスよりも安全であると考えるのは誤りである（European Commission, 2017）．日本もこれと足並みをそろえており，それは2020年の個人情報保護法改正において，個人が望まないデータの利用停止を企業に求める権利を「条件付き」としたことにその姿勢があらわれている[17].

　一方，中国については前述のサイバーセキュリティ法によって個人・非個人双方のデータの越境移転が規制されている．個人データについては人権保障に

たいする考え方の違いが反映されているが，ここで注目されるのは非個人の産業データについてのスタンスの違いである．つまり，米・日・EU が原則として自由なのにたいして，中国は産業データについても全面的な規制の対象としているということである．

　これは，すでにこの分野で先行している旧西側諸国とりわけアメリカにとっては，産業データの自由な流通が自国企業の独占（データに関するある種の規模の経済性）を強化するうえで不可欠なのにたいして，前節で述べたように，そうした条件をもたない中国にとっては自国で生み出されるデータを管理下に置いたほうが自国の産業を育成するうえで得策であると考えられるからである．

### （2）　日米欧三極の「自由なデータ流通」をめぐる対応

　こうした理由から，とりわけ産業データにかんして，日米欧には「自由なデータ流通」を推進する動機があるといえる．なかでも，通商交渉を利用した越境データ移転をめぐる枠組み形成の動きがその手段となっている．

　サービス貿易に関する国際枠組みは WTO の GATS であるが，今日のような越境データフローを想定したものではなかった．そこで，もともとはアメリカが推進してきた TPP では「電子商取引章」を設けて越境データ移転についての積極的な規定が設けられた（この協定の第14．11条は「情報の電子的手段による国境を越える移転」として，越境データ移転を直接定義している）．さらに，TPP はデータローカライゼーションを抑制する措置として国内設備利用設置要求を禁止してもいる（第14．13条）．TPP 以外の諸協定でも越境データ移転（電子商取引）をめぐる問題は，盛り込まれる傾向にある（**表5-3**）．

　ただし，TPP のデータローカライゼーション関連規定は加盟国の合意を得るために「意図的な曖昧さ constructive ambiguity」を特徴としている．また，TPP では「公共政策の正当な目的」を達成するための措置がデータローカライゼーション規律の例外規定として置かれており，実際の運用においてはデータローカライゼーションが例外条項によって正当化される可能性がきわめて高い．そうした意味では，各種理事会や委員会における議論や作業の活性化が重要となってくる．実際，中国のサイバーセキュリティ法については，WTO のサービス貿易理事会がアメリカ，日本，EU，ニュージーランド，カナダなどからの懸念を提起する役割を担っている（阿部，2019：44-45）．

　さらに，データローカライゼーションを抑制する措置は，WTO のような国

表 5-3　主要なメガ FTA の交渉分野と WTO 協定の比較

| | | RCEP | TPP | 日本・EU | TTIP | WTO |
|---|---|:---:|:---:|:---:|:---:|:---:|
| 交渉分野 | 物品貿易 | ○ | ○ | ○ | ○ | ○ |
| | サービス貿易 | ○ | ○ | ○ | ○ | ○ |
| | 投資保護・自由化 | ○ | ○ | ○ | ○ | △2 |
| | 知的財産 | ○ | ○ | ○ | ○ | |
| | 競争・国有企業 | ○ | ○ | ○ | ○ | |
| | 電子商取引 | △1 | ○ | ○ | ○ | |
| | 政府調達 | | ○ | ○ | ○ | △3 |
| | 環境 | | ○ | ○ | ○ | |
| | 労働 | | ○ | ○ | ○ | |
| | 紛争解決 | ○ | ○ | ○ | ○ | ○ |
| | 基準・認証，規制協力 | △ | △ | ○ | ○ | ○ |

(注) ①△1 は明示的に交渉分野として立てられていないものの，他の分野の中で交渉されて
いる．②△2 は TRIM のみ．③△3 は複数国間（プルリ）協定．
(出所) 助川 (2016：70).

際機関以外の舞台でも積極的に取り上げられている．すなわち，2019年に開催
された G20大阪サミットは「デジタル経済への対応」を主要テーマの１つに設
定し，「自由なデータ流通」の枠組みを構築するプロセスを「大阪トラック」
と位置づけた．その柱は，データ移転メカニズム，法および規制措置の協調，
技術標準と産業協力，国際通商ルールの４つからなる（World Economic Forum,
2020：14）．主導したのは開催国の日本政府であるが，これにアメリカや EU の
意向が反映されているのはいうまでもない．

　また，2020年に入ると，APEC の個人データのルールについて加盟国に見
直しを提案するアメリカの動きも出てきた．CBPR（APEC 越境プライバシールー
ルシステム）と呼ばれる越境データ移転ルール[18]は，ある国の個人データを国外
に持ち出すさいに当該国固有のルールではなく国際的なルールにしたがえばよ
いようにすることで，越境電子商取引を行う企業の負担を軽減するねらいがあ
る．もともとアメリカ商務省が推進してきた取り組みだが，アメリカは，2020
年に入って CBPR を APEC から独立させ中国の干渉を受けずルール作りを進
める方向に舵を切った．日本政府関係者の証言によると，「APEC の議論では
データ流通を促す米国と，国家主導で管理する中国などが対立し『議論が停滞
する局面が何回もあった』」（八十島, 2020）．CBPR は産業データではなく個人
データだが，アメリカが中国独自のデータローカライゼーションを意識しつ

表5-4　DTRI 指数

| 順位 | 国名 | 指数 |
|------|------|------|
| 1 | 中国 | 0.70 |
| 2 | ロシア | 0.46 |
| 3 | インド | 0.44 |
| 4 | インドネシア | 0.43 |
| 5 | ベトナム | 0.41 |
| 6 | ブラジル | 0.40 |
| 7 | トルコ | 0.38 |
| 8 | アルゼンチン | 0.38 |
| 9 | フランス | 0.36 |
| 10 | タイ | 0.35 |
| 22 | アメリカ | 0.26 |
| 50 | 日本 | 0.18 |

(出所) ECIPE (2018：14-15).

つ，それとは異なるデータ流通の枠組みをつくろうとしていることは明らかである[19]．

　以上の整理から明確であるが，体制維持と産業アップグレードの両面からデータローカライゼーションを「非妥協的な」問題として位置づける中国に，「関与」によってその姿勢を変えさせることはきわめて困難である．アメリカ（および日本，EU）は，こうした状況に際して，TPP や RCEP などのメガ FTA，G20のようなサミット，APEC のような地域共同体のメカニズムの改変といったさまざまなチャネルで「自由なデータ流通」を既成事実にしようとしているわけである．

　欧州国際政治経済センターの報告書（ECIPE，2018）によれば，中国は世界でもっともデジタル取引に制約を課している．表5-4はこの制約の度合いを指数化したものだが（DTRI 指数：デジタル取引制約指数），各種規制の度合いは上位5カ国（中国，ロシア，インド，インドネシア，ベトナム）のなかでも図抜けて大きい．こうした「制約」のもとで体制と産業高度化を図っている中国と，「制約」を除去することを政策の柱に据えてきたアメリカとの対照性は明確である．

# おわりに
## ──対立はつづく──

　本章では，米中の地政学的競合関係の中で生じている米中貿易摩擦の実体の1つが技術をめぐる覇権争い（米中技術競争）であること，技術覇権をめぐる争いのなかでもデータをめぐる問題がきわめて重要な意味をもっており，「自由な越境データ移転」と「データローカライゼーション」が米中にとって互いに妥協できない課題であることを示してきた．そして，こうしたぬきさしならない対立があるがゆえに，アメリカをはじめとした旧西側諸国は自由な越境データ移転にかかわる国際枠組みをさまざまなチャネルを利用して構築しようとしていることを指摘してきた．

　APECは中国も加盟国の一員だが，APECが承認したCBPRには中国は参加しておらず，関心も示していない．むしろ先に述べたようにデータ移転をめぐる枠組み構築において中国とアメリカはしばしば対立し，アメリカは最終的に「中国抜き」の枠組み構築という方向に舵を切った．中国はG20の一員でもあるが，G20の「大阪トラック」への中国の反応は冷淡である．一方，アメリカはBRICsの一翼を担うブラジルにたいしてCBPRに参加するよう促しており，新興国を自国主導の枠組みに引き入れることに躍起である．

　こうした対立は「トランプ政権の特殊性」ではない．CBPRのような越境データ移転にかんする国際枠組みを定着させ，既成事実化しようとしたのは，トランプ大統領と激しく対立したオバマ大統領だった．すなわち，TPPにCBPRを含めることがオバマの「最優先事項」であったのである（Gribakov, 2019）．こうした意味において，本章で扱ったデータをめぐる米中の対立は，大統領が誰であろうが，今後も継続するだろう．これは中国の体制と産業にとって決定的な事柄だからである．

注
1）以下，本章第1節および第2節は森原（2020）をもとにしている．
2）「技術覇権」については，さしあたり，ストレンジ（1994）の周知の議論を援用しておきたい．ストレンジによれば，国際政治経済秩序を規定する「構造的権力」は，①安全保障構造，②生産構造，③金融構造，④知識構造の4つによって支えられる（ストレンジ，1994：38-39）．「技術覇権」は④に関係するようにみえるが，②はもちろ

ん，近年では①や③にも強い影響を及ぼす．したがって，覇権（国）ないし覇権に挑戦する国家は技術に関心を向けざるをえない．

3）藤木によれば，クリントン政権内部においては非常に早い時期（1993年夏ごろ）に対中政策の機軸を包括的関与政策に転換させようとしていたが，政策枠組みが一貫したものとなるのは「1994年春以降のこと」である（藤木，2017：239）．

4）オバマ政権期のG2論については，飯田（2013）が簡潔に整理している．オバマ政権の提示するG2論は「『共同覇権』といっても，それはアメリカの土俵の上での覇権」であり，これを当時の中国政府は受け入れなかった．そして，中国政府は逆に「新型大国関係」を提示した（飯田，2013：222）．トランプ政権の経験をふまえると，「G2か新型大国関係か」という違いはあるにせよ，米中が相互依存を基調とした関係を続けていこうとしていたことが特徴的である．

5）トランプ政権の発足から2年間はゲーリー・コーンらグローバリストとピーター・ナヴァロら経済ナショナリストの間で激しい政治的な綱引きがあった．当初はグローバリストらが政権内で影響力を維持したが，2018年半ばまでにはこれらの人物は政権を去り，経済ナショナリストが政策を主導するようになった．

6）対中関与によって中国が既存秩序に統合されるという見方の代表的なものは，以下のリチャード・ハースの認識——すなわち，中国の大国化を妨害すべきではなく，アメリカの外交目標は中国が増大する力をどのような目的に使うかに集中すべきであるという認識——が挙げられよう（Haass, 2005）．

7）以上，藤木（2018）を参照．

8）なお，現在のアメリカで，対中関与政策によって中国の体制が変革されうるという「楽観論」を信じている者はきわめて少数だろう．クリントン政権やオバマ政権で要職を歴任したカート・キャンベルらの以下の言明を参照せよ．「エンゲージメント政策の基本的な間違いは，それを通じて，中国の政治システム，経済，外交政策に根本的な変化をもたらせると思い込んでいたことだ．現在のワシントンは，エンゲージメントでは不可能だったが，競争ならば中国を変えられる」（キャンベル／サリバン，2019：57）．

9）藤木のこの整理は，アメリカの「2017年度国家安全保障戦略」と「2018年度国家安全保障戦略」が発表された時期（2017年4月～2018年3月）のトランプ政権の外交・安全保障政策をベースにしたものである．

10）アメリカが知的財産権問題を最重要視するのは，現代アメリカの産業をリードする領域がIT産業であることと無関係でないことは自明だろう．インターネット市場は「フリー」で，他の産業のような規制措置を免れていると思われがちであるが，実際には真逆である．情報経済はむしろ多くの規制を必要とする．第1に，情報（知識）は非排除的な財だから，コンテンツをつくった者が利益を得るためには人工的ルール——法規制をふくむ諸規範——が不可欠である．第2に，インターネット上での取引や決済ルールを定める「ビジネスモデル」が競争の焦点となるには（実際にはそうなっているが），やはりこれらを保護する人工的なルールが不可欠である（Newman and Zysman, 2006）．

11）2019年5月6日早朝（日本時間）のシドニー市場では対ドルで円が急騰し（「リスク

回避」の円買い），110円台となった．

12) トランプ政権がやり玉にあげたファーウェイは，国外からのこうした懸念にたいして，あらゆる場で「中国政府からデータの提供を求められたことはない」と回答しているが，「中国政府にデータを提供することはこれまでもこれからもない」とは回答していない．

13) たんに「膨大なデータ」を集積するだけでは不十分で，そうしたデータから一定の規則性やパターンを発見し，消費者をロックインするような新種のサービスを開発するケイパビリティが独占利潤の獲得につながる．

14) 両面市場を前提した場合，無料の財やサービスが存在するということは，企業が利潤最大化を図ろうとする財・サービスがもう一方に存在するということを意味する（Evans, 2011）．Google の場合，主要な収益市場の１つは広告だが，これは，①ユーザーが検索した言葉，②Google サービス（検索，ブラウザ，アプリ，位置情報等）の利用履歴，③Google の推測するユーザーの興味・関心に応じて，検索広告，ディスプレイ広告(提携サイト，提携アプリ，Gmail などの Google サービス)，動画広告(TrueView インストリーム広告，バンパー広告，TrueView ディスカバリー広告）を表示することで料金を徴収している（二階堂・緒方・中島，2018：30）．

15) このことを「もはや外部性は外部性でなくなり，内部化され」る（野口，2012：28）ということもできる．つまり，こうした外部経済の「内部化」が，独占的な超過利潤の源泉である．

16) アリババ集団傘下のアント・フィナンシャルの提供する「芝麻信用」のエピソードが有名である．芝麻信用は，学歴や資産などの個人情報にもとづいて個人の信用度をスコア化しているが，このスコアは民間部門における与信に活用されだけではない．つまり，中国ではスコアが低いと公共交通機関の利用が制限されたり，企業の採用人事で不利になることがあるだけでなく，裁判の記録が芝麻信用のスコアに反映されることがある．行政や司法がもつ個人情報と民間企業のもつ個人情報の垣根がないのである（井上，2019：15）．

17) 2020年６月４日の参議院内閣委員会で，政府は「（企業がインターネット経由の通信販売経由で収集したデータの利用について）お買物をすることと，あとはその利用すること，お買物をして，その契約を履行するために必要な部分については，利用は停止はできない」と答弁している（国会議事録にもとづく）．

18) CBPR は2005年の「APEC プライバシー・フレームワーク」に淵源をもつ．当初は国際的な枠組みをもたない原則にすぎなかったが，2011年に APEC で承認された CBPR によって具体的な枠組みをもつことになった．

19) そもそも中国は APEC 加盟国ではあるが，CBPR には参加しておらず，加盟に関心も示していない（Cheng, 2017）．

**参考文献**

阿部克則（2019）「データローカライゼーション措置と国際経済法上の規律――WTO と TPP における法的位置づけ――」財務省財務総合政策研究所『フィナンシャル・レ

ビュー』第140号，11月.

飯田敬輔（2013）『経済覇権のゆくえ——米中伯仲時代と日本の針路——』中央公論新社〔中公新書〕.

井上智洋（2019）『純粋機械化経済』日本経済新聞出版社.

川上高司（2011）「オバマ政権の対中戦略の大転換」東京財団政策研究所 4 月 7 日.

キャンベル，カート／ジェイク・サリバン（2019）「封じ込めではなく，米中の共存を目指せ——競争と協調のバランスを——」『フォーリン・アフェアーズ・レポート』No. 11.

黒瀬雅志（2009）「中国『国家知的財産権戦略綱要』の理念と第三次特許法改正」『特技懇』第253号，5 月22日.

経済産業省編（2018）『通商白書2018——急伸するデジタル貿易と新興・途上国経済への対応　新たな通商ルール構築の必要性——』勝美印刷.

助川成也（2016）「RCEP の意義と課題」石川幸一・馬田啓一・渡邊頼純編著『メガ FTA と世界経済秩序——ポスト TPP の課題——』勁草書房.

ストレンジ，スーザン（西川潤・佐藤元彦訳）（1994）『国際政治経済学入門——国家と市場——』東洋経済新報社.

ナヴァロ，ピーター（赤根洋子訳）（2016）『米中もし戦わば——戦争の地政学——』文藝春秋.

二階堂遼馬・緒方欽一・中島順一郎（2018）「AI の開発を加速　グーグル次の標的」『週刊東洋経済新報』第6832号，2018年12月22日.

日本貿易振興機構（2019）『ジェトロ世界貿易報告　2019年版』日本貿易振興機構.

野口宏（2012）「固有価値としての情報財の理論」『季刊経済理論』第48巻第 4 号.

ハンド，ジョン／バルーク・レブ編（広瀬義州ほか訳）（2008）『無形資産の評価』中央経済社，2008年.

福田直之・青山直篤（2019）「米中協議きわどい攻防　米，知財保護に根強い不信感　中国，IT 領域開放に抵抗」『朝日新聞』5 月10日，朝刊.

藤木剛康（2017）『ポスト冷戦期アメリカの通商政策——自由貿易論と公正貿易論をめぐる対立——』ミネルヴァ書房.

————（2018）「リベラルな国際秩序とトランプ政権の国家安全保障戦略——普遍主義からの二重の『撤退』——」和歌山大学経済学会編『研究年報』第22号，9 月.

三菱 UFJ 銀行中国投資銀行部（2019）「中国の新しい『外商投資法』，第十三期全人代より可決」『MUFG Bank（China）実務・制度ニュースレター』4 月18日.

森原康仁（2019）「プラットフォーム・ビジネスと GAFA によるレント獲得」日本比較経営学会編『比較経営研究』第43号，3 月.

————（2020）「地政学的競争下の米中技術覇権競争——体制維持・産業アップグレード・データローカライゼーション——」『比較経済体制研究』第26号.

八十島綾平（2020）「米，データ流通で中国除外狙う　APEC ルール見直し提案」『日本経済新聞』2020年 8 月21日，朝刊.

湯浅成大（2004）「冷戦終結後の米中関係」久保文明・赤木完爾編『現代東アジアと日本

6 アメリカと東アジア』慶應義塾大学出版会.

Cheng, Ron.（2017）"China Cyber Sovereignty and Cross-Border Digital Trade," *LAW-FARE*, March31.

ECIPE（European Center for International Political Economy）（2018）Digital Trade Restrictiveness Index, Brussels : ECIPE.

European Commission（2017）"Building a European Data Economy," COM（2017）9final, 2017. 1. 10.

Evans, David S.（2011）"Antitrust Economics of Free," *Competition Policy International*, Spring.

Gribakov, Andrei（2019）"Cross-Border Privacy Rules in Asia : An Overview," *LAW-FARE*, January 3.

Haass, Richard N.（2005）"What to Do About China," *U.S. News & World Report*, June 20.

Heilmann, Sebastian（2016）"Leninism Upgraded : Xi Jinping's Authoritarian Innovations," *China Economic Quarterly*, Vol. 20, No. 4, pp. 15–22.

Miguel, Juan Carlos and Miguel Àngel Casado（2016）"GAFAnomy（Google, Amazon, Facebook and Apple）: The Big Four and the b-Ecosystem," in Miguel Gómez-Uranga, Mikel Zabala-Iturriagagoitia and Jon Barrutia（eds.）*Dynamics of Big Internet Industry Groups and Future Trend : A view from Epigenetic Economics*, Switzerland : Springer.

Moazed, Alec and Nicholas L. Johnson（2016）*Modern Monopolies : What It Takes to Dominate the21st-Century Economy*, New York : Apptico（藤原朝子訳『プラットフォーム革命——経済を支配するビジネスモデルはどう機能し、どう作られるか——』英治出版、2018年）.

Newman, Abraham and John Zysman（2006）"Transforming Politics in the Digital Era," in Zysman, John and Abraham Newman eds., *How Revolutionary Was the Digital Revolution? : National Responses, Market Transitions and Global Technology*, Stanford : Stanford University Press.

NSCAI（National Security Commision on Artificial Intelligence）（2019）*Interim Report*, November.

OECD（2015）*Data-Driven Innovation : Big Data for Growth and Well-Being*, Paris : OECD（大磯一・入江晃史監訳『OECD ビッグデータ白書——データ駆動型イノベーションが拓く未来社会——』明石書店、2018年）.

OTMP（White House Office of Trade and Manufacturing Policy）（2018）*How China's Economic Aggression Threatens the Technologies and Intellectual Property of the United States and the World*, June.

Shapiro, Cari and Hal R. Varian（1998）*Information Rules*, Harvard Business School Press（千本倖生訳監訳『「ネットワーク経済」の法則』IDG コミュニケーションズ、1999年）.

The Whitehouse（2017）*National Security Strategy of the United States of America*, December.

USTR（2020）*Economic and Trade Agreement between the Government of the United States of America and the Government of The People's Republic of China.*

World Economic Forum（2020）*Data Free Flow with Trust（DFFT）：Paths towards Free and Trusted Data Flows*, World Economic Forum.

Zumbrun, Josh（2019）"What's Next on the President's Trade Agenda? Europe Pressure is growing for the EU to reach a significant pact with Washington" *The Wall Street Journal*, January20.

—— 第 **6** 章 ——

# 中国のハイテク産業と技術の現状
## ——米中ハイテク摩擦と半導体産業の技術デカップリング——

近 藤 信 一

## は じ め に

　本章では，中国のハイテク産業と技術水準の現状を述べるにあたり，米中ハイテク摩擦を中心に考察し，対象業種としては米中貿易摩擦の最大の品目でもある半導体と同製造装置を取り上げたい．中国サイドからみると半導体，特に集積回路（IC）は石油を超える貿易赤字の最大の品目であり，アメリカサイドからみると技術的優位にあり，安全保障にもかかわる半導体関連の技術流出が懸念されている産業である．そのため，米中ハイテク摩擦の焦点の１つに半導体関連産業が位置づけられているのである．本章では，米中ハイテク摩擦と米中技術デカップリングを取り上げ，中国の半導体関連産業，特に半導体の国産化政策を踏まえた中国の政府と企業の技術戦略を考察したい．

## 1　中国 IC 産業の技術水準
### ——中国の技術水準は高いのか，高くなったのか——

### （1）　中国 IC 産業の現状

　2008年に中国の半導体消費金額は792億ドルであったが，2018年には1550億ドルに拡大し，中国の消費額は世界総消費額の約50％に達している[1]．一方，国内消費量が国内供給量を大きく上回っており，国内生産分は需要の約30％にとどまっている．2018年の中国国内 IC 市場（需要サイド）の1550億ドルに対して，中国国内 IC 生産（供給サイド）は238億ドルで自給率は15.5％に留まっている[2]．中国は，2015年発表の「中国製造2025」の計画値である2020年までに自給率40％，2025年までの同70％に向けて，中国政府は輸入から国産化（輸入代替化）を進めているが，自給率の改善（国産化の向上）のスピードは遅い．

　しかしながら，中国のファブレス半導体企業はすでに世界の中でも強い存在感を示している．HiSilicon は，Huawei の半導体子会社であり，同社のスマートフォン向けアプリケーションプロセッサの設計で知られる．ファブレス企業としては中国のトップ企業であり（世界のトップ10にランクインしている），AIチップを設計することができる高い技術力がある．

　中国の半導体市場が急成長を遂げた要因は，川下産業の急成長にある．需要面で，2019年の主要電子機器メーカーの半導体消費をみると，Huawei は米中貿易摩擦にもかかわらずビジネスが好調に推移し2018年に続き第3位を堅持した[3]．Xiaomi は，海外販売が好調なこともあり，上位10社の中で唯一半導体消費が増加し，第8位にランクを上げた．

　一方，2019年の中国の IC 産業の販売高（供給サイド）は7562.3億元（前年比伸び率15.8%）で，うち設計分野が3063.5億元（同21.6%），前工程製造が2149.1億元（同18.2%），後工程（テストとパッケージング）製造が2349.7億元（同7.1%）となった[4]．中国の半導体産業で成長著しい分野は設計分野である．Huawei のファブレス子会社の HiSilicon の IC 設計能力は，Qualcomm などアメリカファブレス企業が危機感を抱くほど高度化している[5]．ハイエンドチップの設計能力を有する HiSilicon を頂点に，中国本土には推計1700社（2018年末時点，中国半導体行業協会集成電路設計分会調べ）を超えるファブレス IC 設計企業が存在しているという．ただし，Huawei の7 nm プロセスを用いた先端 IC チップは中国国内では製造できず，TSMC 台湾本社工場へ製造委託している．つまり，同社は設計（ソフト）はできるが，それを製造（ハード）に落し込むことができないのである．そこで，Huawei は自前の半導体工場を持つことも検討しており[6]，今後は半導体の内製化を図っていくとみられる[7]．

　2019年の IC の輸出入は，輸出が1015.8億ドル（同20.0%）と急増したものの，輸入はアメリカの輸出規制の影響もあり3055.5億ドル（同▲2.1%）と減少した．IC の貿易収支は，2039.7億ドルの赤字と前年から赤字幅は縮小したものの大幅な輸入超過状態にある．中国は，半導体の国産化拡大に向けて取り組んでいるものの，貿易統計からは依然としてハイレベルの半導体については海外に依存していることが示されている．中国の IC 産業が抱える，ローエンドの IC を生産・輸出し，ハイエンドの IC を輸入するという構造問題の改善が一向に進んでいないといえる．

　しかしながら，Huawei は携帯電話基地局で32%の世界シェアを持ってお

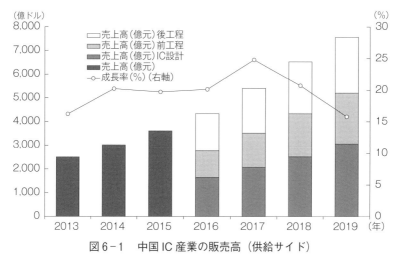

図6-1　中国 IC 産業の販売高（供給サイド）

（出所）中国半導体産業協会資料より筆者作成.

　り，さらに次世代通信規格5Gの基地局では4割以上のシェアを取る勢いと
なっている．このことが，地政学上の争いにまで発展している背景の1つであ
る．アメリカからみると，半導体の中国市場における同国のシェアは高く米中
ハイテク摩擦の影響をアメリカ企業も受けるものの，アメリカ政府は中国市場
での優越的地位を利用して中国の抑え込みにかかっていると考えられる[8]．一
方，中国からみると，現状の需要の大部分でアメリカ以外の選択肢を保有して
おり，多くの領域で技術的水準を考慮しなければ，中国企業への代替か，アメ
リカ企業以外への代替が可能であり，アメリカ企業以外への代替が困難である
のは一部の製造装置と半導体設計で使用する EDA[9] 等の CAD[10] ツールである．

### （2）　半導体製造装置産業の現状

　スマートフォンなどの消費財用途は新型コロナウイルスの影響が懸念される
ものの，テレワークの拡大などによりデータセンター関連の需要が増えている
ため，装置メーカーの顧客である半導体メーカーの投資意欲は衰えていない．
また，5Gの本格導入に向け，半導体業界では最先端製品を製造するための設
備投資が活発になっている[11]．したがって，中国では設備投資の拡大に伴い半導
体製造装置需要が拡大している．2019年の中国の半導体製造装置の販売高予測
（需要）は，121.9億ドルで設備投資が減少した韓国を抜いて2年連続で世界2

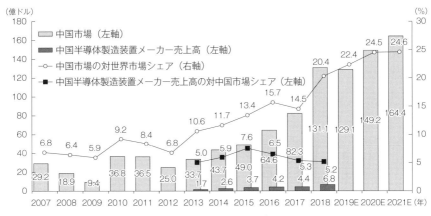

**図6-2 半導体製造装置の販売額（中国市場）**

（注）2019年以降は予測値.
（出所）SEMI「世界半導体製造装置市場統計（WWSEMS）」（2019年12月）より筆者作成.

**表6-1 地域別市場予測**

| | 2016年<br>（実績） | 2017年<br>（実績） | 2018年<br>（実績） | 2019年<br>（予測） | 2020年<br>（予測） | 2021年<br>（予測） |
|---|---|---|---|---|---|---|
| 中国 | 6.46 | 8.23 | 13.1 | 12.91 | 14.92 | 16.44 |
| 台湾 | 12.23 | 11.49 | 10.16 | 15.58 | 15.43 | 14.43 |
| 韓国 | 7.69 | 17.95 | 17.67 | 10.52 | 10.34 | 14.45 |
| 日本 | 4.63 | 6.49 | 9.42 | 6 | 6.6 | 7.22 |
| 北米 | 4.49 | 5.59 | 5.82 | 7.78 | 7.28 | 7.15 |
| その他地域 | 3.55 | 3.2 | 4.03 | 2.61 | 2.99 | 3.31 |
| 欧州 | 2.18 | 3.67 | 4.22 | 2.23 | 3.26 | 3.79 |
| 合計 | 41.24 | 56.62 | 64.42 | 57.64 | 60.82 | 66.79 |

（注）数字を丸めているため，合計値が一致しない場合がある.
（出所）SEMI, 2019年12月.

位の市場となった．SEMI（Semiconductor Equipment and Materials International）が発表した世界半導体装置市場予測では，2020年の中国市場（仕向地基準）では前年比29％増の173億ドルが見込まれており，台湾を抜き世界最大の半導体製造装置市場となる[12]．SEMIでは，中国のファンドリー顧客の旺盛な投資需要が牽引材料になっていると分析している[13]．

　中国の主な半導体製造装置メーカーは以下の３社であるが，成り立ちは大き
く異なる．NAURA（北方華創微電子装備，北京市）は，上場の国有企業で，総合
装置メーカーの位置づけといえる．同社は，日本半導体製造装置メーカーの技
術者を多数雇用して技術のブラッシュアップを行っている．同社には，日本半
導体製造装置メーカーに十数年勤務していた技術者が設立にかかわっており，
このような人材が磁石となって日本人技術者の引き抜きを行っている（人的資
源を介した技術移転）．AMEC（中微半導体設備，上海市）は，Lam Research や AMAT
でエッチング装置の開発を長年行ってきた Gerald Z. Yin が中国で設立した企
業，いわゆる海亀企業で，最先端プロセスである７nm にも対応できる製造装
置を出荷できるまでに成長してきた．同社は，エッチング装置専業メーカーで
あるため，他の製造装置メーカーに出資して，緩やかな連携を行っている．ACM
リサーチ（盛美半導体設備，上海市）は，アメリカの製造装置メーカーが量産拠
点を中国に設立した企業，いわゆる外資企業である．
　外資系半導体メーカーの半導体工場で中国系製造装置メーカーの装置が採用
されることはまずない．また，中国半導体メーカーの工場で中国系製造装置
メーカーの装置が採用されることは１割以下である．ただし，300mm，さら
には200mm のレガシー工場案件では，2019年頃から中国系製造装置メーカー
の装置が採用され始めている．[14]
　外資のトップ製造装置メーカーと比較される中国製造装置メーカーの筆頭と
して，前述の NAURA と AMEC の２社がしばしば挙げられる．NAURA は中
国政府の資金援助を受け，2017年８月に洗浄装置企業の米 Akrion Systems を
1500万ドルで買収しており，海外技術の獲得に積極的である．同社は政府の資
金援助とその他事業で稼いだ資金を半導体製造装置の開発資金に注入してい
る．AMEC の主力製品はエッチング装置であり，現状では同社の世界シェア
は１-２％程度であるが，TSMC の南京工場の次世代プロセスである７nm プ
ロセスにおいて，同社のエッチング装置が採用される模様だと報じられている．
　中国の技術水準については，肯定的意見として例えば柯隆（富士通総研経済研
究所客員研究員）が，「……航空機を除けば，中国ハイテク産業の国産化率はお
おむね100％近い水準である．こうしてみれば，中国の産業政策は成功したと
いえる．……」と述べている（中国レポート「China Focus」No13，2019年８月）．し
かし，本当に中国の技術水準が上がったといえるのだろうか．筆者は，これま
での論考の中で，「中国半導体メーカーは技術開発で世界最先端と２世代（約

表 6-2　半導体に関連する米中の争いの経過

| 時期 | 動　き | 主な内容 |
|---|---|---|
| 2015年 | 中国が製造業の高度化を目指す「中国製造2025」打ち出す | 半導体自給率を20年までに40%, 25年までに70%に |
| 2018年4月 | 米商務省が中国 ZTE に取引規制 | イランへの違法輸出の疑い. 米企業からの半導体調達を一時断たれる |
| | 習近平主席が湖北省武漢の国策半導体開発拠点を視察 | 「半導体は人でいえば心臓. トップへよじ登れ」と決意表明 |
| 10月 | 米商務省が中国 DRAM 大手 JHICC に取引規制 | 商業スパイの疑い. 米企業に同社への装置販売や技術移転を禁止 |
| 2019年5月 | 米商務省が中国華為技術（ファーウェイ）に事実上の禁輸措置 | イランとの金融取引に関与した疑い. 米企業からの半導体やソフトウエア調達を規制 |

（出所）『日本経済新聞』2019年11月7日より筆者作成.

3年）の遅れ」があると論じており（近藤, 2013）, 現在でもその差は縮小していないと考えている.「中国製造2025」は産業競争力の根幹となる半導体のサプライチェーンの強化を掲げており, 自給率の向上を掲げている. 半導体の設計分野では前述のように HiSilicon 等の世界レベルの中国企業が現れているものの, 半導体のその他の分野や半導体製造装置では自国企業の育成が遅れている.

## 2　半導体関連産業を巡る米中対立の現状

### （1）　半導体産業および同製造装置産業に関する米中対立の経緯

　米中ハイテク摩擦により米中の技術分断（デカップリング）が激しさを増している. Huawei や ZTE から始まった対立が, 今や TikTok に波及し, 情報セキュリティーの問題にまで拡大している[15].

　アメリカ商務省は2019年5月, Huawei を安全保障上の問題のある企業を並べたエンティティリスト（EL）[16]に追加した. これによりアメリカ製の部材やソフトウェアの輸出を事実上禁止した[17]. ただし, 外国製でアメリカ由来の技術やソフトウェアが25%以下であれば規制の対象外になるとの規則により外国製半導体の輸出が続き, 政策の効果を疑問視する声が高まっていた. そのためトランプ政権は Huawei に対する制裁強化に乗り出した. アメリカによる Huawei へのアメリカ企業との取引の大半を禁じる措置（禁輸措置）の強化で, 同社は半導体受託生産の世界最大手 TSMC との取引が制限され, 主力製品のスマホ

や通信基地局の生産に支障が出る恐れが生じている.

　Huawei は先端半導体の製造を主に TSMC に委託している. 利用制限措置が発動した場合, TSMC が Huawei との関係を断ち切る, TSMC がアメリカ製以外の装置で先端製造ラインを構築する, 中国が自前で半導体製造ラインを構築する, といった可能性が考えられる. ただし, 同社が自前で半導体製造ラインを構築する場合は14nm までの非最先端ラインに留まると考えられる[18].

　アメリカ政府が Huawei に対して禁輸措置を課してから, 重要部品をアメリカから調達できなくなった Huawei のスマートフォンは調達先の変更を余儀なくされている[19]. 同社の最上位のスマホの中身を見ると, 中国製部品の使用比率が金額ベースで約25％から約42％へ約16.5ポイントも上昇しており, 一方でアメリカ製部品は約11％から約１％へ大きく下がっている. この調達先の変化には, Huawei のスマホ半導体設計子会社の HiSilicon を中心とする部品開発力の向上に伴う自前調達力の向上があると考えられる. このことはアメリカの禁輸措置は Huawei の自前開発による調達力をより高め, 新製品開発をより進めるとともに, ひいては中国の半導体国産化の一助となっている側面を否定できない.

　その Huawei が, アメリカによる輸出規制措置強化への対抗策を模索している[20]. アメリカ商務省がアメリカ製の製造装置を使えば外国製の半導体でも輸出を認めない禁輸措置を強化したことから, アメリカ製の製造装置を使うファウンドリ最大手の TSMC は規制強化の発表を受けて規制を遵守するとし, Huawei 側からの新規受注を止めたとみられる. Huawei は, 代替措置として半導体設計大手で台湾系の MediaTek など海外の半導体メーカーからの調達を増やす動きを進めている. また, アメリカ製の製造装置が使用できないことから, 日本製の製造装置にも目を向けている. しかし, 最先端の半導体生産に向けて中国半導体メーカーが最も苦手としている微細化に必要な露光装置については, さらなる微細化を見越して次世代技術である EUV 露光装置の導入を進めたいが, 唯一の供給メーカーであるオランダの ASLM が納入を見合わせている.

　TSMC に代わる生産委託先の確保については, 中国のファンドリー最大手の SMIC が代替候補として最有力とみられる[21]. 同社も Huawei 並びに傘下の半導体設計子会社 HiSilicon からの受注拡大に対応するため, 設備投資計画を引き上げている. 増額された設備投資はノード（回路線）幅14nm クラスの能力増

強の前倒しに使用するとみられている．同社は14nm の量産を既に開始してお
り，このクラスの製品については TSMC から SMIC に Huawei は調達先をシ
フトさせていく方針である．しかし，今後の主力となる同 7 nm クラスの生産
については，SMIC は TSMC の委託先代替候補としては技術力の観点から困
難である．

　中国の半導体産業で最も進んでいるのが設計分野であり，特にスマホ等向け
CPU（中央演算処理装置）の設計である[22]．ただし，それを半導体にする製造分
野，特に前工程については中国のトップを行くファンドリー最大手 SMIC の
技術水準でさえ TSMC より 2 世代以上遅れているといわれ，また生産能力も
限られており世界シェアは 5 ％に過ぎない．そのため Huawei の半導体設計子
会社 HiSilicon は設計開発に特化し，生産を世界ファンドリー最大手の TSMC
に委託しているが，その TSMC はアメリカの輸出規制を受けて Huawei から
の新規受注をキャンセルしている．しかし，TSMC から SMIC への調達先代
替は困難であるとみられる．

　Huawei が半導体の最先端製品の確保を急いでおり，すでにアメリカ半導体
メーカーの最先端の製品を在庫で最大 2 年分確保したと報じられた[23]．在庫を積
み増しているのは最先端の大規模集積回路 LSI 等で，主に通信基地局用やク
ラウド用サーバーに使われる半導体である．Huawei は2019年から既に在庫を
積み増ししており，今回のアメリカによる輸出規制強化で在庫の積み増しを強
化したと思われる．

　2020年 2 月17日付の *The Wall Street Journal* によると[24]，アメリカ商務省は中
国によるアメリカ製半導体製造装置の利用制限を検討している[25]，という．2020
年 5 月の対 Huawei 禁輸措置第 2 弾を機に，米中ハイテク摩擦はさらに加熱
し，中国では最先端半導体の国産化機運がさらに高まった[26]．Huawei は対応策
を準備しつつあり，前述のように最先端の半導体を必要としないミドルエンド
からローエンドモデルの製品向け半導体については調達先を中国の大手ファン
ドリー SMIC に切り替えたとみられる．その SMIC は2019年にニューヨーク
証券取引所への上場を廃止し，アメリカとの距離をとり始めている．また，他
の中国半導体メーカーも積極的な設備投資計画を打ち出し，増産計画を進めて
いる[27]．さらに，中国では半導体メーカーによる増産とともに，非半導体メー
カーによる半導体製造への参入意欲が高まっている．

　アメリカによる制裁の強化は，最先端のロジック製品の技術開発及び生産に

マイナスの影響が出ることは確実であるが，逆に Huawei を含めた半導体需要企業の調達リスクを高め，国産化という防衛手段を最先端ロジック以外では推し進める結果になり，中国国内での開発や投資が加速化している．

### （2）　中国地場メーカーの能力増強に向けた資金調達と政策的支援

　中国が国産化を目指す動きを背景に，中国企業は資金調達を急拡大させている[28]．アメリカ商務省が新たな輸出規制を発表した2020年 5 月，中国の大手ファウンドリである SMIC は新たな資金調達と「SMIC　South」の拡張を発表した．SMIC South は300mm ウエハーラインを備えた工場で，主に14nm 以下のプロセスの研究開発と量産に対応している．中国半導体メーカーの資金調達額は2020年の 7 月 5 日時点で2019年の約2.2倍となったとみられる．支援の主役は政府系ファンドと2019年に開設した新しいハイテク産業向け株式市場である．また，中国では中央政府及び地方政府の半導体ファンドの設立が相次いでおり，中央政府は2014年に政府系半導体ファンド「国家集成電路面産業投資基金」を設立しているが，2019年までに1400億元の投資を終えたとされ，2019年には第 2 号ファンドを新設し2020年から投資を本格化するとしている．上海市や北京市など地方政府も半導体ファンドを立ち上げており，中央及び地方政府が一体となり半導体国産化への支援を加速させている．SMIC も政府系ファンドから22億5000万ドルの出資を受けるとみられている．中国としては，SMICを世界最大手のファンドリー TSMC に代替できる存在に育成する狙いである．また SMIC は，2020年 7 月16日に中国版ナスダックとされるこの新市場「科創板」に株式を上場し，500億元以上の資金調達をした[29]．中国版ナスダックとも呼ばれる新市場は2018年11月に創設構想が打ち上げられ，2019年 7 月から上海証券取引所で正式に運用を開始した[30]．運用開始 1 年後の2020年 8 月には上場企業165社，時価総額は2.8兆元にまで拡大している．中国のハイテク企業向け株式新市場「科創板」に上場する企業165社のうち半導体関連企業は35社に上っている．

　量産化技術や製造装置開発に関わる技術水準は大きく遅れており，巨額な支援資金を投入をしたとしても，成果がすぐに現れるとは考えにくい[31]．「量」では追い上げが進んでいるが，「質」の面では課題が多いといえる．中国，特にHuawei は半導体の代替調達を進めているものの，技術的な問題と生産規模の問題から SMIC など中国半導体メーカーからの調達は困難だと考えられる．

（3）　アメリカの対中制裁の強化による中国への影響と対応

　2020年8月13日，アメリカの国防権限法に基づき，中国企業排除を目的とした規制の第2弾が実行された．ELに載っている中国の5つの企業（Huawei, ZTE, Hikvision, Dahua Technology, Hytera）の製品やサービスを使用して製造した製品が，アメリカ政府に納入できなくなった[32]．日本を含めた半導体関連企業では，中国製品への依存を高めていた調達戦略の修正を迫られる．

　アメリカ商務省は2020年8月に，アメリカ製の製造装置や設計ソフトを使用していれば，外国製半導体でもHuaweiに供給することを事実上禁止すると発表した[33]．中国のHuaweiに対するアメリカ政府の新たな輸出規制措置が9月15日に発効し，2020年9月15日以降は同社に原則供給ができなくなる[34]．半導体の開発過程では，アメリカ製のEDAを使用することが多い．大半の最先端の半導体製造の現場では，アメリカ製のソフトや技術を活用した半導体製造装置が使用されている．アメリカとしては，基幹部品である最先端ロジックを外部調達できないようにし，5G対応スマホや5G携帯電話基地局の生産に打撃を与える狙いがある．Huaweiは対策として代替調達先の確保を目指しているが，アメリカ政府はさらに国防総省がアメリカ企業に対し代替調達先候補とみられる中国ファンドリー大手のSMICとの取引を禁じる方針を固めた．SMICもアメリカ製ツールや技術に半導体製造の多くの部分を依存しており，輸出禁止措置で同社の力を削ぐ構えである．これによりHuaweiはアメリカから半導体の調達が実施できなくなった．これまでは，Huaweiが設計し外部企業が生産を受託するケースを対象にしていたが，2020年8月になって対象を拡大し，メモリ等汎用デバイスも禁止すると規制を強化した．対応策としてHuaweiは2年分の半導体在庫を調達したとみられているが，在庫の減少に伴いスマホ等の生産も減少に転じるとみられる．その結果，2021年のスマホの出荷台数は2020年見込みを7割も下回るとの予測もある[35]．同社は2019年に世界で2億4000万台のスマホを出荷し世界シェアは2位であったが，アメリカによる輸出規制措置の影響から2020年は1億9000万台に減少すると予測されている．緊急的に積みました半導体在庫が尽きることで2021年は3000万から5000万台にとどまると調査会社IT之家は予測している．

　Huaweiは生き残りをかけて，2020年8月4日に「南泥湾（Nanniwan）」プロジェクトを立ち上げた[36]．この計画は，アメリカの技術と部品をまったく使わずに製品を製造し，自社のサプライチェーンの脱アメリカ企業依存を進めるのが

目的である．南泥湾プロジェクトが対象としていたのは，ノート PC，スマートスクリーン，IoT 家電などである．また朝鮮日報の2020年9月16日の記事によると，同プロジェクトは，SMIC，CXMT，YMTC，HiSilicon など中国地場半導体メーカーを集め，中国の半導体の自立を成し遂げることも狙いとしている．なお，南泥湾プロジェクトは，第二次世界大戦中，日本軍による攻撃と国民党による封鎖を受け経済的苦境に立たされた共産党が荒地（南泥湾）を開墾して窮地を脱した故事に由来している．

　このようなアメリカの対 Huawei に対する輸出規制の強化は，グローバルな半導体のサプライチェーンの分断（デカップリング）を加速させることが懸念され始めている[37]．今後は，中国向けと中国以外向け（脱中国）にサプライチェーンを分断させる可能性がある．その結果，米中の半導体サプライチェーンの分断が，短期的には中国の国産化を加速させるとともに，中長期的には中国の国産化を加速させることで，アメリカを半導体産業のナンバーワンの地位から転落させる可能性さえある，と考えられる．

### （4）「中国製造2025」を中心とする中国の IC 関連産業の振興策と技術獲得

　中国政府は，2015年に発表した「中国製造2025」で半導体の国産化率（自給率）向上の計画を打ち出しており，2020年に40％，2025年に70％を計画している．中国政府は10年間で1600億ドルを超える資金を投入する計画であり，目標達成に向けて動いている．ただし，中国の半導体自給率は2019年で15.7％にとどまっており，2024年でも20.7％にとどまるとの予測もあり，目標に届かない見通しといえる[38]．

　このような状況下で，特定の外国企業に技術依存する産業構造への懸念から自主開発の強化へ動いている．そして，米中ハイテク摩擦の中，経営幹部から現場技術者まで台湾や韓国からの人材引き抜きを加速させている（人材獲得による技術移転戦略）．

　設計分野では，HiSilicon を筆頭に世界レベルの Qualcomm と競争できる状況にある．しかし，前工程分野では，中国での最先端は世界レベルでは2世代－3世代遅れとなっている．微細化のロードマップ，微細化競争では3世代（5・6年）の遅れがあり，SMIC は2年で世代交代できていないが，世界トップの TSMC は2年で世代交代できており，差は開く一方である．さらに，SMIC は試作品ができた時点で到達としているが，TSMC は量産化で到達としてお

表 6-3　中国の主な半導体産業振興策

| 時期 | 名　称 | 概　要 |
|---|---|---|
| 2000年 | IC 産業育成に関する通知<br>（18号文書） | 10年までに世界的な IC の開発・生産基地に |
| | | 有力メーカーへの各種減税措置 |
| 2011年 | IC 産業のさらなる育成に関する通知（新18号文書） | 減税措置などの維持・拡充 |
| 2014年 | 国家 IC 産業発展推進ガイドライン | 30年までに世界トップ級の半導体会社育成 |
| | | 2 兆円規模の「国家産業投資基金」設立 |
| 2015年 | 中国製造2025 | 自給率を20年までに40％，25年までに70％に |
| | | 第 2 期，第 3 期の「国家産業投資基金」設立 |

（出所）『日本経済新聞』2019年10月29日より筆者作成.

り，実際の差はより広いと考えられる.

　Huawei はファブレスであり，ローエンドの半導体について中国のファウンドリに委託生産しているが，最先端ノードの製品については TSMC へ生産委託を行っている. 同社では，半導体の自給自足が方向性となっている. スマホ向けとサーバー（市場シェアは，世界市場の 6 ％，中国市場の15％）で自給自足を計画しているとみられる. 半導体の自給自足は，自前だけでなく，投資ファンドを設立して中国のベンチャー企業などを買収することで，アメリカに依存することのない中国国内のサプライチェーンでの構築を目指している.

　メモリの積層化については，32層は歩留まりが80％で量産体制に入って商用化しているが，64層は歩留まり10％程度にとどまっているとみられる. 中国内の NAND フラッシュメーカーである YMTC（Yangtze Memory Technologies Co,長江存儲科技）が64層の 3 D－NAND フラッシュ製品の量産を年末までに量産開始すると複数のメディアが報じた. 微細化では，19nm レベルで試作生産が行われており，14nm レベルの生産も視野に入ってきている.

　一方で，中国では300mm のレガシー投資（ウェハー口径は300mm だが，微細化は中国半導体メーカーが生産可能な旧世代）が拡大している. これらの工場で生産される半導体の用途としては，交通系などの公共 IC カードやミドルからローエンドのスマホ向けの OS，改札ゲート等の簡単な顔認証システム向け，指紋センサー向け，白物家電用や EV 向けなどのパワー半導体など，産業用途やインフラ用途向けである.

　半導体製造装置については，中国の半導体製造装置市場は2020年に世界首位の規模に達した．しかし，半導体の自給率向上に必要な半導体製造装置では依然として海外依存が続いている．米 VLSIresearch が発表した2019年の半導体製造装置市場ランキングによると，上位５社だけで世界市場全体の78%を占めており，５社のうち３社はアメリカ企業である．半導体製造の主要工程には中国の製造装置メーカーが存在しており，机上ではアメリカ製装置を使用せずに半導体製造ラインを構築することは実現可能であるが，中国には各分野をリードする製品を提供できる製造装置メーカーは存在しない．特に後れを取っている分野としては，最先端プロセスのチップや，単結晶処理，酸化処理，CVD装置，マグネトロンスパッタ装置，CMP 装置，リソグラフィ装置，プラズマエッチング装置，そして装置用部品などが挙げられる．

　中国で建設される最新の半導体工場に納入される製造装置のうち中国製の比率は１割以下と推測されている．中国の半導体製造装置メーカーの国際競争力は「５段階評価で0.5程度」との厳しい評価もある[40]．しかし，中国の製造装置の国産化状況をみると，中国企業はキープロセスである露光・成膜・エッチングのすべてに参入しているのも事実である．微細化，開発能力等からみて相応のレベルにはあるものの，最先端プロセスへの対応には至っていない．露光装置の対応ノード幅は古い世代にとどまっている一方，Shenyang Piotech Co., Ltd.（瀋陽拓荊科技有限公司）の成膜装置はすでに14nm に対応しているように，一部の企業・装置においては国産装置のレベルが上がっている[41]．

　半導体製造装置大手の ASLM は，次世代露光装置である EUV（極紫外線）露光装置の中国半導体大手ファンドリー SMIC への納入を留保していることが明らかになった[42]．EUV 露光装置は，現状では同社が独占的に開発製造をしており代替が効かない装置である．半導体の性能向上では，ノード幅の微細化が鍵となり，微細化が進展するにつれ製造技術は難易度が高度化する．SMICは，回路線幅が14nm の試作量産を2019年から開始した段階であるが，将来の微細化を見越して EUV 技術の導入を目論んでいた．したがって，アメリカの輸出規制措置の影響により，欧米の最先端の半導体製造装置の導入が遅れれば，短期的な技術水準の向上に影響は直に現れないものの，中長期的には半導体の国産化計画，技術獲得戦略に影響を及ぼすことは避けられない．

# 3　中国 IC 関連産業における技術移転[43]

## （1）　中国は製造大国だが製造強国でない[44]

　筆者は，近藤（2011；2012）で「中国は製造大国であるが，製造強国でない．中国が製造強国になるためには，ハイテク製造装置分野など生産インフラの技術向上が欠かせない」と論じた．中国が製造大国であり，製造強国でない理由は，中国の輸入の最も多いのが IC であり，その他の素材・部品も多く輸入していることにある．一方で，輸出をみるとスマホ（特に iPhone の輸出）や PC など在中 EMS 企業の製品が上位に来ており，組立加工産業の最終製品の輸出が多いのである．そして，筆者が指摘した状況は現在まで変化していない．

　産業の高付加価値化に向けた構造改革のためには，民間企業がその主役になる必要がある．中国の電子産業は，国の強力な支援を受けて，民間企業主体で発展してきている産業である．民間企業が主体で，国は産業政策で支援する「国援民進」の電子産業にとって，民間企業が技術革新を早急に成し遂げる必要があるといえる．中国政府としては，IC の貿易赤字額が巨額の規模になっていることから，まずは量的側面での IC の自給率向上が，必要不可欠であると考えているとみられる．自給率向上の取り組みの行方を握るもう一方が民間企業の技術開発力，つまり質的側面である．

　中国で生産する IC はハイスペックでなくてもよく，中国政府としてはこれまで技術開発よりも，国産化・自給率向上を優先して政策を実行してきた．今後は，技術開発力の向上が課題であり，中国は IC 産業ではアメリカや台湾企業の買収による技術獲得を進めてきた．しかし，上手くいってないことから技術開発力向上の手段を「企業」の獲得から「人材」の獲得への転換を進めている．

　中国において IC の輸入を減少させるためには，生産量の増大という量的改善ではなく，性能の向上という質的改善が必要である．この流れが，一部の先進的なメーカーの動きにとどまるのか，中国の IC 産業全体の動きにつながるのか，を注目する必要がある．全体に広がることが出来れば中国の IC 産業は構造改革を成し遂げることができるといえるだろう．

（2）　半導体製造装置産業の競争力向上に向けた
　　　　製造のスマート化（智能化）[45]の可能性

　現在，中国半導体製造装置メーカー各社は，リバースエンジニアリング[46]に挑んでいると考えられる．しかし，筆者の日系半導体製造装置メーカー幹部へのインタビュー調査によると，半導体製造装置はモジュール部品レベルでの技術水準を向上させても，全体最適の視点，つまり装置システムとしての統合技術がないとカタログ通りのスペックは出ない，という．また，部品レベルでもアナログ的技術，つまり職人技（熟練技能）が必要であることが多いという．しかし，中国の製造装置メーカーは熟練技術の蓄積がほとんどない．

　この製造装置としての統合的技術と，製造装置の部品レベルでのアナログ的要素に日系装置メーカーは強みがあり，競争優位の源泉となっている．そして，現時点では日系装置メーカーに技術的な競争優位があるといえる．この強みは，経験曲線効果（Learning Curve）で説明ができ，経験のない中国メーカーが日本メーカーには早急には勝てない要因と考えられる．筆者のインタビュー調査によると，日系の半導体製造装置メーカーではレガシー半導体向け製造装置の生産を行っているが，これらの装置向け部材は機械加工のみで完結する加工品の部品が多い．しかし，最先端ロジック向け製造装置では機械加工だけでは完結できず，仕上げとして職人による溶接[47]やろう付け[48]が必要であり，中国の地場パーツサプライヤーの加工品では品質が悪く製造装置メーカーは信用できないため，中国系製造装置メーカーでも日本のパーツサプライヤーから輸入しているメーカーもあるという．

　しかし，中国は清華大学などにAIの技術者を集めており，AI技術を向上させている．スマート工場で生産工程や熟練作業者が従事する生産現場にAIの導入が進めば，アナログ的要素がデジタル的要素に置き換えられ，製造装置の統合技術，さらには製造装置の部品レベルでのデジタル化にフィードバックされれば，日本メーカーの技術的優位性が早期に低下する可能性はある．

　半導体産業政策では2020年を目途として，生産面では国産IC産業の総販売額8700億元，技術面では16/14nmプロセスの実用化，世界トップ水準の設計及び製造，材料と製造装置の輸出を目指した．中国政府は，生産面では半導体の製造だけではなく，設計，製造，製造装置，さらには材料にいたるトータルサプライチェーンを通じた自給率拡大を，技術面では世界トップ水準への到達を，目指していることがポイントである．したがって，中国では半導体製造装

置メーカーの立ち上げにも力を入れてきたのである．そこで，半導体同様に海外からの人材招請に力を入れている（人材獲得による技術移転戦略）．しかしながら，半導体製造装置ビジネスは半導体ビジネスとは異なり長期にわたるサービスサポートが必須であり，ブランド力と実績のない中国の新興半導体製造装置メーカーが顧客の信頼を得ることは困難な課題である．ある日系半導体関連装置メーカーにインタビューしたところ，「当社の強みは顧客企業と技術情報を共有していることであり，顧客の要望に合わせて作りこむことで，製品が非汎用品となる．しかし，中国に販売している製品は汎用品が多く，中国の顧客企業は当社の技術を欲しがる傾向にある．中国の顧客企業に技術を教えたとしても，中国の顧客企業に技術蓄積がないため活用することはできない．日本企業は，欧米企業の装置を模倣（リバースエンジニアリング）した時，技術獲得のために基礎研究を自ら行い技術を獲得していったが，中国企業や韓国企業は人材を引き抜くことで技術を獲得した．したがって，一時的な技術獲得はできたが，技術の発展がないのである．したがって，技術的には中国企業に競争力は無いと感じている」と述べていた．そこで中国では，巨大なハイテク企業が半導体製造装置メーカーをグループ企業として抱えることや，海外の半導体製造装置メーカーからマネジメントを含む人材を積極的に登用することなどで，信用度を向上し，また，同一企業グループ内の半導体メーカーで製造装置を採用し，実績と経験を積む戦略を打ち出してきている．

### （3） 技術格差の現状とキャッチアップへの示唆

　半導体は「産業の米」といわれており，中国市場において需要サイド（輸入の拡大）と供給サイド（中国国内生産の約90％が外資系メーカーによる生産といわれる）ともに外資系メーカーに牛耳られている現在，国家として半導体産業の国産化に取り組む政策が重要であることは理解できる．半導体産業は資本（設備）集約型産業であるが，一方では半導体生産における製造ノウハウや，半導体製造装置の製造における経験とノウハウの蓄積が生産歩留まりの向上など生産効率化に非常に重要になってくる．半導体産業において，中国は電子機器の世界の工場として「市場大国」となり，現在は得意の規模の経済を生かし「製造大国」を目指して急速に発展してきている．しかし，「製造強国」となるには，半導体生産の製造ノウハウ，半導体製造装置の製造に関する熟練技とノウハウの獲得，つまり経験曲線効果（学習効果）を活かす必要がある．しかし経験曲

線効果というからには，半導体産業において設計部門のように急速なキャッチ
アップが見込める分野ではなく，時間をかけてゆっくりと技術及び技能を習得
していく必要があり，半導体産業における労働 (技能) 集約型分野においては
急速なキャッチアップは見込めない．しかし，暗黙知を形式知化する IoT を
前提とした AI の利活用が，半導体の製造ノウハウ及び半導体製造装置の製造
においてうまく活用できれば，中国は製造強国に向けて急速にキャッチアップ
することができる可能性がある．

## 4　多国籍企業の GVC と中国の技術移転及び
　　サプライチェーン再構築

　1990年代以降の経済のグローバル化の主役は，低賃金の豊富な労働力を目当
てに先進国多国籍企業が進出して「世界の工場」となった中国だった．ただ，[49]
当初は他国で製造された中間財を組み立てた最終財の輸出に終始したため，輸
出額の大きさの割に中国自身の儲けは少なかった．その反省から中国は半導体
産業でも国家主導の産業育成を通じて輸入代替を進めてきた．こうした産業構
造の高度化は新興国で広く見られる動きだが，中国のキャッチアップのペース
は際だっている．その結果，日本にとっても日本製半導体製造装置など高度資
本財の輸出先として中国市場は重要な市場「世界の市場」になった．
　中国の産業政策は，独自の研究開発よりも，外国企業の直接投資を誘致し
て，市場の一部を外国企業に開放する代わりに外国企業から中国企業に技術移
転を求める方法だった．この方法は，国際技術移転の伝統的方法であり，米中
ハイテク摩擦ではこの方法がアメリカで問題とされている．トランプ政権は中
国のこうした動きを阻止しようと，Huawei の命運がかかった5Gの世界的展
開に必要なアメリカ製半導体の同社への供給を遮断する方針を決めた．しか[50]
し，こうした対中規制が中国に半導体国産化に向けた努力を一層スピードアッ
プさせたといえる．より深刻な問題は，国家主導の産業育成競争がデジタル関
連ビジネスでの米中の主導権争いの様相を呈しており，その帰趨は安全保障面
での覇権争いに直結していることである．
　中国が，特に中国企業が外国企業から技術を取得するもう1つの方法として
のやり方が，外国企業の下請生産 (OEM生産) である．サプライチェーン (ス
マイルカーブ) の中で，労働集約的であり付加価値が低い生産工程を担うこと

で，川上の部品製造や開発設計などの高付加価値領域の技術を取得する方法である．その典型的が Apple の iPhone の組み立て(アッセンブリー)である．iPhone の開発と設計は Apple 本社 (アメリカ) であり，キーコンポーネントは日本企業と韓国企業などから供給されており，中国は製品を組み立てるだけである．中国の利益は1000ドルの iPhone で 7 ドル程度といわれている[51]．技術力のない中国企業は，付加価値の低い生産工程を行うしかない (スマイルカーブの川中領域)．しかしこの OEM 供給も，半導体の輸入状況をみるに，組み立てる製品が高度化をしたとしても，必要となる半導体も高度化することにより，技術力の向上にはつながっていない．

　中国が短期間で世界の製造大国に変貌を遂げられた理由の 1 つに，グローバル・バリュー・チェーン (Global Value Chain : GVC) がある[52]．製造を分割して，世界各国がそれぞれの比較優位に応じて部品を製造することが可能になった．製造技術のごく一部しか習得していない国も含め，多くの国が製造に参加し国際貿易の恩恵を受けられるようになった．GVC は貿易参入の技術的な障壁を下げ，グローバル化の範囲を広げ，多くの国が多国籍企業の GVC という新しい国際的分業から多くの利益を得ている．しかし，利益の大半を手にするのは GVC を主導する多国籍企業である．中国の政策当局は，欧米の多国籍企業に反発し，2 つの重要な構想を打ち出した．重要技術を自前で開発する「自主創新」と中国企業主導で GVC を構築する「紅色供応鏈 (レッドサプライチェーン)」である．どちらの構想も GVC での中国の製造業の価値強化を狙ったもので，アメリカのハイテク分野での支配的地位を直ちに脅かすものといえる．

　中国は重要技術を手に入れるため，技術を入手する目的で外国企業を買収する，技術を吸収する狙いで外国の技術者を招くなどしている[53]．また，自前のサプライチェーンを構築するため，国内有力企業に大規模な資金を出し，国内・グローバル市場で有利な地位を確保できるよう企てた．中国の構想が実現すれば，世界の製造でより大きなシェアを獲得し，将来の技術開発を主導する可能性もある．そうなれば GVC でのアメリカの支配的地位が弱体化するだけではない．中国で製造される部品や装置が増えれば，アメリカの国家安全保障にとっても脅威となる．中国は 2 つの構想を実現するため，現在自国が組み込まれているサプライチェーンから，今後も技術や人的資源を取り込もうとするだろう．この中国政府による国家的な半導体産業への支援 (強い国家主導の産業政策) により，国産化比率は量的側面では拡大し，質的側面でも今後の脅威とな

りつつある．このことは，アメリカによる貿易戦争を正当化することになる．しかし，アメリカによるデカップリングの意図はGVCから中国を完全に締め出すことではない．重要性や機密性の高い分野への中国の参入を選択的に排除するのが狙いであり，「部分的封じ込め」といえる．つまり，中国の自前のイノベーション「自主創新」や独自のサプライチェーン構築「紅色供応鏈」に役立つような最重要技術へのアクセスを遮断すること，にその狙いがある．しかしながら，部分的封じ込めといっても幅広い領域から中国企業を締め出すことになるため，多国籍企業はGVCのグローバルでの再構築が必要になってくる[54]．

## お わ り に
### ——米中ハイテク摩擦の半導体及び半導体製造装置産業への影響と今後——

　中国の半導体産業は，設計分野は急速に能力を向上させた．しかし，設計したチップを生産する能力，つまり半導体の製造工程，特に前工程と半導体製造装置の国産化が遅れており，外国の先端技術に依存している．近年では，中国の製造装置メーカーも台頭してきているが，歩留まりが悪く，それは前出のように製造装置のキーパーツに必要な熟練技能が蓄積されていないからである．したがって，中国は半導体を中心とするハイテク産業の国産化政策（「中国製造2025」）に，生産設備分野と材料分野を入れているのである．しかし，中国はIoTを前提にAIを上手く活用すれば製造強国になれる可能性はある．

　中国半導体産業の最大の課題は，国産化率の向上にある．そして，装置産業である半導体の国産化率の向上のためには，製造装置の国産化率の向上が求められる．そこで，製造装置の中国系メーカーの技術力向上が課題となっている．太陽電池パネルや液晶パネルでは，デバイスの国産化から，製造装置と材料の国産化に繋がっていった．半導体においても，レガシー半導体の国産化から，ロートルの製造装置の国産化が進んでいくことが考えられる．これは，中国が太陽電池や大型液晶パネルで急速にキャッチアップできた背景と同じであるといえる（詳細は近藤（2013）を参照）．それによって，ローエンドの製造装置を中心に半導体の国産化率の上昇と共に，製造装置の国産化率も上昇していくと考えられる．これは，液晶パネルや太陽電池パネルでみられた動きと同様である（近藤，2013）．ただし，半導体と半導体製造装置の国産化には時間がかか

ると考えている．韓国でも露光装置などハイエンドの製造装置の国産化はできていないのが現状である．しかしながら，ハイテク製品の国産化は困難であるが，獲得した既存技術を活用してローエンドの製造装置の国産化はできうると考えられ，そしてその製造装置の需要（市場）は大きいと考えられる．

　また，アメリカも対中においては一部では妥協をせざるを得ないと考えられる．ローエンドの製造装置については制限をかけるものの，ハイエンドの製造装置については落としどころを探っていくと考えている．その理由としては，ハイエンドの製造装置メーカーは米国企業であり，それらの顧客は現状ではIntelやTSMCやSumsungが中心であるが，今後は中国系半導体メーカーが重要顧客となってくると考えられるからである．

注

1）デロイトトーマツコンサルティング（2019）『Technology, Media and Telecommunications Predictions 2019日本版』，pp. 65–69より．

2）半導体というIC（集積回路）より大きな枠組みでは，より技術的に難易度が下がる製品が含まれるため，自給率が上がる．

3）ガートナージャパンプレスリリース，2020年2月7日を参照．

4）「2019年中国集成電路産業運行情況」（中国半導体産業協会，〈http://www.csia.net.cn/〉2020年3月23日アクセス）より．

5）例えば，渡邉真理子（2017）「『半導体の能力を使い切る』社会に向かう中国（特集中国経済のバイタリティー）」『東亜』597号，pp. 10–20，等がある．

6）同社は，外部委託する形で半導体の生産ラインの新設を検討している（『日本経済新聞』2020年11月3日を参照）．

7）以上は，服部毅「中国半導体設計恐るべし！　HiSiliconを頂点にIC設計企業が1700社」Semiconductor Portal，2019年4月4日を参照．

8）以下，田中大海（PwCコンサルティング・Business Transformation Operations Partner）の講演「SEMI Japanウェビナー」2020年9月15日を参照．

9）Electronic Design Automationの略で，半導体や電子機器などの電気系の設計作業を自動化することで支援するソフトウェア．

10）Computer Aided Designの略で，手作業で行われていた設計図の作成などの設計作業を，コンピュータを用いて行うこと，またはその設計支援ツール．

11）『週刊東洋経済』2020年6月20日号，pp. 56–66より．

12）『電子デバイス産業新聞』2020年8月20日．

13）竹居智久「『紅い半導体』の躍進で21年に中国が世界最大の装置市場へ」日経ビジネスオンライン，2019年12月10日を参照．

14）黒政典善（電子デバイス産業新聞上海支局長）のマーケティング戦略セミナー「米中

摩擦で過熱する中国エレクトロニクス産業」（日時：2020年 2 月 5 日，会場：富士ソフトアキバプラザ）での講演などを参照した.

15）「TikTok　技術分断を象徴」『日本経済新聞』2020年 9 月12日など.

16）アメリカ商務省が，輸出管理法に基づき，国家安全保障や外交政策上の懸念があるとして指定した企業を列挙したリスト.

17）『日本経済新聞』2020年 5 月16日.

18）和田木哲哉，Global Markets Research，2020年 2 月18日.

19）『日本経済新聞』2020年 5 月15日.

20）『日本経済新聞』2020年 5 月28日.

21）『電子デバイス産業新聞』2020年 5 月28日.

22）『日本経済新聞』2020年 6 月27日.

23）『日本経済新聞』2020年 5 月29日.

24）Fitch, Asa and Bob Davis（2020）"U. S. Weighs New Move to Limit China's Access to Chip Technology", *The Wall Street Journal*, Feb. 17, 2020.

25）和田木哲哉，Global Markets Research，2020年 2 月18日

26）『電子デバイス産業新聞』2020年 6 月11日.

27）「中国紫光集団 DRAM 増産」『日本経済新聞』2020年 6 月27日.

28）『日本経済新聞』2020年 7 月 7 日.

29）『日本経済新聞』2020年 7 月17日.

30）『電子デバイス産業新聞』2020年 9 月10日.

31）『日本経済新聞』2020年 7 月 7 日.

32）和田木哲哉，Global Markets Research，2020年 8 月14日.

33）『日本経済新聞』2020年 9 月10日.

34）『日本経済新聞』2020年 9 月15日.

35）NNA ASIA アジア経済ニュース，2020年 9 月10日より.

36）和田木哲哉「ハイテク強国を目指す中国とアメリカの綱引き」Global Markets Research 2020年09月17日，野村證券.

37）『日本経済新聞』2020年 6 月17日.

38）米調査会社 IC インサイツの予測（『日本経済新聞』2020年 6 月 7 日）.

39）セミコンポータルによる産業分析，2019年 9 月 6 日を参照.

40）『日本経済新聞』2019年10月29日を参照.

41）経済産業省（2020）『電子機器製造の産業基盤実態等調査——マイクロエレクトロニクス産業における世界の技術動向や競争環境——』.

42）『日本経済新聞』2019年11月 7 日.

43）そこで，本節では，筆者が日中経済協会の機関誌である『日中経協ジャーナル』の「特集　日中経済産業白書」に寄稿した各年の論考を中心に，最新の考察を加味して紹介する.

44）「中国の IOT 市場と「中国製造2025」に関する日系企業のビジネスチャンス」『日中経協ジャーナル』2016年 9 月号

45)「IC 産業と同製造装置産業の現状と発展可能性について」『日中経協ジャーナル』2018年6月号．

46) リバースエンジニアリング（Reverse engineering）とは，製品を分解して解析したり，仕様や動作観察して解析したりして，行う開発方法のこと．

47) ろう付（鑞付け，brazing）とは，接合する方法である溶着の一種で，接合する部材（母材）よりも融点の低い合金（ろう）を溶かして一種の接着剤として用いる事により，母材自体を溶融させずに複数の部材を接合させる（Wikipedia より）．

48) 同社の顧客である日系半導体製造装置メーカーの監査は，板金は比較的緩いが，溶接やろう付けは厳しいという．

49) 長井滋人（2020）「数字は語る」『週刊ダイヤモンド』2020年9月19日号，p.24より．

50)「米中技術分断，中国の逆襲」『日本経済新聞』2020年9月11日より．

51)「中国経済の構造問題と第4次産業革命」（中国レポート「China Focus」No13, 2019年8月，より．

52) 陳添枝（2020）「米中貿易摩擦と供給網㊤　東アジア半導体など再構築」『日本経済新聞』2020年1月23日より．

53) 海外の高度人材招へいプログラムとしては，中央政府の「千人計画」や深セン市の「孔雀計画」などがある（『日本経済新聞』2020年11月25日参照）．また，半導体メーカーも個別に人材招へいを進めている（『日本経済新聞』2020年11月28日参照）．

54) 例えば，Apple は過度に中国に依存した従来の生産体制からの脱却を意図して，iPad の生産で中国からベトナムへの移管を計画している（『日本経済新聞』2020年11月27日参照）．

**参考文献**

猪俣哲史（2019）『グローバル・バリューチェーン――新・南北問題のまなざし――』日本経済新聞社．

今道幸夫（2017）『ファーウェイの技術と経営』白桃書房．

遠藤誉（2020）『米中貿易戦争の裏側』毎日新聞出版．

大橋英夫（2020）『チャイナ・ショックの経済学――米中貿易戦争の検証――』勁草書房．

岸本千佳司（2020）『中国半導体（IC）産業の発展状況』（Working Paper Series Vol. 2020-14）アジア成長研究所（AGI）．

近藤信一（2011）「『製造大国』から『製造強国』へ――ハイエンド機械設備製造業発展の展望――」『日中経協ジャーナル』2011年9月号，日中経済協会，pp. 16-19．

―――（2012）「戦略的新興産業の発展動向――ハイエンド設備製造業を中心に――」『日中経協ジャーナル』2012年9月号，日中経済協会，pp. 12-15．

―――（2013）「第5章　電子デバイス産業――鍵握る海外からの適切な技術移転――」『中国の産業力　その実力と課題』（日本経済新聞社からの受託研究「中国研究」報告書）日本経済研究センター，pp. 65-78．

―――（2016）「中国の IoT 市場と「中国製造2025」に関する日系企業のビジネスチャンス」『日中経協ジャーナル』2016年6月号，日中経済協会，pp. 10-13．

─────（2017）「中国の IC 産業の現状と IoT 関連ビジネスの可能性」『日中経協ジャーナル』2017年 5 月号，日中経済協会，pp. 14-17.

─────（2018）「IC 産業及び同製造装置産業の現状と発展可能性について」『日中経協ジャーナル』2018年 6 月号，日中経済協会，pp. 22-25.

─────（2019）「中国 IC 産業及び同製造装置産業の現状と構造問題の改善に向けて」『日中経協ジャーナル』2019年 5 月号，日中経済協会，pp. 18-21.

─────（2020）「中国半導体及び同製造装置産業の現状と課題」『日中経協ジャーナル』2020年 5 月号，日中経済協会，pp. 24-25.

21世紀政策研究所編（2019）『中国の産業競争力・Technology の展望』.

松村博行

---第**7**章------------

## 科学技術領域にみる米中対立の構図
### ――相互依存からデカップリングへの転換はなぜ生じたのか――

## はじめに

　トランプ政権の誕生以降，アメリカは過去20年以上にわたって深化させてきた米中両国の経済相互依存の見直しを進め，サプライチェーン，データ，通信インフラ，そして科学技術（Science and Technology）等の領域において，中国への依存度の引き下げや「脱中国化」を図る政策的取り組みを実行している．こうした取り組みは一般に「デカップリング」（decoupling）とよばれ，米中対立が激化した2018年以降，マスメディアやアカデミアだけでなく政策文書などにおいても使用頻度が高まった．

　中国をロシアとともにアメリカの安全と繁栄を侵食する「修正主義勢力」と位置づけ，「大国間競争の復活」を謳った2017年の『国家安全保障戦略』（NSS 2017）の公表以降，アメリカは経済成長と国家安全保障の基盤となる科学技術における世界的主導性の維持・強化に向けた取り組みを強化した．そこでは，「新興技術」（emerging technologies）とよばれる分野での卓越性追求が焦点化されており，そのイノベーションの振興とともに中国への技術流出阻止の徹底が企図されている．それは，輸出規制や外資規制の強化，中国人科学者・技術者に対するビザ管理の厳格化および監視強化など，新興技術のイノベーション・エコシステムから中国を排除する形で進められている．

　こうした動きに対し，中国側は当初，李克強首相が「二大経済大国を人為的に切り離そうとしても現実的ではないし，不可能だ」と主張するなど，アメリカの姿勢を批判した．しかし，米中対立が長期化する中，習近平国家主席は，国内市場を主体として外需への依存を減らす「双循環」という新しい概念を2020年に発表，科学技術についても「全面的に科学技術のイノベーションを強化して輸入と交代させる」と述べるなど，アメリカとのデカップリングに対応した

イノベーション・エコシステムの構築を加速させている（高橋, 2020：3）.

　こうした状況を目の当たりにした時, そこにはいくつかの疑問が生じる. まず, デカップリングに先立ち, アメリカはなぜ中国との「カップリング」, つまり相互依存を進めたのだろうか. 米中関係は常に友好一色だった訳ではなく, 対中政策は関与（エンゲージメント）と抑止（ヘッジ）のバランスの上に構築されてきた. その中で, 科学技術領域の相互依存はいかなる論理で推し進められたのだろうか. そして, アメリカが相互依存からデカップリングへと転換した決定的な要因は何なのだろうか. その転換は不可逆的なものなのだろうか. 本章はこうした疑問に答えつつ, 科学技術領域におけるデカップリングの今後の見通しを検討することを目的とする.

## 1　相互依存の深化

### （1）　クリントン政権による「関与拡大」

　第二次世界大戦後のアメリカと中国との科学技術をめぐる結びつきは1979年の米中国交正常化以降に始まるが, 関係強化が本格化したのは冷戦終焉後のことである. クリントン政権は, 中国の経済発展や国際経済秩序への統合を支援することで, 民主化や自由化といった国内体制の中長期的な変化を期待する関与政策を推進し, それに伴い中国への輸出規制を大幅に緩和して, 成長が見込まれる中国市場での商業的利益の拡大を図った（Meijer, 2016）.

　2000年代には, 中国との貿易拡大に伴って, 賃金の押し下げや雇用の流出, そしてアメリカ企業の知的財産権の流出などの問題が顕在化したが, ワシントンはこうした「コスト」を受容可能と判断し, 関与政策を継続した（Foot and King, 2019：41）. 中国市場へのアクセスで利益を得ていた大企業や, 中国人熟練労働者を活用することで競争力を維持していたハイテク企業は中国との経済関係の拡大を歓迎した（Kennedy, 2018）.

　この時代, 経済相互依存の深化がもたらす中国の科学技術水準の上昇はアメリカではどのように捉えられていたのだろうか. マイヤーによれば, クリントン政権期における経済的利益と国家安全保障のバランスをめぐる議論では, 「より速く走る」（Run Faster）ことで, そのジレンマを克服するというアイデアが支持されたという（Meijer, 2016：151-156）.

　中国の科学技術水準の上昇は, 同国の経済力の増大と相まってアメリカの軍

事的優位性に対するリスクになるという懸念は根強くあった．これに対し，輸出規制を緩和することでハイテク製品の輸出拡大を図り，それによって米ハイテク産業の競争力を強化することが，むしろアメリカの国家安全保障を強化するという論理がそこでは優勢となった．

　この論理の背景にあるのが，1980年代以降に進展した民生（商業）主導のイノベーションおよび「デュアルユース技術」の適用拡大というテクノロジーを取り巻く環境変化である．民生ハイテク産業の成長にともない，イノベーションの担い手が軍事分野から民生分野に移行し，革新的な技術の多くが民生分野から生まれるようになった（松村，2004）．また，こうした技術の多くは軍事と民生の両方で適用可能なデュアルユース技術であったことから，クリントン政権下では民生ハイテク産業の技術力を取り込んだ軍事研究開発体制の構築が目指された（National Economic Council et al., 1995）．

　ハイテク産業が中国市場に輸出を拡大し，そこで得られた利益を次世代技術の研究開発に還元することでイノベーションが活性化すれば，それはアメリカに経済的な利益をもたらすだけでなく軍事的優位性の維持にも貢献することになる．こうした論理から，クリントン政権は輸出管理強化によって中国のキャッチアップを阻むのではなく，最先端技術の開発競争で「より速く走る」ことを選択した．それによって，経済と国家安全保障の相克は克服できると信じられたのである．

　ただし，この戦略には2つの前提条件があった．それは，第1に，アメリカの科学技術水準が中国を凌駕し続けること，第2に経済相互依存がやがて中国の政治的，経済的自由化をもたらし，アメリカの優位性やアメリカ主導の国際秩序を受容するようになることであった（Foot and King, 2019：42）．

### （2）　人的交流の拡大

　相互依存関係の深化とともにアメリカの高等教育機関で学ぶ中国人留学生も年々増加し，2019年には2000年のおよそ6倍の37万人に達した[2]．また，出身国別でみても中国は全体の34.6％を占める最大の送り出し国で，第2位のインドの18.0％を大きく引き離している．大学院で学ぶ中国人留学生も増加し，2018年には12万9440人（うち工学・自然科学専攻が7万6980人）と過去最多を更新している[3]．さらに，2000年から2017年にかけてアメリカの大学院で工学・自然科学領域で博士号を取得した中国人は6万2813人となっており，これも出身国別で

みると 2 位のインド人（2 万7530人）の約2.3倍となっている[4].

　アメリカの大学院で博士号を取得した中国人留学生は学位取得後もアメリカに留まる割合が高いという特徴がある[5]. 中国やインドなど新興国出身者が高額の授業料を支払ってまでアメリカの大学院で学ぶのは，そこで最先端の教育・研究が期待できるからだけでなく，学位取得後に給与水準の高いアメリカ企業の雇用が期待できるからだと考えられる（Han and Appelbaum, 2016：Fig. 2）.

　これらのデータから米中両国は「人」を通じて相互依存を深めてきたことが分かる. こうした人材はSTEM（科学・技術・工学・数学）分野の労働力が相対的に不足するアメリカにおいて，大学の研究や企業の研究開発の一翼を担う貴重な人的資源となった.

　また，こうした人材の中から，中国帰国後にアメリカで得た知識や技術を活用し，ビジネスで成功する人が次々と現れた.「海亀族」とよばれるこうした人々が，中国の経済発展や科学技術水準の向上に貢献したことはよく知られている.

## （3）　対中警戒論の前景化

　オバマ政権の 2 期目が始まる頃から，中国によるアメリカの知的財産権の不正な窃取が注目されるようになった. まず，2012年から13年にかけてアメリカの軍事技術窃取が目的と見られる中国からのサイバー攻撃が続発した. その後，中国からのサイバー攻撃のターゲットがアメリカ企業の技術や機密情報にまで広がると政権や議会における対中警戒感は一気に高まり，2014年 5 月に司法省はアメリカ企業に対するサイバー攻撃に関与したとして中国人民解放軍のサイバー部隊「61398部隊」に所属する兵士を産業スパイや商業機密窃盗など31件の罪で刑事訴追した[6].

　また，この頃から中国の軍事力への警戒感も高まった. 2014年，ヘーゲル国防長官は，中国やロシアの軍事的能力の近代化によりアメリカ軍の技術的優位が損なわれつつあるとの懸念を示し，これを克服する新たな戦略として「国防イノベーション・イニシアチブ」（DII）の始動を発表した. ここで改めて示されたのが，武器の近代化を可能にする最先端技術は国防総省や国防産業の中だけでなく，アメリカ国内外の民生部門や大学などに遍在しているという認識であった[8]. 技術基盤のグローバル化にともない，ライバルも最先端のデュアルユース技術に自由にアクセスすることができる. その中でアメリカが軍事的優

位性を維持し続けるためには，こうしたデュアルユース技術をライバルに先駆けて軍事研究開発に取り入れ，実装する「ファスト・フォロワー」になるための改革が必要だと訴えた[9]．

　ここで国防長官によって示された① 中国の軍事技術のキャッチアップが進んでいる，② 軍事研究開発の基盤としてのデュアルユース技術への注目，③ 輸出管理の強化ではなく軍事イノベーション能力の向上によって中国との競争で優位に立つという認識は，この時期のアメリカの対中観を知る上で示唆的である．

　ここまで見てきたように，オバマ政権の２期目には，拡大する中国の軍事力や経済力に対する警戒感が政権および議会で共有されるようになった．また，サイバー空間を利用したアメリカ企業の知的財産権の不当な窃取に中国政府が関与しているとの疑いも強まり，オバマ大統領は首脳会談において習に繰り返し改善を迫るなど，両国関係の緊張は高まった．ただ，オバマ政権はグローバルレベルの問題解決のため，中国との協力の余地を見出す努力も継続した．また輸出管理についても「少ない品目に高い壁」の方針に基づいた改革を行い，むしろハイテク製品の輸出促進を進めた（Meijer, 2016：323-329）．総じていうなら，中国に対する警戒水準を高めつつも，科学技術領域での競争が全面的にゼロサムではないということを前提に，是々非々の対応を取っていたとみることができる．

## 2　関与政策から戦略的競争へ

### （1）　NSS2017で示された対中戦略の転換

　トランプ政権の厳しい対中認識および対中戦略は，2017年12月に公表された『国家安全保障戦略』（NSS2017）において初めて体系的に示された．この中で，中国をアメリカのパワー，影響力，利益に挑戦し，国家安全保障と繁栄を脅かす「修正主義国家」と認定し，アメリカが再び「大国間の競争」に直面していると訴えた．特に注目されるのが，競争相手国に関与し，国際機関や世界貿易に取り込むことで，それらを信頼できるパートナーに変えることができるとする関与政策が誤りだったとの認識を明確に示したことであった（The White House, 2017：2-3）．

　中国への関与政策の失敗の理由については，ホワイトハウスが発表した『ア

メリカの中国に対する戦略的アプローチ』でより明確に示されている (The White House, 2020a)．そこでは，中国の政治・経済改革の範囲を限定しようとする中国共産党の意思が強固であるため，関与拡大は中国の政治・経済の根本的な解放に至らないと結論づけられている．さらに，中国共産党が自由で開かれたルールに基づく秩序を不当に利用し，自国の利益になるように都合よく国際システムを作り変えようとしていると批判，こうした中国共産党の挑戦ゆえにアメリカは関与から戦略的競争に転換したのだと説明する．

　関与政策が失敗に終わったとの認識は民主党関係者からも示された．オバマ政権期に政府高官だったキャンベルとラトナーは，フォーリン・アフェアーズ誌に「関与政策がすべての面で誤っていた」と主張する論文を寄稿し，対中アプローチの刷新を求めた（キャンベル／ラトナー，2018）．

　NSS2017では経済相互依存と国家安全保障のバランスについて，「アメリカの繁栄と安全保障は，より広範な戦略的文脈の中で繰り広げられている経済競争によって脅かされている」との認識が示されている．これは，アメリカが互恵主義，自由市場，自由貿易という米国の原則に根ざした経済関係の構築を目指したものの，「公正さ，互恵性，ルールの忠実な遵守といった価値を軽視する国々」が，略奪的な経済慣行の下にアメリカから不当に利益を得ているという評価に基づいている．こうした挑戦に対し，「公正で自由な市場原則に従う国との経済競争と，それらの原則をほとんど考慮せずに行動する国との競争を区別する」とし，経済相互依存の見直しによる中国への対抗が示唆された (The White House, 2017：19)．

### （2）　新興技術への注目

　NSS2017は，中国による「不当な利益の獲得」は科学技術領域にも及んでいると主張した．とりわけ，中国などが「毎年数千億ドル規模でアメリカの知的財産を窃取している」ことを批判しつつ，それがサイバー攻撃などの不法な手段だけでなく，アメリカの自由なイノベーション環境を利用した専門家や企業への「合法的」なアクセスによっても行われていると訴えた．

　ここで示された中国への技術流出の懸念をさらに包括的に分析したのが，国防イノベーション実験ユニット（DIUx）から発表された『中国の技術移転戦略』である．NSS2017発表の翌月に公表されたこの報告書の特徴は，サイバー攻撃や産業スパイなどの非合法的な技術窃取だけでなく，合法的な手段によっ

ても，近未来における商業，軍事イノベーションの中核となりうる新興技術が[10]
アメリカから中国に流出しているという実態に警鐘を鳴らした点にある(Brown
and Singh, 2018).

　新興技術の多くは基礎研究や応用研究の段階にあり，具体的な製品化の見通
しがないため，当時の輸出管理制度や対米外国投資委員会 (CFIUS) による投
資審査の対象とはなっていなかった．そのため，中国がこうした技術を有する
企業の買収や，アメリカの大学に在籍する中国人大学院生や研究者からの情報
提供などによって，新興技術をあからさまに，あるいは秘密裏に取得している
と同報告書は主張した．

　新興技術についてはNSS2017でも言及されており，それは経済成長と国家
安全保障にとって重要な技術とされ，データサイエンス，暗号化，自律技術，
遺伝子編集，新素材，ナノテクノロジー，先進コンピューティング，人工知能
がそれに含まれるとされた．こうした技術はいずれもデュアルユースであるこ
とを念頭に，中国との技術開発競争で優位に立ち，国家安全保障と経済的繁栄
の双方を実現するためには，アメリカの学界，国立研究所，民間部門からなる
知識，能力，人材のネットワークを保護せねばならないと主張する．アメリカ
のイノベーションの基盤になるこのネットワークを NSS は「国家安全保障イ
ノベーション基盤」(NSIB) とよんだ．これ以降，NSIBは政策文書で繰り返し[11]
言及されており，国家安全保障会議 (NSC) が発出した『重要・新興技術のた
めの国家戦略』でも，「重要・新興技術」(Critical and Emerging Technologies: C&
ET)で世界的主導性を維持するために NSIB の振興と保護が謳われた(The White
House, 2020b).

## （3）　中国の科学技術戦略に対する懸念の源泉

　経済成長とともに中国の研究開発支出も拡大し，米中間の規模は接近しつつ
ある．全米科学財団 (NSF, 2020) によると，2000年のアメリカの研究開発支出
は中国の約8倍であったが，2010年には1.9倍にまで縮小，2017年は1.1倍とほ
ぼ肩を並べるまでになった．急拡大の背景にあるのが，自前のイノベーション
能力の獲得を目指す中国政府の取り組みである．2006年に策定された「国家中
長期科学技術発展綱要」(MLP) は，指導思想の筆頭に「自主創新」(独自のイノ
ベーション) を掲げ，海外からの技術導入に依存した工業化路線からの脱却を
目指した．さらに，中国政府は外国技術への依存度を引き下げ，中国の製造業

の高度化を目指す『中国製造2025』を2015年5月に発表，2025年までに「製造強国」の仲間入りを果たし，建国100周年の2049年までに「世界の製造強国の先頭グループに入る」という野心的なロードマップを設定した．

　「中所得国の罠」を中国が乗り越えるためには，自前のイノベーション能力を拡張し，高付加価値型産業を中心とした産業構造に移行することが必要である．そのために，研究開発支出を増額したり，「製造強国」に至るロードマップを策定したりすることは別段驚くようなことではない．しかし，『中国製造2025』は，アメリカの技術優位に挑戦する中国の野心の象徴として，アメリカの政策文書や政府高官の発言において繰り返し参照されることとなる．

　フットとキング（Foot and King, 2019）は，その理由として習に対するワシントンの不信感の高まりを指摘する．2012年に中国共産党指導部に就任して以降，習は市場改革の流れに逆行する党主導経済体制を推進したり，中国主導の地域秩序構想（「一帯一路」）を進めたりするなど，アメリカの関与政策の前提を骨抜きにするような政治姿勢を年々強めた．また，2017年10月の中国共産党第19回全国大会では，大国となった自信を背景に，2049年までに「社会主義現代化強国」を実現し，「総合国力と国際的影響力において世界の先頭に立つ」という長期目標が掲げられた．『中国製造2025』は，そうした長期目標を実現するための政策手段として見なされた．

　さらに，アメリカが懸念するのが「軍民融合」（MCF）戦略である．MCF戦略とは2016年に習によって国家戦略に引き上げられたプロジェクトで，軍事部門，民間部門が垣根を超えて技術，情報，人を共有し，双方が相互に強化し合あう，いわば富国と強兵を同時に追求する発展モデルである．アメリカを始めとした外国企業が，透明性のないMCF戦略によって知らず知らずのうちに中国の軍事研究開発プログラムにデュアルユース技術を提供してしまっている可能性が懸念されたのである（The White House, 2020a）．

　かくして，中国政府があらゆるチャンネルを利用してアメリカから最先端の知識や技術を獲得し，これを用いて次世代産業で主導的な地位を確立しつつ，あわせて軍事力の近代化を推進しようとしていると判断したアメリカ政府および議会は，この試みへの対抗手段を講じることとなった．

## 3　デカップリングへの衝動

### （1）　中国への技術流出の阻止
#### 輸出管理および投資規制の強化

中国への技術流出への対抗措置は，2019年度国防権限法（NDAA2019）に包括的に盛り込まれた．輸出管理を強化する「輸出管理改革法」（ECRA），外国企業の対米投資を審査するCFIUSの権限を拡大・強化する「外国投資リスク審査現代化法」（FIRRMA）もNDAA2019の一部として成立した．

ECRAは新たな輸出管理の対象として，発展途上ではあるが，将来軍事転用された場合に極めて大きなインパクトを与えうる「新興技術」と，成熟した技術でかつ軍事転用の可能性は低いが，国家安全保障上重要とみなされる「基盤的技術」（foundational technologies）を追加した．

それまでアメリカの輸出管理制度が対象としてきたのは，製品化を可能とする軍事転用可能な技術に限られていたが，製品化に遠い基礎研究，応用研究段階にある新興技術がECRAで輸出管理の対象となったことは，同制度の大きな転換点ともいえる．ただし，ECRAは新興技術の範囲については明確に示さず，商務省などにその特定を義務付けたため，何が新興技術に当たるのかの検討がその後2年以上にわたって続いた[12]．

FIRRMAは主にCFIUSの審査対象となる「投資」と「重要技術」の範囲を拡大した．従来，CFIUSが審査対象としていたのは，国家安全保障上の観点から懸念がある，外国人によるアメリカ企業への支配をおよぼす投資であった．審査の結果，CFIUSが安全保障上の懸念があると判断した場合には大統領に勧告し，大統領が買収の中止命令を下すかどうか判断する．FIRRMAはこの仕組みの強化を狙っており，「投資」の範囲を支配権の獲得を目指さない投資にまで拡大，さらに重要インフラやアメリカ人の機微な個人情報を有する企業への投資も新たに審査対象として指定した．また，従来から審査項目の1つとなっていた「重要技術」（critical technologies）にECRAと同じく新興技術，基盤的技術が新たに加えられた．

#### エンティティ・リストへの掲載拡大

商務省のエンティティ・リスト（EL：アメリカの安全保障，外交政策上の利益に反

する組織が掲載されるリスト）への中国企業・組織等の掲載拡大よるアメリカ製ハイテク製品，技術の禁輸措置拡大も図られた．特に標的とされているのがファーウェイ（華為技術）である．アメリカ政府はファーウェイと中国政府との間に密接な関係があると見ており，下院の情報特別委員会（HPSCI）は，同社の機器やサービスをアメリカの通信インフラから排除することを勧告する報告書を2012年の段階ですでに議会に提出していた（HPSCI, 2012）．

　とりわけ，膨大なデータを超高速で送信できる次世代通信規格「5Gネットワーク」においてファーウェイが世界的にシェアを拡大する中，アメリカは中国政府が世界のあらゆる情報にアクセスすることが可能となることなどを理由に，ファーウェイ社製品の排除を国内だけでなく同盟国などにも広く呼び掛けた．

　また，商務省は2019年5月にファーウェイとその子会社68社をELに掲載し，同社に対しアメリカ製半導体をはじめとするハイテク製品の禁輸措置を実施したりするなど締め付けを強化した．この規制は第三国の企業にも域外適用されるため，ファーウェイは台湾積体電路製造（TSMC）や韓国のサムスン電子など，アメリカ製の半導体製造装置等を使用する企業からの半導体供給も断たれた．

　その後，ELへの掲載がMCF戦略や『中国製造2025』などの国家プロジェクトに関与すると見られる中国企業にまで拡大されたことなどから，アメリカ政府はELを活用し，中国政府主導の科学技術戦略の阻止ないし遅延を狙っているものとみられる[13]．

### 人の管理強化

　アメリカ政府は，中国政府が在米の中国人研究者や大学院生などを通じて新興技術等の情報を体系的に収集する複数のプログラムが存在すると見て，こうしたルートの遮断に乗り出した．特に注目されたのが，2008年にスタートした「千人計画」（国家海外高級人材導入計画）とよばれる中国の人材獲得計画である．「千人計画」の下で中国の大学や研究機関と契約を交わした研究者が，その事実を隠しながらアメリカ国内で研究活動を行い，「アメリカ人の税金」を使って得られた研究成果を中国に横流ししている実態などが議会の調査によって明らかにされた（U. S. Senate, Permanent Subcommittee on Investigations, 2019）．

　こうした事態への対応として，トランプ政権は航空，ロボット工学，先進製

造業に関わる研究を行う中国人大学院生に対して，ビザの有効期間を5年から1年に短縮する決定を2018年6月に行った．さらに，2020年5月，中国が進めるMCF戦略や人民解放軍との関連が懸念される中国人留学生（学部生は除外）を対象に，研究成果や知的財産の窃取を防ぐ狙いから入国の禁止を命じる宣言を発出した．これに基づき，9月に国務省はリスクが高いと判断した約1000人のビザの取り消しを行った．

　また，アメリカ国内の人材を通じた中国への技術流出を阻止するために，司法省は2018年に専門チーム「チャイナ・イニシアチブ」を設置し，連邦捜査局（FBI）と共同で企業秘密の窃取，ハッキング，経済スパイ行為を特定・起訴するための活動を積極化した．さらにFBIは国立衛生研究所（NIH）などの研究費助成機関に対し，助成している研究者の監視を強化するよう周知したり，大学に対しても学内で雇用する外国人の身元確認などの徹底を呼び掛けたりするなど，注意喚起を強化している．

### （2）　中国の対抗措置

　本章では，アメリカによる中国依存度の引き下げのプロセスを見てきたが，中国側にも「デカップリング」の衝動は見られる．そもそも，「自主創新」も『中国製造2025』も，最先端技術の海外依存度の引き下げを狙ったものであり，アメリカへの過度の依存が経済および安全保障上の脆弱性となるという認識は中国側にもあった．サットマイヤーは，アメリカの「デカップリング」は中国に独自のイノベーションシステム構築の覚悟を迫ることとなり，結果的にこれが中国のイノベーションシステムの多様な部分の統合を効果的に刺激する可能性があると指摘する（Suttmeier, 2020：61）．つまり，アメリカからの圧力が，これまで有機的な連携を欠いていた中国科学院や大学などの科学界と産業界の関係強化をもたらすきっかけになり得るというのである．

　とはいえ，アメリカからの技術断絶によっていくつかの産業分野では技術水準やイノベーションの停滞が生じるかもしれない．特に，アメリカが半導体の輸出規制を強めたことは，高性能半導体を国産化できていない中国の弱点を突いた形となっている．2018年にアメリカ製半導体の禁輸という制裁を受けた中興通訊（ZTE）は，これにより主力製品であるスマホなどが生産できなくなり，経営危機に陥った（ZTEショック）．最終的に，アメリカ政府の要求を全面的に受け入れることで制裁は解除されたが，この事件はコア技術をアメリカに

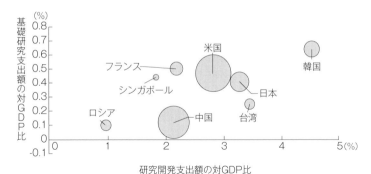

図7-1　主要国の研究開発支出額（2017年）

（注）円の大きさは研究開発費を表す.
（出所）経済協力開発機構（OECD）"Main Science and Technology Indicator" に基づき
　　　筆者作成〈http://www.oecd.org/sti/msti.htm〉2021年1月21日アクセス.

依存することの脆弱性を改めて浮き彫りにした.

　中国政府はこうした弱点の克服を目指して半導体の国産化を加速させようと
するが，アメリカ商務省は2020年12月に半導体受託生産最大手の中芯国際集成
電路製造（SMIC）もELに加えるなど，中国の高性能半導体の国産化を阻止す
る構えを崩していない.

　また，中国の研究開発支出が概ねアメリカと同水準になったとはいえ，基礎
研究の弱さは中国のイノベーション・エコシステムの弱点である．クローバー
は，中国政府の「自主創新」の実現を図るこれまでの政策は，「イノベーショ
ン」を「国産化」と混同しており，輸入された製品やサービス，アイデアへの
依存を減らすことが焦点化されてきたという（クローバー，2018：86-87）．こうし
た傾向は『中国製造2025』でも見られ，その本質は輸入代替工業化戦略の現代
版に過ぎず，研究開発の目標とゴールを政府が決めてしまっている点で，おお
よそイノベーションの振興とはいえないとの指摘もある（丸川，2019）.

　さらに，サットマイヤーは国家によって科学技術上のニーズやゴールが設定
される権威主義的体制と，研究者の自由や自治を特徴とする科学の文化とはう
まく調和しない可能性が高く，また「迅速な成功と短期的な利益」を重視する
文化が，基礎研究への投資拡大に対する社会的合意を難しくするという可能性
を指摘する（Suttmeier，2020：59-62）.

　このように，基礎研究の弱さやイノベーション文化の未成熟を指摘する声は

多いものの，最新のコア技術を持つ外国企業を買収することが今後ますます困難になり，またアメリカへの依存がもたらす経済，国家安全保障上の脆弱性が改めて顕在化した以上，たとえアメリカのデカップリング路線に変化があったとしても，科学技術領域における対米依存度を低減させようと中国が試みるのは必然といえるだろう．デカップリングへの衝動は中国側にも存在するのである．

　すでに中国は研究開発支出，STEM 人材，出版物，特許などの科学技術に関する量的指標においていずれも世界トップの水準にある．こうした財政的，人的，制度的資源の活用により，中国独自のイノベーションシステムが構築され，「中国原産イノベーション」(indigenous innovation) の実現にむけた国家的な取り組みは加速するものとみられる．

## （3）　新興技術の卓越性追求のための戦略

　中国への技術・情報の移転制限とあわせて，アメリカ政府は科学技術の優位性を維持するため，NSS2017で言及されていた NSIB の強化にも乗り出した．その道筋として，「重要・新興技術」(C&ET) のイノベーション活性化に最優先で取り組むことを明確に示したのが，前出の『重要・新興技術のための国家戦略』(以下，『国家戦略』) であった (The White House, 2020b)．

　C&ET は「軍事，情報，経済の優位性を包含するアメリカの国家安全保障上の優位性にとって重要，または重要になる可能性があると NSC が特定，評価した技術」と定義され，2020年に20分野が選定された[14]．それらの中で，トランプ政権は，人工知能 (AI)，量子情報科学 (QIS)，先進製造業，先進通信ネットワーク，バイオテクノロジーを「未来の産業」(Industries of the Future : IotF) とよび，① アメリカの繁栄，② 生活の質と国家安全保障の向上，③ 高賃金の雇用の創出などが期待できる重要な産業と位置付けた．ホワイトハウスの年次 R&D 予算優先順位覚書では，2020会計年度分から 3 年連続で IotF は最優先の課題とされた．議会もこれに呼応し，2021年度国防権限法 (NDAA2021) に「2020年未来の産業法」(Sec. 9412) を盛り込み，この中で「未来の産業」に関わる民生分野の研究開発に対して2025会計年度まで毎年100億ドルの連邦政府予算を投じること，さらに人工知能と量子情報科学への研究開発予算を2022年度までに 2 倍にすることなどを求めた．

　研究開発予算の増額のほかに，『国家戦略』は① 政府一体となった取り組

み，② 国内の諸アクター間のネットワーク強化，③ 同盟国や友好国との連携強化などを優先事項として挙げた．重要なイノベーションが国内外の多様な場で生じていることを前提に，国内外の多様なアクターとC&ETを媒介として連携を強化することで，アメリカはNSIBの強化を目指している．

　アメリカが科学技術上の「外的ショック」に対抗するために「全米的対応」を訴えるのは，これが初めてではない．古くは「スプートニク・ショック」が想起されるし，日本を対象としたいわゆる「競争力論争」においても，こうした全米の研究開発資源のネットワーク化が叫ばれた．『国家戦略』では，そのネットワークを国内だけでなく同盟国・友好国にも広げることで，C&ETにおけるアメリカの優位性を獲得することを謳っている．

　その際，アメリカは同盟国やパートナーとは「相互利益，チームワーク，安全保障，投資比例を基盤とする協力」を推進し，「C&ETのリーダーとして，同盟国やパートナーの技術エコシステムに貢献」するとしている．ここで繰り返し示されているのが市場志向で互恵を基本とする民主主義的価値に基盤を置いた協力関係であり，それは「技術の盗用，企業に対する知的財産の開示強要，研究開発プロジェクトにおける相互アクセスの提供拒否，民主主義的価値観に反する権威主義的な慣行の推進」などを特徴とする中国モデルへのアンチテーゼとして強調されている．

## おわりに

　アメリカの対中関与政策は，その前提として関与を深めることで中国国内の民主化，自由化が実現するとの期待があった．もちろん，それはアメリカ側が勝手に抱いた期待でしかないのだが，それでもNSS2017等で関与政策を明確に否定した以上，今後再び2017年以前の対中政策に戻ることは考えにくい．それに伴い，科学技術領域での相互依存の前提も崩壊した．

　また，「より速く走る」という戦略はアメリカと中国の科学技術水準の格差を前提としていたため，両者間のギャップが縮小した今日においてはもはや成り立たない．中国がアメリカのパワー，影響力，利益に挑戦する修正主義国家だとする認識がワシントンで共有される中でアメリカが選択したのは，科学技術の主導性をめぐる競争に勝利するため，イノベーション・エコシステムから中国を「切り離す」ことであった．その際に焦点化された新興技術は，次世代

の産業，軍事の様相を一変させる「ゲームチェンジャー」となり得るデュアルユース技術であり，その卓越性の追求がアメリカの国家戦略となった．

　そもそも，戦略的競争関係にある 2 国間の相互依存は，それ自体が経済，国家安全保障における脆弱性になることを米中両国ともが認識した．アメリカは，グローバルでオープンなイノベーション・エコシステムがもたらすメリットを享受しつつも，それを通じて技術や知識が合法的・非合法的に中国に流出し，これがライバルの科学技術水準の向上をもたらしたと見る．

　他方，中国も自国民のアメリカでの留学や就労によってハイレベル人材の育成を実現し，またアメリカ企業からの技術導入や企業買収などによって科学技術水準の向上を果たしたが，他方で高性能半導体の輸出規制強化によって途端に生産が滞るなど，ハイテクでのアメリカ依存が経済や国家安全保障における脆弱性となることを改めて認識した．

　互いの影響から逃れようとするデカップリングの衝動は，相互依存のプロセスそれ自体に内包されていたと見るべきだろう．ファレルとニューマンは，相互依存によって，むしろ政府や企業の行動が他国に制限されるようになった状況を「鎖につながれたグローバル化」とよんだ（ファレル／ニューマン，2020）．そこから逃れるため，米中両国ともに科学技術における自立性と自給自足をもとめて，相手に対する依存度の低減と相手からのアクセス制限を試みる．

　しかし，サットマイヤーは，40 年に及ぶ科学協力と教育交流によってイノベーションシステムにおける米中の結びつきは複雑なものとなっているため，そのデカップリングは容易ではないという（Suttmeier, 2020 : 59）．確かに，STEM 人材だけを見ても，アメリカでは中国出身者への依存の度合いが小さくない．中国人 STEM 人材のデカップリングは，後詰めの人材をいかに手当てするのかという議論とセットで進めなければならないが，少なくとも短期的にはアメリカにその見通しがあるとは思えない．

　また，『重要・新興技術のための国家戦略』で見られたように，アメリカの新興技術の振興および管理は，同盟国・友好国との協力を前提として構築されている．同盟国の多くは，新興技術の輸出管理強化の必要性については同意するだろうが，各国が中国との経済関係の継続を前提とする限り，常にアメリカの求める規制の水準に同調するとは限らない．また，NSIB への協力も，自国と中国との関係や利益のバランスを見極めた上での，是々非々の対応となるだろう．

　アメリカは中国をイノベーション・エコシステムから切り離す十分な理由を持っているように見えるが，完全に関係を途絶することが不可能である以上，アメリカの優位性維持に寄与する領域に限定した選択的なデカップリングが現実的な戦略となるだろう．

### 注

1）『日本経済新聞』2019年3月5日

2）Open Doors "2020Fast Facts" による．なお，中国で学ぶアメリカ人留学生数は2017年度で1万1639人となっており，渡航先順位では第7位となっている．〈https://opendoorsdata.org/wp-content/uploads/2020/05/Open-Doors-2020-Fast-Facts.pdf〉2020年12月25日アクセス．

3）National Science Foundation（2019）*Higher Education in Science and Engineering*, Table S 2 – 14〈https://ncses.nsf.gov/pubs/nsb20197〉2020年12月25日アクセス．

4）National Science Foundation（2019）*Science and Engineering Labor Force*,Table 2–4〈https://ncses.nsf.gov/pubs/nsb20198/〉2020年12月25日アクセス．

5）2006－8年にアメリカで博士号を取得した中国出身者（香港も含む）のうち，10年後もアメリカに留まっていた人の割合は90%に達し，これは全外国人平均の72%よりもかなり高い．National Science Foundation（2019）*Science and Engineering Labor Force*, Table3–22.〈https://ncses.nsf.gov/pubs/nsb 20198/immigration-snd-the-s-e-workforce〉2020年12月25日アクセス．

6）『日本経済新聞』2014年5月21日．

7）Secretary of Defense Speech, Reagan National Defense Forum Keynote（Nov. 15, 2014),"An initiative that we expect to develop into a game-changing third 'offset' strategy."〈https://www.defense.gov/Newsroom/Speeches/Speech/Article/606635/〉2020年12月25日アクセス．

8）DII は「第3のオフセット」（Third Offset Strategy）を実現する道筋として策定された．詳細は森聡（2016）「米国の『オフセット戦略』と『国防革新イニシアティヴ』」国際問題研究所『米国の対外政策に影響を与える国内的要因』を参照．

9）ボブ・ワーク副長官の演説より．Remarks by Deputy Secretary Bob Work on Third Offset Strategy, April28, 2016,〈https://www.defense.gov/Newsroom/Speeches/Speech/Article/753482/remarks-by-d%20eputy-secretary-work-on-third-offset-strategy/〉2020年12月25日アクセス．

10）新興技術の範疇として，人工知能（AI），自律走行車，拡張／仮想現実，ロボット工学，ブロックチェーン技術などが例示された．

11）NSIB については，Ronald Reagan Institute（2019）による「資本，研究，知識，能力，政策，インセンティブ，人材のエコシステムで構成されており，アイデアをイノベーションに変え，発見を有用な技術や製品に変えて国家安全保障を守る基盤となる．NSIB には，国家安全保障関連の機関や組織，国立研究所，連邦資金による研究開発セ

ンター（FFRDCs）と大学付属研究センター（UARCs），高等教育機関，伝統的な防衛プライム企業，商業部門，ベンチャー・キャピタル，そしてアメリカの同盟国やパートナーの革新的なシステムなど，多様なセグメントが含まれている」という説明がもっとも網羅的である．

12）商務省は新興技術のリスト策定に先立ってパブリックコメントを募る際，① バイオテクノロジー，② 人工知能および機械学習技術，③ 測位技術，④ マイクロプロセッサ技術，⑤ 先進コンピューティング技術，⑥ データ分析技術，⑦ 量子情報・量子センシング技術，⑧ ロジスティクス技術，⑨ 3 D印刷，⑩ ロボット工学，⑪ 脳コンピュータインターフェース，⑫ 極超音速，⑬ 先進材料，⑭ 先進監視技術を代表的なカテゴリーとして例示した．Department of Commerce, Bureau of Industrial Security（2018）"Review of Controls for Certain Emerging Technologies", 〈https://www.federalregister.gov/documents/2018/11/19/2018-25221/review-of-controls-for-certain-emerging-technologies〉2020年12月 3 日アクセス．

13）中国が完全国産化を目指す航空宇宙分野においても，中国の航空機産業のサプライチェーンを構成する有力企業を「軍事関連企業」に指定し，輸出規制の強化を図っている．『日本経済新聞』2020年12月22日．

14）The White House（2020b）では，① 先進コンピューティング，② 先進通常兵器技術，③ 先進工学素材，④ 先進製造業，⑤ 先進センシング，⑥ エアロエンジン技術，⑦ 農業技術，⑧ 人工知能，⑨ 自律システム，⑩ バイオテクノロジー，⑪ 化学・生物・放射線・原子力（CBRN）緩和技術，⑫ 通信ネットワーク技術，⑬ データサイエンスとストレージ，⑭ 分散型台帳技術，⑮ エネルギー技術，⑯ ヒューマン－マシンインターフェース，⑰ 医療公衆衛生技術，⑱ 量子情報科学，⑲ 半導体・マイクロエレクトロニクス，⑳ 宇宙技術がC&ETとして指定された．

## 参考文献

キャンベル，カート・M.／イーライ・ラトナー（2018）「対中幻想に決別したアプローチを──中国の変化に期待するのは止めよ──」『フォーリン・アフェアーズ・リポート』2018年 4 月号．

高橋邦夫（2020）「『双循環』とは？」国際戦略研究所『中国情勢月報』No. 2020-05.

ファレル，ヘンリー／アブラハム・L. ニューマン（2020）「鎖につながれたグローバル化──サプライチェーン，ネットワークと経済制裁──」『フォーリン・アフェアーズ・リポート』2020年 2 月号．

松村博行（2004）「軍民統合の政治経済学」関下稔・中川涼司編著『IT の国際政治経済学──交錯する先進国・途上国関係──』晃洋書房．

丸川知雄（2019）「『中国製造2025』と中国のハイテク産業の現状」郭四志編著『米中摩擦下の中国経済と日中連携』同友館．

Brown, M. and P. Singh（2018）*China's Technology Transfer Strategy : How Chinese Investments in Emerging Technology Enable a Strategic Competitor to Access the Crown*

*Jewels of U.S. Innovation*, Defense Innovation Unit Experimental.

Foot, R. and A. King（2019）"Assessing the deterioration in China—U.S. relations : U.S. governmental perspectives on the economic-security Nexus, " *China International Strategy Review*, Vol. 1.

Han, X. and R. P. Appelbaum（2016）"Will They Stay or Will They Go? International STEM Students Are Up for Grabs, " Ewing Marion Kauffman Foundation.

Kennedy, A. B.（2018）*The Conflicted Superpower : America's Collaboration with China and India in Global Innovation*, Columbia University Press.

Kroeber, A. R.（2016）*China's Economy : What Everyone Needs to Know,* First Edition, Oxford University Press（東方雅美訳『チャイナ・エコノミー』白桃書房，2018年）.

Meijer, H.（2016）*Trading with the Enemy : The Making of US Export Control Policy Toward the People's Republic of China*, Oxford University Press.

National Economic Council, National Security Council and Office of Science and Technology Policy（1995）*Second to None : Preserving America's Military Advantage Thorough Dual-Use Technology.*

National Science Foundation（2020）*The State of U.S. Science and Engineering 2020.*

Ronald Reagan Institute（2019）*The Contest for Innovation : Strengthening America's National Security Innovation Base in an Era of Strategic Competition.*

Suttmeier, R. P.（2020）" Chinese Science Policy at a Crossroad, " *Issues in Science and Technology*, Vol. 36, No. 2.

The White House（2017）*National Security Strategy 2017.*

―――（2020a）*United States Strategic Approach to the People's Republic of China.*

―――（2020b）*National Strategy for Critical and Emerging Technology.*

U.S. House of Representatives Permanent Select Committee on Intelligence（HPSCI）（2012）*Investigative Report on the U.S. National Security Issues Posed by Chinese Telecommunications Companies Huawei and ZTE.*

United States Senate Permanent Subcommittee on Investigations, Committee on Homeland Security and Governmental Affairs（2019）*Threats to the U.S. Research Enterprise : China's Talent Recruitment Plans.*

# ——第 8 章——
# 米中経済のデカップリングとアメリカ製造業の「復活」
## ——サプライチェーンの再構築と国内回帰——

井 上 　 博

## は じ め に

　貿易赤字の削減を公約として登場したトランプ大統領は，2017年の就任当初より最大の貿易赤字国である中国に対して赤字削減のための通商交渉を展開してきた．2017年4月には中国と「100日計画」で合意し，赤字削減交渉が進展する可能性を見せていた．しかし，2018年に入るとトランプ政権の対中政策は大きく転換することとなる．政権内でのChina Hawksと呼ばれる対中強硬派の台頭により，対中政策はこれまでの相互依存を基本とした関与政策から「地政学的競争」相手として対抗する政策へと転換する[1]．

　米中摩擦の出発点は貿易不均衡の是正を中心としたものであり，追加関税による制裁を政策手段としていた．しかし，米中摩擦は単なる貿易不均衡問題ではなく，中国の生産能力の拡大と技術的キャッチアップ，さらに先端技術や軍事技術の育成強化政策により，「地政学的競争」相手として中国を位置づけ，中国経済を切り離すデカップリングが現実的な政策課題とされるにいたっている[2]．デカップリングはサプライチェーンの分断，技術的な切り離し，デジタル・データの国際移動と管理など，さまざまなレベルで考察する必要がある．

　トランプ政権による対中国追加関税の実施はグローバルに張り巡らされたサプライチェーンから中国を切り離すことにより，アメリカの対中国依存削減とサプライチェーンの再構築を進めようとするものである．これは経済的なグローバル化とアメリカ企業のグローバルなサプライチェーンの再編成を必要とする．すでに製造拠点としての中国に大きく依存しているアメリカは経済的な効率性を損なうことなくデカップリングを実現することができるのだろうか．デカップリングは大きなコストを伴うものであり，グローバルな経済成長を阻害するとして否定的な見解が多数を占めているが[3]，アメリカにとって米中デ

カップリングは容易に変更できない路線であり，これにアメリカ企業がどのように対応するのかが課題である.[4)]

　そこで本章では，まず2018年から実施された4弾に及ぶ対中国追加関税の実施により，2019年に大幅に減少した対中輸入に対して，それが他国からの輸入にどの程度代替されたのかを明らかにする．次に特に先端技術製品における米中貿易の特徴とこれへの影響を検討する．そして最後にアメリカ国内の製造業産出額の推移から，アメリカ製造業の「復活」と対中輸入の国内生産による代替可能性の程度を検討する．これによって米中経済のデカップリングとサプライチェーンの再構築の現状と今後の可能性を展望する．

## 1　対中輸入減少と輸入先のシフト

### （1）　マクロ経済から見た貿易赤字問題

　マクロ経済から見ると，一国全体の貿易収支は必ずしも通商上の問題ではなく，国内の貯蓄と投資のバランスによって決定される．国内総生産（GDP）を経済全体の支出の面からとらえると，

　　　GDP＝消費＋投資＋政府支出＋（輸出－輸入）

と表すことができる．経済全体の所得は消費か貯蓄に回るか，あるいは税として徴収されるので，

　　　GDP＝消費＋貯蓄＋税

と表すことができる．したがって，

　　　輸出－輸入（財・サービス貿易収支）＝（貯蓄－投資）＋（税－政府支出）

となる．この等式が表現しているのは，貿易収支が国内における民間の貯蓄・投資バランスおよび政府の貯蓄・投資バランス（財政収支）の和と等しくなるということである．つまり，民間と政府を合わせた国内の投資が貯蓄を上回れば，貿易収支は必然的に赤字となるということであり，仮に特定の国との貿易赤字が減少したとしても，国内の貯蓄・投資バランスに変化がなければ他の国との貿易収支が悪化することになり，一国全体としての貿易赤字は削減されない．貿易収支に海外所得収支を加えた経常収支も，海外所得収支を加えた国内

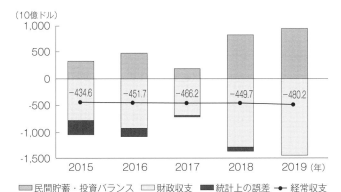

**図8-1　アメリカの経常収支と貯蓄・投資バランス**

（出所）U.S. Bureau of Economic Analysis より作成.

の貯蓄・投資バランスと一致するので同様のことがいえる[5].

　図8-1で過去5年間のアメリカの経常収支と貯蓄・投資バランスを確認すると，それぞれの金額がほぼ一致していることがわかる．アメリカの貯蓄・投資バランスは，民間部門の貯蓄超過を大幅に上まわる財政赤字が続き，特にトランプ政権が実施した大幅減税と財政支出の拡大により財政赤字が急速に拡大し，民間貯蓄の増加にもかかわらず，国内の貯蓄・投資バランスは2018年が4724億ドル，2019年が5096億ドルのマイナスとなっている．

　一方経常収支を見ると，2018年が4497億ドル，2019年が4802億ドルの赤字となっており，中国に対する追加関税による輸入削減によってもアメリカ全体としての経常収支赤字は減少せず，むしろ増加している．アメリカが貿易赤字（経常収支赤字）を本気で削減したいのであれば，大幅な財政赤字の削減などによって国内の貯蓄・投資バランスを改善しなければならない[6].

　米中デカップリングの推進という点から見るならば，中国に対する追加関税の実施がアメリカの全体としての貿易赤字の削減をどの程度可能にするのかということではなく，対中貿易赤字の削減によって対中輸入依存度を引き下げることがどの程度可能であるのかということである．つまり，対中輸入減少分を他国あるいは国内生産にどの程度代替することができるのかが問題なのである．

## （2）　国別・地域別にみた輸入先のシフト

2018年以降の米中貿易戦争による関税引き上げは，アメリカの対中輸入を大幅に減少させた．2019年の対中輸入額は2018年の5628億ドルから4719億ドルへと約910億ドルもの大幅な減少を記録した．ジェトロの試算によれば，アメリカ通商代表部（USTR）が2018年7月から段階的に発動した追加関税リスト1－4Ａの対象となった品目の合計輸入額（通関ベース）は前年比24．2％減で，その減少額は対中輸入減少額874億3200万ドルの75.7％に相当する662億ドルであった．中でも，追加関税対象品目の5割弱を占める機械機器（HS第84－91類）は，30.6％減と大きく落ち込んだと指摘されている[7]．

この間のアメリカの財輸入総額も2018年の2兆6093億ドルから2兆5674億ドルに約420億ドル減少しているのであるが，その内訳を見ると，石油・ガスの輸入が315億ドル減少しており，これが2019年のアメリカの輸入減少の約75％を占めている．対中関税引き上げ対象の中心である製造業からの輸入（以下では製品輸入とする）総額は219億4800万ドルの減少にとどまっている．したがって，本章では対中輸入の減少とその影響を製品輸入に絞って検討する．

中国からの2019年の製品輸入額は2018年から914億8000万ドル減少しており，対中輸入総額の減少額909億3100万ドルを上回っている．つまり，中国からの輸入減少はほぼすべて製造業によるものであるということである．中国からの製品輸入の減少により，アメリカの製造業における対中輸入比率は2018年の24.7％から2019年には20.8％へと大幅な低下となった．一方で，アメリカの製品輸入総額は219億4800万ドルの減少にとどまっている．したがって，米中貿易戦争による中国からの製品輸入減914億7900万ドルと製品輸入総額の減少分の差額である695億3100万ドルは中国以外からの輸入によって代替されたということを意味している．これは対中製品輸入減少額の76％に相当する[8]．

国および地域別に輸入額の変化を見ると，中国を除くアジアが371億8600万ドルと大幅な増加となっており，対中輸入減少分の約41％に相当する額である．アジアの中では特にベトナムが突出しており，185億8600万ドルと大幅な増加となっている．さらに，台湾が87億1600万ドル，韓国が37億6200万ドル，タイが17億400万ドル，台湾が16億5200万ドルなどとなっている．アジアに次いで輸入増加となっているのはヨーロッパで，242億8500万ドルの増加である．さらにメキシコが142億9400万ドルの増加であり，国別ではベトナムに次ぐ輸入増加を示している．

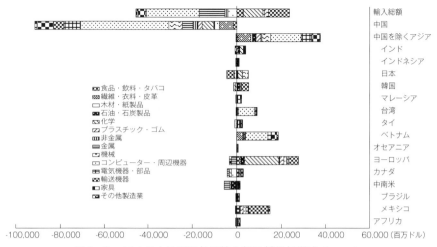

図 8 - 2　アメリカの2019年の輸入額の対前年増減（製造業）

（出所）U.S. Census Bureau, USA Trade Online, NAICS Discrict-level Data より作成.

### （3）　産業部門別にみた輸入先のシフト

　輸入が増加した国や地域については，必ずしもそれが米中摩擦の直接の結果であるというわけではない．そこで図 8 - 2 によって製造業部門別に対中輸入が減少した製造業部門ごとに，それがどの国からの輸入に代替されたのかをみてみよう．

　中国からの輸入はすべての部門で減少しているが，その中でも最も減少しているのはコンピューター・周辺機器である．この部門の輸入減は402億6200万ドルであり，対中輸入減少分の実に44％を占めている．この部門で輸入が増加したのはベトナムの99億8300万ドル，ついで台湾の70億3500万ドル，ヨーロッパの12億2300万ドル，メキシコの12億2000万ドルなどとなっており，総額で213億3000万ドル増加している．これは対中輸入減少分の53％に相当する．また，44％はアジアの低コスト国によって代替された．他方では日本から 8 億9200万ドル，タイから 8 億200万ドル，韓国から 6 億8600万ドルなど輸入が減少したため，アメリカの輸入総額は237億3800万ドル減少した．

　次に電気機器・部品では，対中輸入が77億5300万ドル減少したのに対して，ベトナムが14億3800万ドル，マレーシアが11億8300万ドル，タイが 6 億4800万ドル，台湾が 4 億95000万ドル増加し，中国を除くアジアが47億900万ドル増加

して対中減少分の61％を代替した．この部門のアメリカの輸入総額は5億8700万ドルの減にとどまっている．

　機械では対中輸入減の60億8300万ドルに対して，日本の25億7300万ドルを含めた中国を除くアジアからの輸入が38億5600万ドル増加して対中減少分の63％を代替しており，さらにヨーロッパの18億8800万ドル，メキシコの12億5700万ドル増によって，輸入総額は16億7400万ドル増加している．

　繊維・衣料・皮革では対中輸入減の64億7700万ドルに対しては，中国を除くアジアからの57億3500万ドルの輸入増で約89％が代替されている．

　一方，日本やヨーロッパ，南米諸国を含めて追加関税が実施された鉄鋼・アルミニウムを含む金属製品については，対中輸入47億6600万ドル減を大幅に上まわる輸入総額114億66万ドルの減少となっており，対中輸入減少分は他国からの輸入によって代替されることはなかった．

　また，輸送機器はメキシコが85億3900万ドル，ヨーロッパが43億1000万ドル，韓国が31億4000万ドル増加し，45億1900万ドルの対中輸入減を大幅に上回って輸入総額が95億1100万ドル増加している．

　化学でも対中輸入の51億8500万ドル減に対してヨーロッパが152億8100万ドル増加し，輸入総額が87億3600万ドルの大幅増加となっている．

　2018年から2019年の対米輸入の状況について米中経済のデカップリングの可能性という観点から見るならば，対中輸入が減少した部門の中で，電気機器・部品では61％，繊維・衣料では89％がそれぞれアジアの低コスト国によって代替されたことになる．また，輸送機器や機械は，メキシコやヨーロッパからの輸入が対中輸入の減少分を大幅に上回っており，対中輸入制限の影響は限定的であるということがいえるだろう．しかしながら，対中輸入の中心であるコンピューター・周辺機器ではベトナムを筆頭にアジアの低コスト国からの輸入が大幅に増加しているとはいえ，輸入減少分は全体として53％の代替に止まり，アジアの低コスト国による代替は44％に過ぎず，日本や韓国，タイなどからの輸入減により，対中輸入減を補うことができず全体として大幅な輸入減となった．

## 2　ATP貿易における米中関係

### （1）　ATP貿易収支にみる米中関係の特徴

そこで次にコンピューター・周辺機器を含めた先端技術製品（Advanced Technology Products：ATP）における米中貿易の推移を検討しよう．

ATPは① バイオテクノロジー，② ライフサイエンス，③ オプト・エレクトロニクス，④ 情報通信，⑤ エレクトロニクス，⑥ フレキシブル・マニュファクチャリング，⑦ 先端材料，⑧ 航空宇宙，⑨ 武器，⑩ 原子力技術の10部門に分類された先端技術製品から構成されている．これらは製造業分野において特に高度な技術を必要とする製品であり，こうした製品の国内生産や貿易動向はその国の技術水準を反映しているということができる．

はじめに，アメリカの1989年以降のATP貿易収支の推移をみると，1991年の383億8900万ドルの黒字をピークに黒字が減少傾向となり，2002年に初めて165億8400万ドルの赤字を記録した．それ以降は急速に赤字を拡大し，2011年には987億1700万ドルの赤字となった．財貿易赤字総額が一貫して大幅に拡大し続けてきたのに対して，ATP貿易赤字は2011年から2016年まではほとんど横ばいで推移したが，2017年以降は再び拡大傾向を示し，2019年には過去最大の1327億9300万ドルの赤字となった．

次に，対中ATP貿易について2010年以降の推移をみると，対中ATP貿易収支は一貫して赤字であり，2010年の赤字は942億1800万ドルで対世界の赤字額817億6700万ドルを上回り，その後も対中赤字が対世界赤字を上回り続け，2018年には対世界赤字1293億7200万ドルに対して，対中赤字が1346億3300万ドルとなった．しかし，2016年以降は赤字総額の伸びに比べると，対中赤字の伸び率は低下し，2018年と2019年は赤字が減少している．

対中赤字の大きな要因はいうまでもなく輸出に対する輸入の大幅な超過にあるが，2010年から2019年にかけてアメリカの対中ATP輸出のATP輸出総額に占める割合が7％から10％程度に過ぎないのに対して，対中ATP輸入の割合は32％から37％近くに達しており，先端技術製品においても中国依存が高まっていることを反映しているということができるだろう．

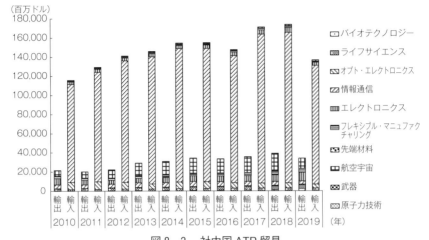

図8-3　対中国 ATP 貿易

（出所）U.S. Census Bureau, Trade in Goods with Advanced Technology Products より作成.

## （2）　部門別対中輸出入構成とその特徴

　次に，図8-3で部門別の対中輸出入構成について具体的に検討する．輸出
総額は2010年の214億5500万ドルから2018年の391億4100万ドルにまで年々増加
していたが，2019年には339億1200万ドルに減少した．部門別の内訳を見る
と，2010年にはエレクトロニクスが30.3％，航空宇宙が27.0％，情報通信が
18.8％でこの3部門で71.1％と大半を占めていた．2019年になると，貿易摩擦
の影響を反映して輸出額は減少しているが航空宇宙が31.0％と最大となり，情
報通信は9.9％と2010年のほぼ半分にまでその比率を低下させている．情報通
信部門の輸出額も2015年の51億7800万ドルをピークに減少し続けており，2019
年には33億5600万ドルにまで減少した．これは貿易摩擦による影響だけではな
く，この部門における中国の対米依存の低下を反映していると考えられる．こ
れに代わって輸出を大幅に拡大したのがバイオテクノロジーであり，2010年に
は1億6800万ドルでわずか0.8％に過ぎなかったが，2019年には22億8600万ド
ルで，輸出総額の6.7％を占めるまでにまで拡大してきた．中国の先端技術分
野におけるバイオテクノロジーの開発と技術導入が急速に進展していることを
反映している．
　これに対して部門別の輸入では圧倒的に情報通信に偏っていることがわか

る．対中 ATP 輸入に占める情報通信部門の割合は2010年の88.4％から2019年の89.9％までほとんど変化がない．輸入額は2010年の1022億9200万ドルから2018年の1571億1800万ドルへと増加したが，2019年には1241億1900万ドルに減少した．これは米中貿易摩擦の影響が極めて大きいと考えられる．2019年の対前年減少額328億ドルに対して，この部門での対米輸出を増大させたのは，ベトナム81億800万ドル，台湾74億3500万ドル，チェコ2億8300万ドル，ドイツ2億3400万ドル，インドネシア2億3400万ドル，イギリス1億600万ドルなどである．これら諸国による増加総額は174億700万ドルであるが，それは対中国輸入減少分の53.1％が代替されたに過ぎず，アメリカの輸入総額は対前年222億6100万ドル，約9％の大幅減少となっている．

## 3　国内生産基盤と輸入浸透度の推移

### （1）　国内生産基盤の現状

すでに検討したように，2018年3月以降の4弾にわたる対中国追加関税の実施による対中輸入の急激な減少は，アジアの低コスト国を中心に輸入先を転換することによる代替を促進させることになったが，中国からの輸入減少分をすべて他国に代替できているわけではない．それはこれまでアメリカが優位性を保ってきた先端技術とそれを体化した ATP の国内生産基盤の浸食，さらには中国の急速な技術的キャッチアップと ATP 生産の拡大により，ATP 貿易赤字の世界的な拡大と対中 ATP 貿易赤字の拡大となって現れている．それゆえこうした部門における対中輸入の減少は他のアジア低コスト国では十分に代替することができていない．したがって米中経済のデカップリングがどの程度実現可能であるのかを明らかにするためには，ATP に代表される先端技術製造業のアメリカ国内への回帰と国内供給の現状を分析する必要がある．

貿易赤字の削減を選挙公約として当選したトランプ政権は関税引き上げを取引材料として各国に強引な赤字削減を迫ってきたのであるが，同時に製造業のアメリカ国内への企業誘致やアメリカ企業の国内回帰（リショアリング）を促進するものでもあった．ただし，この製造業の国内回帰と雇用創出はトランプ政権がことごとく否定してきた前政権であるオバマ政権によって強力に推し進められた政策であった．オバマ政権は，製造業復権の視点として，第1に海外に展開しているアメリカ企業の製造業拠点のリショアリングの奨励，第2に3D

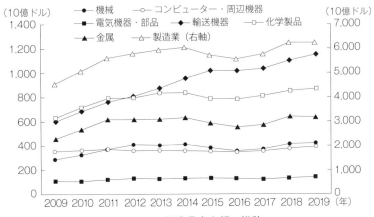

図8-4　製造業産出額の推移

（出所）U.S. Bureau of Economic Analysis, Gross Output by Industry より作成.

プリンターの活用等によるより高い付加価値をもった先端製造業（Advanced Manufacturing）の育成という方向性を掲げてきた[9].

　では実際に2013年以降のオバマ政権およびトランプ政権によるリショアリングを含めた国内製造業の再生と雇用創出はどの程度実現したのだろうか.

　アメリカにおけるリショアリングの分析を行っているリショアリング・イニシアティブのレポートによれば，2010年から2019年までに62万8000人の雇用がリショアリングと対米直接投資によって生み出され，これは製造業就業者数が最低であった2010年2月の1145万人から2019年12月の就業者数1290万人へ増加した141万人の44％に相当するとされている[10]. しかし，同時にオフショアリングとそれに伴う輸入の拡大も進行していたのであり，アメリカ国内の製造業基盤の形成が輸入依存度，さらに製造業雇用にどのような変化があったのかを検討する必要がある.

　そこでまず製造業における産業別産出額の2009年からの推移をみることによって国内生産基盤の状況を検討しよう. 製造業全体の産出額は2009年にはリーマン・ショックの影響を受けて前年より減少したが，それ以降は図8-4にみられるように増加に転じ，2010年の5兆191億ドルから2014年の6兆255億ドルに増大した. 2015年，2016年は減少したが，2017年からは再び増加し，2019年には6兆2592億ドルとなり，対2009年比で38.8％増加した. この間の対前年伸び率でみると，2011年から2014年までは低下し，2015年，2016年はマイナス

となったが，2017年から2018年までは増加率が拡大し，2019年は増加率が低下したものの，産出額自体の拡大は続いている．

　2009年から2019年にかけての製造業の主要部門産出額の推移をみると，輸送機器が5907億ドルから1兆1024億ドルへ94.2％増と最大の伸びを示している．次いで伸び率が高いのは機械で，2853億ドルから4093億ドルへ47.0％増加している．さらに金属製品が4473億ドルから6282億ドルへ40.4％，化学製品が6209億ドルから8701億ドルへ40.1％，電気機械・周辺機器が1027億ドルから1364億ドルへ32.8％それぞれ増加している．これに対して，コンピューター・周辺機器は3502億ドルから3775億ドルとなり，増加率は11.3％と極めて低い．製造業全体の産出額はこの10数年間に増加傾向にあり，特に自動車に代表される輸送機器は約2倍に生産能力を拡大している一方で，コンピューター・周辺機器はほとんど産出額の拡大がみられなかった．

　GDPに占める製造業の割合は2010年の12.0％から2019年の10.9％へと一貫して低下を続けているが，製造業産出額はこのように2010年以降増大が続いており，この間の製造業の国内供給基盤は維持されてきたとみることができるだろう．

　次に，製造業の雇用状況を確認しよう．2000年以降の各年末における非農業就業者に占める製造業就業者の割合をみると，2000年の12.9％から2009年には8.8％となり，さらに2019年には8.5％にまで一貫して低下傾向にある．しかし，2000年から2009年までの年平均低下率は4.1％であるのに対して，2010年から2019年の年平均低下率は0.4％に過ぎず，製造業就業者の割合の低下が緩やかになっていることがわかる．

　製造業の就業者数は，製造業の衰退を反映して減少し続けていたが，各年末の就業者数の推移をみると，2009年末の1147万5000人を底に2010年以降は増加傾向で，2019年末には1286万6000人となり，2009年末に比べて139万1000人増加している．これを主要産業部門別にみると，輸送機器では2009年末の131万3600人から174万3700人へ43万100人の最大の増加を示している．金属製品では160万5800人から186万1000人へ25万5200人増加している．さらに機械は97万6600人から111万7300人に14万700人の増，電気機器・部品では35万4400人から40万5600人に5万1200人の増，化学では，79万4300人から85万3300人に5万9000人増加している．一方，コンピューター・周辺機器では109万4500人から109万5300人へと800人の微増にとどまっている．

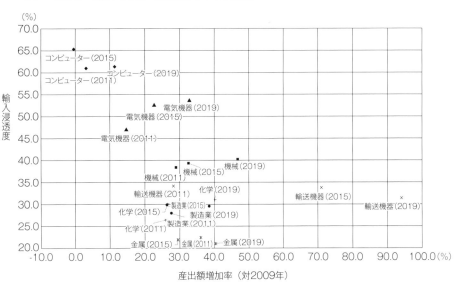

図8−5　輸入浸透度及び産出額増加率

（出所）U.S. Bureau of Economic Analysis, Input-Output Accounts Data より作成.

　以上のように，アメリカにおける製造業の国内基盤は2009年を境に回復基調
にあるということができる．特に輸送機器に関しては産出額，就業者数のいず
れにおいても大幅に増大させてきた．また，金属製品や機械，電気機器・部
品，化学においても国内生産基盤は維持拡大されてきたとみることができる．
コンピューター・周辺機器については産出額，就業者数ともにこの10年間にほ
とんど増加することなく推移しているが，減少してきたわけではなく，一定の
生産基盤が維持されてきたと評価することができるだろう．

### （2）　輸入浸透度及び産出額増加率の推移

　そこで次に，国内の製造業生産能力が国内需要をどの程度満たしているの
か，すなわち，どの程度輸入に依存しているのかを輸入浸透度との関係から検
討しよう．

　図8−5は2011年，2015年，2019年における主要産業の輸入浸透度と対2009
年の産出額増加率をプロットしたものである．まず製造業全体の推移をみる
と，産出額の2009年からの増加率は2011年27.9％，2015年26.5％であったのに

対して2019年には38.8％と拡大している．これに対して輸入浸透度は2011年27.9％から2015年29.5％へと上昇したが，2019年は29.5％と上昇はみられない．これは2019年に製品輸入が減少する下で，国内需要の一部は国内生産の拡大によって賄われたために，輸入浸透度を低下させたことを意味している．

　産業部門別にみると，最も産出額を増加させた輸送機器では，対2009年増加率が2011年14.7％，2015年71.0％，2019年94.2％の大幅増加となっている．これに対して輸入浸透度は2011年34.3％，2015年33.8％，2019年31.5％と推移しており，製造業全体の水準を若干上回っているものの，低下傾向を示している．自動車産業を中心とする輸送機器では，グローバル化の進展にもかかわらず，国内生産基盤が維持され，国内回帰によって輸入浸透度を低下させているといえるだろう．すでにみたように，この部門ではメキシコ，ヨーロッパ，韓国からの輸入増加が2019年の対前年対中輸入減少分を上まわっており，特にメキシコからの輸入増加は北米地域へのサプライチェーンの再構築が今後さらに進展することを予想させるものである．

　次に，機械の産出額増加率は2011年29.9％，2015年32.9％，2019年47.0％と製造業平均を上まわって増加している．一方で輸入浸透度は2011年38.3％，2015年39.3％，2019年40.2％と上昇しており，米中摩擦による対中輸入減少の影響をほとんど受けていないといえる．

　化学の産出額増加率は，2011年26.0％，2015年26.5％，2019年40.1％となっており，2015年以降に急速に国内生産が拡大している．2011年の輸入浸透度は26.5％と製造業全体の水準よりも低かったが，2015年に30.1％に大きく上昇し，2019年も31.0％と製造業全体を上回っている．化学は米中摩擦による対中輸入減少の影響をほとんど受けず，国内生産も拡大しているものの，他国からの輸入増加により輸入総額が増大して輸入浸透度を高めることとなっている．

　電気機器・部品の産出額増加率は，2011年14.7％，2015年22.7％，2019年32.8％と製造業の中では相対的に増加率は低いが，2015年以降は増加率が拡大している．輸入浸透度は2011年段階で47.1％と製造業全体を大幅に上回る水準であったが，2015年には52.6％と急激に上昇した．しかし，2019年は53.7％と微増にとどまっており，国内生産の拡大が輸入浸透度の拡大を抑えているということができる．2019年の対前年輸入総額は若干減少したものの，対中輸入減少分は他国からの輸入代替と国内生産の拡大により国内需要を満たすことがほぼ可能となっていると考えられる．

　金属製品の産出額増加率は，2011年36.0％，2015年29.5％，2019年40.4％となっており，鉄鋼・アルミニウム追加関税が実施された2018年以降に増加率が拡大している．一方輸入浸透度は製造業全体と比較して元々低い部門であるが，2011年22.6％，2015年21.9％，2019年21.1％とさらに低下傾向にある．トランプ政権による鉄鋼・アルミニウム産業の保護政策によって，国内生産の拡大と輸入浸透度の低下をもたらしているとみることができるだろう．しかしながら，2019年の国内産出額から輸出を差し引いた国内供給額は対前年21億7200万ドル増加したに過ぎず，対中輸入減少分の47億6600万ドルを含めた114億6600万ドルの輸入減を国内供給増で代替することができず，92億9400万ドルの需要減となった．

　最後に，米中摩擦による対中輸入減少の中心となっているコンピューター・周辺機器についてみてみよう．産出額の増加率は2011年3.2％，2015年−0.5％と2015年までは微増あるいは減少となっていたが，2019年では11.3％増となっており，他の製造業部門と比較して増加率は極めて低いとはいえ，近年は国内生産が増加する傾向にあることがわかる．輸入浸透度は2011年の61.0％から2015年の65.3％にまで上昇し，国内生産の減少と輸入浸透度の拡大が同時に進行していた．しかし，2019年の輸入浸透度は61.5％となり，低下傾向となった．コンピューター・周辺機器は2019年の対中輸入が大幅に減少した部門であり，輸入浸透度の低下もこれを反映しているのであるが，毎年の数値をみても，2016年の65.7％をピークに2017年65.1％，2018年64.1％とわずかながら減少傾向にあった．ただし若干低下したとはいえ，他の製造業部門と比較すると輸入浸透度が極めて高い部門であることは明らかである[12]．産出額から輸出を差し引いた2019年の国内供給額は対前年168億7300万ドル増加したが，237億3800万ドルの輸入減少を賄うことができずに国内需要は68億6600万ドル減少した．つまり，対中輸入減少額402億6200万ドルの約17％は他国にも代替されず，国内供給増でも埋め合わせることができなかったことになる．

## お わ り に

　2018年に始まった対中輸入に対する4弾にわたる関税追加措置は貿易赤字の解消をめざした制裁措置の枠を超えて米中経済のデカップリングをめざす方向に展開してきた．デカップリングを実現するためには，追加関税による中国か

らの輸入減少分を他国にシフトするか国内生産を拡大することによって代替するというサプライチェーンの再構築を必要とする．2019年の中国からの製品輸入の対前年輸入減少額のうち，対全世界輸入額の減少分を差し引いた76％は他の国からの輸入増加によって代替されたことが明らかになった．さらに2010年以降の国内製造業の産出拡大により国内生産への回帰が進展している部門もある．しかし，対中輸入減少の中心となっているコンピューター・周辺機器では，53％は他の国からの輸入に代替され，44％は特にベトナムを筆頭とするアジアの低コスト国によって代替されたとはいえ，この部門の輸入浸透度は2019年においても61.5％と他の製造業部門と比較してもずば抜けて高く，輸入減少分を国内生産による供給拡大で賄うことができなかったのであり，今後も輸入依存から脱却することは極めて困難であるといえるだろう．金属製品についても，鉄鋼・アルミニウム追加関税による輸入減少分を国内供給の増大によって賄うことはできていない．

　しかも，2018年に発動された第1弾から第3弾までの対中制裁関税の対象品目の対中依存度はそれぞれ6％，13％，21％に過ぎず，アメリカ企業が代替的な輸入先を見つけることが比較的容易な品目が選択されてきた．しかし，第4弾の2019年9月発動分（1200億ドル相当）は対中依存度が21％と第3弾と変わらないが，衣服や靴など中国から輸入する消費財の40％が含まれていたため，消費者が影響を受けやすい品目であった[13]．さらに12月発動予定であった1600億ドル分には携帯電話，ノートパソコン，玩具，ビデオゲーム機，パソコンなどのモニターが対象とされていたのであり，これが実施された場合には現状では他の国への代替や国内生産への切り替えは一層困難であることが予想された．結局，2020年1月に締結された経済・貿易協定により，第4弾の追加分への制裁関税は先送りとなったのである．

　米中経済のデカップリングにより，今後はアジアの低コスト国を中心とした輸入国へのシフトとサプライチェーンの再構築が進行することが予想される．また，北米自由貿易協定（NAFTA）の改定によるアメリカ・メキシコ・カナダ協定（USMCA）の下で，域内調達率の引き上げなどによる自動車産業を中心とした北米地域へのサプライチェーンの集約が進行することも予想される．

　アメリカ国内における製造業基盤は2010年以降，それまでの一貫した後退基調からは転換し，拡大傾向にあるとみることができるが，実際には製造業の復活というよりは現状維持の段階にとどまっているに過ぎない[14]．それゆえ，製造

業における輸入依存の構造を抜本的に転換するような方向にはなく，先端製造
業の育成とそれによるイノベーション推進による製造業の競争力強化に成功し
ているとはいいがたいのが現状である．

　2021年に誕生したバイデン政権はサプライチェーンの国内回帰と国内生産基
盤の強化を政策課題として掲げている[15]．しかし，コンピューター・周辺機器を
中心とする先端技術を含めた製品の供給を中国に大きく依存している現状の下
では，対中輸入の大幅な削減に対応する輸入国のシフトと国内生産への代替は
極めて困難であり，デカップリングは限定的な範囲にとどまらざるを得ないだ
ろう．しかも，中国との先端技術覇権を巡る争いではファーウェイに対する輸
出禁止措置にみられるような技術的な封じ込めとサプライチェーンからの中国
企業の徹底した排除を推進する一方で，農産物をはじめとした対中輸出の拡大
による貿易不均衡の是正と貿易の促進をめざすという，相反する施策を展開せ
ざるを得ず，その実現は極めて困難であるといえるだろう．

### 注

1 ）大統領府貿易アドバイザーであったピーター・ナヴァロによって作成された大統領府
　　貿易製造業政策局「中国の経済侵略が米国と世界の技術と知的財産権をいかに脅かして
　　いるか」（ナヴァロ・レポート）では対中国強硬路線が明確に示されている．White House
　　Office of Trade and Manufacturing Policy（2018）を参照.
2 ）2018年10月4日ハドソン研究所でのペンス副大統領による「新冷戦」スピーチの概要
　　はつぎのようなものであった．中国は政治，経済，軍事的手段，プロパガンダを通じて
　　アメリカに影響力を行使している．中国政府はあらゆる手段を使ってアメリカの知的財
　　産権を手に入れるよう指示している．安全保障に関わる機関が「窃盗」の黒幕だ．中国
　　はアジア，アフリカ，ヨーロッパ，南米で借金漬け外交を展開している．トランプ政権
　　はアメリカの利益と雇用，安全保障を守るために断固として行動する．Whitehouse
　　（2018）を参照.
3 ）例えば，ワイス（2019）を参照．これに対してデカップリングはアメリカ経済にプラ
　　スの効果をもたらすという研究もある．そこでは，中国からの全輸入品に25％の関税が
　　持続的に課された場合，輸入国の第三国へのシフトと，国内生産への回帰により代替さ
　　れ，経済成長を促進すると結論づけている（Byers and Ferry，2019）.
4 ）2020年大統領選挙に勝利した民主党のバイデン氏は11月16日の記者会見においてトラ
　　ンプ政権で混迷した通商政策を3原則に基づいて見直すと表明し，まず「中国に対抗す
　　る必要がある」と明言した上で，第1に国内投資でアメリカ製造業を立て直す，第2に
　　労働・環境対策を重視して通商交渉に臨む，そして第3に制裁関税などの「懲罰的な手
　　段は採用しない」と述べた（『日本経済新聞』2020年11月17日夕刊）．ただ，民主・共和
　　のいずれの政党も対中国強硬路線では共通しており，中国の補助金政策など構造改革に

つながる成果なしに無条件に関税引き下げを行うことはできないだろう．また，トランプ政権は制裁関税による輸入抑制だけではなく，安全保障上の理由から，輸出規制，政府調達，投資規制の3方面から対中規制によって中国によるアメリカの技術・情報へのアクセスを遮断しようとしてきたが，バイデン政権の下でもこうした対中規制は緩和されることなくさらに強化されることが予想される．

5）経常収支と GDP の関係は次のように表現できる．

　　　［経常収支］（財・サービス貿易収支＋海外所得収支）

　　　＝［国内民間経済における純貯蓄］(GDP－税＋海外所得収支－消費－投資)＋［財政収支］(税−政府支出)

6）国民経済から見ると経常収支赤字が問題であるのは，それが安定的にファイナンスされるかどうかということである．世界全体で見るとアメリカの大幅な経常収支赤字は他方で中国をはじめとする大幅な経常収支黒字が発生しているということである．これは2000年代以降急速に拡大したグローバル・インバランスの問題であり，世界的な資金循環の不安定性の拡大をもたらし，結果的にリーマン・ショックによる金融危機を招く要因ともなった．これについては飯島（2013）を参照．なお，アメリカのサービス経済化と貿易赤字については井上（2008）も参照．

7）ジェトロ（2020）を参照．

8）米中摩擦による貿易及び経済への影響については，Bekkers and Schroeter（2020）および，Nicita（2019）もあわせて参照．

9）オバマ政権のリショアリング促進政策については，田村（2014）を参照．

10）Reshoring Initiative（2020）を参照．

11）輸入浸透度は，輸入／（産出＋輸入－輸出）によって示される．これによって各産業部門の国内需要に対する輸入依存度をみることができる．

12）2019年の部門別の輸入浸透度では，アパレル・革製品が90.0％と最も高くなっている．しかし，本章の課題である対中輸入減少とデカップリングの実現可能性の検討からすると，アメリカの製造業における主力産業ではなく，対中輸入の減少分は他の国による代替が十分に可能な部門であるので，対象から外している．

13）『日本経済新聞』2019年12月15日．

14）アメリカのリショアリングの状況を毎年示している調査会社カーニーのレポートによれば，製造業国内生産額に対する輸入額の比率は調査を始めた2011年以降で2019年に初めて低下したが，これは米中貿易戦争による中国からの輸入減の結果なのであり，アメリカの製造業の国内産出額の大幅な拡大が原因ではないと指摘している．それにもかかわらず，輸入と国内生産のバランスは2019年にはっきりと転換したと述べている．Kearney（2020）を参照．

15）バイデン氏は2021年2月24日，アメリカのサプライチェーンの強化に向けた大統領令に署名し，基幹産業を支える重要部材である半導体製造，大容量バッテリー，レアアースを含む重要鉱物，医薬品につて100日以内に各サプライチェーンにおけるリスクを特定して報告書を提出するよう指示し，これに対する報告書が6月に提出された．これらはいずれも中国依存度が高い分野であり，中国勢の抑え込みと本国回帰をめざした対中

デカップリングの一環であるとみることができる．3月31日には8年間で2兆ドル規模をあてるインフラ投資計画を発表した．演説では「数百万人の雇用を生み，中国との国際競争に勝てるようにする計画だ」と強調し，議会に早期実現を呼びかけた．Whitehouse（2021a；2021b；2021c）を参照．

## 参考文献

飯島寛之（2013）「グローバルな資金循環とドル体制の行方」中本悟・宮崎礼二編『現代アメリカ経済分析』日本評論社，第12章．

井上博（2008）「アメリカのサービス経済化と貿易赤字」田中祐二・板木雅彦編『岐路に立つグローバリゼーション』ナカニシヤ出版，第4章．

ジェトロ（2020）「地域分析レポート2019年の米貿易赤字は6年ぶりに前年比減」5月29日，〈https://www.jetro.go.jp/biz/areareports/2020/d87430903c153388.html〉2021年4月15日アクセス．

田村考司（2014）「オバマ政権の先進製造業戦略とリショアリング促進策」『桜美林大学産業研究所年報』第32号．

ワイス，ジェシカ・チェン（2019）「対中封じ込めは解決策にならない」『フォーリン・アフェアーズ・レポート』No. 8.

Bekkers, Eddy and Sofia Schroeter（2020）"An Economic Analysis of the US-China Trade Conflict," WTO, *Staff Working Paper*, ERSD-2020-04, 19March

Byers, Steven and Jeff Ferry（2019）"Decoupling from China : an economic analysis of the impact on the U.S. economy of a permanent tariff on China imports," *Business Economics*, 54, pp. 248–256.

Kearney（2020）"Trade war spurs sharp revival in 2019 Reshoring Index, foreshadowing COVID-19 test of supply chain resilience", 〈https://www.kearney.com/operations-performance-transformation/us-reshoring-index/full-report〉2021年4月15日アクセス．

Nicita, Alessandro.（2019）'Trade and Trade Diversion Effects of United States Tariffs on China', United Nations, *UNCTAD Research Paper* No. 37, Seppember.

Office of the United States Trade Representative（2020）*Economic and Trade Agreement Between the Government of the United States and the Government of the People's Republic of China*, 01/15〈https://ustr.gov/about-us/policy-offices/press-office/press-releases/2020/january/economic-and-trade-agreement-between-government-united-states-and-government-peoples-republic-china〉2021年4月15日アクセス．

Reshoring Initiative（2018）*Reshoring Initiative Data Report Uptated Through 1 H 2002*〈https://reshorenow.org/〉2021年4月15日アクセス．

Whitehouse（2018）Remarks by Vice President Pence on the Administration's Policy Toward China〈https:// www. whitehouse. gov / briefings-statements / remarks-vice-president-pence-administrations-policy-toward-china/〉2021年4月15日アクセス．

─────（2021a）Executive Order on America's Supply Chains〈https://www.white-house. gov／briefing-room／presidential-actions／2021／02／24／executive-order-on-americas-supply-chains/〉2021年 4 月15日アクセス.

─────（2021b）Remarks by President Biden on the American Jobs Plan〈https://www. whitehouse. gov／briefing-room／speeches-remarks／2021／03／31／remarks-by-president-biden-on-the-american-jobs-plan/〉2021年 4 月15日アクセス.

─────（2021c）Building Resilient Supply Chains, Revitalizing American Manufacturing, and Fostering Broad-Based Growth .〈https://www. whitehouse. gov／wp-content／uploads/2021/06/100-day-supply-chain-review-report.pdf〉2021年 6 月10日アクセス.

White House Office of Trade and Manufacturing Policy（2018）*How China's Economic Ag-gression Threatens the Technologies and Intellectual Property of the United States and the World*, June〈https://www.whitehouse.gov/wp-content/uploads/2018/06/FINAL-China-Technology-Report- 6 .18.18-PDF.pdf〉2021年 4 月15日アクセス.

# 米中の大国間対立と国際秩序

## ——米中対立の国際的波及——

── 第 **9** 章 ──────────────────
## 米中関係の現段階
### ──中国の国際秩序変更者としての台頭と
### アメリカの「強硬な関与政策」──

中 川 涼 司

## は じ め に

　米中間の緊張感が高まっている．アメリカではオバマ政権末期から対中強硬政策が採られ始めたが，トランプ政権になり，それは一層の激しさを増した．トランプ大統領の右腕，マイク・ペンス米副大統領が2018年10月4日，ワシントンの保守系シンクタンク，ハドソン研究所で「トランプ政権の対中政策」と題して行った演説はアメリカは「21世紀への楽観主義から，中国にアメリカ経済へのアクセスを認め，世界貿易機関（WTO）加盟を後押しし」，「古典的な自由原則，私有財産制，個人の自由，宗教の自由，人権の尊重とともに，中国の自由が経済的にも政治的にも拡大することを期待して，これまでの米政権はこうした政策判断を行った」が，「その希望は実現しなかった」として対中強硬政策を主張するものであった．

　2020年7月23日，カリフォルニア州にあるニクソン大統領図書館で中国に対する外交政策について演説したポンペオ国務長官は1972年以来のアメリカの対中関与政策はすべて間違いであるとし，ペンス副大統領は演説において，中国封じ込め政策ともとれる主張を全面的に展開するに至った．現実主義に立つ理論家として米ハーバード大学教授で国際政治学者のグレアム・アリソンは新興国が覇権国に取って代わろうとするとき二国間で生じる危険な緊張の結果，戦争が極めて高い頻度で起こる状態を「トゥキディデスの罠」と呼び，今日の米中関係もそれにあたるとした（アリソン, 2017）．また，同じく現実主義者でアメリカの対中政策に大きな影響力を持つジョン・J．ミアシャイマーは中国の平和的台頭は不可能である，との論陣を張った（Mearsheimer, 2014）．一方，クリントン政権の下で国務次官補としてアジア重視政策を遂行し，関与政策的

立場が強かったカート・キャンベルは対中関係を単なる封じ込めでなく，競争と共存のバランスを取るべき（キャンベル／ラップ＝フーバー，2020）としつつも，「さまざまな働きかけで中国が好ましい方向へ進化していくという期待に基づく政策をとるのはもう止めるべき」で，「中国を変化させるアメリカの力をもっと謙虚に見据える必要がある」とのスタンスである（キャンベル／ラトナー，2018）．また，日本では知日家として知られるエズラ・ボーゲルは『鄧小平』などの著書もある知中家でもあるが，関与政策を支持しつつも，中国にはかつて日本などにもみられた「傲慢さ」が見られるとしている．

　日本における論調は従来からの親米保守派に近い論者が中国が覇権大国を目指しているとしてミアシャマイヤー同様の主張を行うだけでなく，かつては親中反米的なスタンスもとってきたリベラル派やマルクス主義的な潮流においてさえ覇権大国化への批判的ないし是々非々的な論調が強まっている．その振れ幅は驚くほど大きく対中融和的論調は親中メンタリティを継続する研究者，対中ビジネスに利害関係を持つ財界とその意を受けた政治家，理論家，および日本在住の中国人研究者等に傾斜している．

　これらをもたらしたアメリカ側の背景は米ソ冷戦終結後に唯一超大国となったアメリカがテロとの争いにおいて迷走し，地域紛争にも有効な対応ができないことも少なくなくなっている間に，自国の経済ポジションが徐々に低下して，「覇権コスト」が覇権によるメリットに見合わないようになってきていることがある．また，そのような中で下記のような中国の台頭と国際的影響力の強化があり，中国がアメリカの覇権の亀裂に入り込んでいる状況がある．

　他方，中国側の背景には以下のようなものがある．まず，中国の世界第2位の経済大国化というだけでなく，輸出額において世界第1位，対外直接投資もストック額で世界第3位となっているという経済プレゼンス，とくにファーウェイ（華為技術）などによる技術的キャッチアップである．ついで，アメリカの40％程度にまで増大した軍事費と軍事設備の近代化による軍事プレゼンスである．さらには，習近平国家主席が2012年の就任直後から打ち出した「中華民族の偉大なる復興」（2017年10月の中国共産党第19回全国代表大会で党規約に盛り込まれた）という思想およびその具体化として2013年（まとまった形としては2014年）に提唱された「一帯一路」政策およびそれらに基づく実際の対外行動である．1990年代半ば以降の対外関与を抑制する「韜光養晦」政策は大きく転換し，論者としても明示的な国際関与を主張する閻学通らの影響力が強まった

（閻学通，2019ほか）．

　トランプ政権は2020年5月20日に包括的な対中戦略をとりまとめた報告書「中国に対するアメリカの戦略的アプローチ」を発表した．しかし，同報告は競争アプローチは対立あるいは紛争を導くものではないとし，中国の発展の封じ込めを求めないとも述べ，関与と協力も強調している．競争は中国への関与を含み，米国の関与は選択的，結果志向であり，両国の国益を前進させるという．

　2021年1月にバイデン政権が成立した．それにより対中政策が変化するかどうかが注目されたが，従来レベルの関与政策に戻ることはなく，強い姿勢は継続された．変化としてあるのは，同盟国との連携関係をより重視するようになったことと，新疆ウイグルなどの人権問題にかんしては民主党内や支持層にリベラル・ホークと呼ばれる人権重視派がいるため，局面によっては強い人権介入を行うということである．

　一見すると新冷戦のように見える米中関係も単純に対立をしているだけではない．そもそも，冷戦期と比べて米中間の経済的な相互依存性は格段に高まっている．アメリカは単純な封じ込め政策をすることはできず，また，中国も閉鎖的な自力更生路線に回帰することもない．

　米中は一体どのような関係にゲームチェンジしたのであろうか．多くの論者が主張するように新冷戦の開始といえるのか．これらを米中政治経済関係の史的展開を回顧しながら明らかにするのが本章の課題である．

## 1　第二次世界大戦後の米中関係の展開

### （1）　中国の「韜光養晦」政策

　米中は1979年に国交回復に至った．しかし，アメリカは1979年に台湾関係法を制定し，「戦略的曖昧政策」を続けた．中国の外交は1980年代末から90年代初頭の鄧小平の指示した外交政策をまとめた「二十四文字指示」（「冷静観察，站穏脚跟，沈着応付，韜光養晦，絶不当頭，有所作為，一般に「韜光養晦」政策と呼ばれることが多い）に従い，大国（特にアメリカ）との正面衝突は避けながら冷静に国益を追求する路線をとっていた．

## （2）　中国の経済大国化・軍事力増強と「韜光養晦」政策の転換

　2001年の WTO 加盟により中国への投資が再拡大するとともに，国内市場も拡大することで，中国の経済成長が加速した．これらを背景に，中国は単なる既存の国際秩序への順応という段階を超え，新しい国際秩序の形成にも動き始めている．中国は1997年に ASEAN＋3 の枠組みに参加していたが，マレーシアなどによる東アジア共同体構想に呼応して，2005年4月，東アジア自由貿易圏構想（EAFTA）構想を出した（2011年に日本側提案と統合して地域の包括的経済連携：RCEP となった）．また，2000年に中国アフリカ協力フォーラムを開催，2001年にロシア・中央アジア諸国と上海協力機構設立を行った．

　中国が世界最大の米国債保有者，アメリカの最大の貿易赤字相手国となったことから，アメリカは対中警戒を強めながらも対中関与政策を展開せざるを得ず，第2期ブッシュ政権時の米国務副長官ゼーリックは「米中は責任ある利害関係者」論を展開，また，アメリカの対外政策に強い影響力を持つフレッド・バーグステンは米中のG2論を展開するに至った（Bergsten（2008）．また批判への反批判として Bergsten（2009））．

　2000年代初頭より，中国国内の主要論者から「韜光養晦　有所作為」政策を見直すべきだという意見が頻出されるようになってきた．王逸舟（中国社会科学院世界経済・政治研究所のち，北京大学）は鄧小平時代は国内問題に重点をおき，国際問題には「韜光養晦」の態度を採ったが，われわれは90年代後半から「責任ある大国」となり，積極的役割を果たしつつあるとした（王，2003）．また，葉自成（北京大学）は鄧小平が「韜光養晦」を提起したのは，ソ連崩壊で国内外が大混乱している時期であり，今や中国は一時的戦術と受け取られかねない「韜光養晦」を超越して大国外交を積極果敢に進めるべきであるとした（葉，2004）．

　2002年の中国共産党第16回大会では「中華民族の偉大な復興」が国家戦略とされ，2003年のボーアオフォーラムで鄭必堅によって提起された「和平崛起」（「平和台頭論」）論が政府文書にも盛り込まれるようになった（のち，中国脅威論を煽るものとして使われなくなり，「和諧世界論」が全面に出されるようになった）．

　清水美和によれば外交路線の転換が明確になったのは2009年7月の第11回駐外使節会議である．世界から大使を集め5年に1回開かれるこの会議で胡錦濤国家主席は中国が「政治の影響力，経済の競争力，親しいイメージを広げる力，道義で感化する力」の「四つの力」を強めるよう呼びかけた．ここで，

「韜光養晦，有所作為」は「堅持韜光養晦，積極有所作為」に修正された（清水，2010）．2010年3月には訪中したベーダー米国家安全保障会議アジア上級部長とスタインバーグ国務副長官に対して中国側は南シナ海は台湾やチベット・新疆ウイグル両自治区と並ぶ「核心的利益」，つまり，国家の安全と領土主権にかかわる問題であることを明らかにし，同5月の米中戦略経済対話においても外交を担当する国務委員（副総理級）である戴秉国が，米国務長官のクリントンに対して，それが中国政府の立場であることを明らかにしている．

2013年の周辺外交工作座談会において，習近平国家主席は「奮発有為に周辺外交を推進し，我が国の良好な周辺環境を勝ち取る」ことを訴えて，「韜光養晦」路線を大きく変更した．習近平国家主席とオバマ大統領が2013年6月にカリフォルニア州で首脳会談を行った際，「米中新型大国関係」がうたわれた（中華人民共和国中央人民政府ウェブサイト，2013年6月9日）．さらに2014年の第6回「米中戦略・経済対話」はこれまでのどちらかというと実務性の高かった場が，政治宣言の場となった．習近平国家主席は「広大な太平洋は中米両大国を受け入れるだけの十分なスペースがある」，「中米双方は，対話を強化し，信頼を増して疑いを解き，協力を促進し，中米関係が新型大国関係構築の軌道から一貫して乖離しないことを確保すべき」とした．これらの具体化として，中国は2013年から一帯一路政策を打ち出し，そのための国際機関としてアジアインフラ投資銀行（AIIB）の設立などを行ってきた．

2017年秋の中国共産党第19回全国代表大会の政治報告では2049年までに「中国の夢」をより具体化し，中国の超大国化を目指す方向が明確化された．長期国家目標は2020年以降の30年間を2段階に分け，2035年までの第1段階では，経済力や科学技術力の強化を通じて，中国を世界の上位に押し上げる中間目標が設定された．2050年までの第2段階では，総合国力および国際的な影響力において世界の先頭に立つ（領先）ことが最終目標に掲げられた．

これらの中国の大国化と対外政策の積極化はアメリカや周辺諸国の中国脅威論を呼び起こした．2002年の米『国家安全保障戦略報告』は「潜在的敵国としての中露」との位置づけを行い，2006年国防計画見直し（QDR）では「戦略的岐路にある国家としての中露」，さらに，2010年2月のQDRでは中国が強めつつある「接近阻止」戦略が米国の軍事力整備と前方展開態勢を考察する際の安全保障環境の重要な考慮要因として重視されている．つまり，中国は「国防圏」と位置付ける第1列島線（沖縄，台湾，フィリピンをつなぐ線）を超え，第2

列島線（日本列島から，サイパン，グァムをつなぐ線）に影響力を拡大し，南シナ海については「核心的利益」を持つ海域として南沙諸島の実効支配を強化するとともに大規模部軍事演習を展開した．また，さらにインド洋において「真珠の首飾り」（パキスタンのグワダル港，スリランカのハンバントタ港，バングラデシュのチッタゴン港，ミャンマーのチャウクビュ港）の港湾整備に乗り出している．そのことが，アメリカにとっては前方展開を制限し，国際的公共財を阻害していることから海空から統合的に対抗するとの考えである．2010年5月27日に発表されたオバマ政権初の「国家安全保障戦略」では中国に対しては，米中両国がともに懸念する問題について協力して取り組む一方，「中国の軍事近代化計画を注視し，米国の国益や同盟国が悪影響を受けないことを地域・世界規模で確実にするよう状況に応じ準備する」との立場が明確にされた（中川，2011）．

　オバマ政権は2011年以降，イラクやアフガニスタンから撤退する米軍兵力の余剰をアジアに回す「アジアへの旋回」（ピボット）を展開し，また，アジア太平洋地域へ外交，経済，戦略などの面で資源をこれまで以上に割り当てる「戦略的リバランス政策」を表明した．クリントン国務長官が「多国間の場では，責任ある行動を取れば正当性を認められ，協力して平和と安定と繁栄を損なう者の責任を問うことができる」と述べたように，オバマ政権は中国を国際秩序に中国を埋め込むことを目指した．しかし，これらが有効に機能したとはいいがたい．オバマ政権は2015年10月28日米国海軍による南シナ海での「航行の自由」作戦の実施を行い，中国をけん制したが，結局，7カ所の人工島の軍事施設建設を止めることはできなかった．

### （3）　トランプ政権の対中強硬政策と中国のスタンス

　2017年12月にトランプ政権が成立し，対中政策の強硬化は進んだ．就任すぐに発表された国家安全保障戦略（NSS）では対中政策は関与政策から戦略的競争者へと転換した．なお，ブッシュ・ジュニア政権も政権の成立直前直後は同様の表現を用いていたが，ブッシュ政権が，それまでの政権と同じく関与政策への回帰となったのに対して，トランプ政権のその後の動きはそれとは異なっている．

　トランプ政権は2020年5月20日に包括的な対中戦略をとりまとめた報告書「中国に対するアメリカの戦略的アプローチ」を発表した．同報告は中国が経済，価値，安全保障の3分野で米国に挑戦し脅威となっていると述べている．

その対抗策としてアメリカは国家安全保障戦略の４つの柱，すなわち，① 米国の国民，国土と生活様式を守る，② 米国の繁栄の推進，③ 力を通じての平和の維持，④ 米国の影響力の向上で対抗しているとしている．

　この報告書の評価として関与政策を否定し，「原則にのっとった現実主義」を求めたものとの評価もある．しかし，同報告は競争アプローチは対立あるいは紛争を導くものではないとし，中国の発展の封じ込めを求めないとも述べ，関与と協力も強調している．競争は中国への関与を含み，米国の関与は選択的，結果志向であり，両国の国益を前進させるという．これは，2019年10月にペンス副大統領がウイルソンセンターで「中国への建設的な関与を望んでいる」と演説したこととも符合する．

　一方の中国も単純な主戦論ではない．2018年６月22日至23日に３年半ぶりに開催された党中央外事工作会議は，中国共産党第19回全国代表大会で党規約にも書き込まれた偉大な中華民族の復興という路線の実現のためにグローバルな国際協力体制を構築するという大局を見るべきで，小さな局面にこだわるべきではないとした．これは一見すると主戦論のようにも見えるが，大局のために小局では後退に見えることもありうるということを意味し，実際，この後の米中合意第１弾は大きく譲歩をしたものであった．ただし，貿易上の譲歩に加え，クアルコムとの合併に対する中国独占禁止法上の承認というカードを持っていた中国は，ZTE（中興通訊）に対する制裁の実質的解除を実現しており，単に，ペンス副大統領の強い中国批判に屈したわけではない．

　とはいえ，トランプ政権の対中要求はそれまでの政権とは次元を異にするものであった．トランプ大統領は2018年３月22日に対中制裁の大統領令に署名，７月６日には340億ドル相当の相手国製品に25％の追加関税を，８月23日には160億ドルの相手国製品に25％の追加関税をかける措置を発動し，９月24日には2000億ドル相当の中国製品に10％の追加関税をかける措置を発動した．中国もその報復措置として，600億ドル相当の米国製品に最高10％の追加関税を課す措置を発動した．さらに対抗措置（第１-第３弾）として，米国からの輸入品1100億ドル相当の輸入品に対して25％，さらに第４弾（「リスト４Ⅰ」および「リスト４Ⅱ」合わせて750億ドル相当）の一部に対して５-10％の追加関税措置を発動した．これらの対抗措置の対象は，米国からの輸入（2018年実績，約1500億ドル）の約７割超に達した

　2019年12月１日の米中首脳会談で「第１段階の合意」がなされ，アメリカは

１月15日に予定していた中国製のスマートフォンやノートパソコンなどを対象に15％の関税を上乗せする「第４弾」の残り1600億ドル分の発動を見送り，適用済みの追加関税の税率も一部引き下げることとなった．また，米通商代表部（USTR）の発表によると，適用済みの制裁関税については家電・家具など第１－第３弾（2500億ドル分）にかける25％の税率は維持する一方，９月に発動したスマートウオッチなど1200億ドル分の関税率は15％から7.5％に下げることとなった．

中国側も米農産物の輸入拡大のほか，金融市場の開放や知的財産権保護，為替政策の透明化も打ち出すこととなった．

また，遠隔操作などに大きな影響をもたらすと考えられる第５世代無線通信技術（５G）の技術を多く有するファーウェイ（華為技術）を狙い撃ちにした制裁措置も展開された．アメリカは自国の通信技術においてファーウェイの使用を禁じていくだけでなく，同盟国にも安全保障を理由として同社技術の排除を求めていった．また，同社の携帯端末にはAndroidのOSやアプリが使えない措置を取り，また，子会社のハイシリコン（海思半導体）がアップルなどに迫るCPUを製造できる技術力をつけてきたことに対して，台湾のTSMCなどファウンドリー大手がその製造を受託しないようにする措置をとった．

これに対抗して，中国は2020年に輸出管理法を制定，安全保障を理由として他国からの再輸出も含めて大きく制限をかけることを可能とするようにした．

中国を感染源とするCOVID－19（コロナウイルス）がアメリカにおいて流行し，アメリカ政府の対応の遅れが明確になり，その一方で中国が強権的に感染を抑え，「マスク外交」を展開し始めたこともアメリカ政府が対中強硬政策をとる要因となった．

対台湾政策においても明確な変化があった．外交評議会のリチャード・ハースとデヴィッド・サックスは台湾海峡における軍事バランスの変化を理由に，アメリカが従来とってきた「戦略的曖昧政策」を見直し，台湾への軍事コミットメントを明言するべきだと主張した（ハース／サックス，2020）．それらに呼応し，アメリカ政府は2020年８月断交以来の最高位の閣僚級高官としてアザー厚生長官が訪台し，さらに翌９月にはクラック国務次官は，李登輝元総統の告別式に参列するとして，19日までの３日間台湾を訪れ，滞在期間中に蔡英文総統との会談を行った．

中国はこれらの動きは１つの中国の原則に反するものとして強く反発し，２

日連続で台湾海峡の中間線を越えて軍用機を飛行させるなどけん制を行った.

　2020年10月26-29日に開かれた中国共産党中央委員会第5回全体会議（「5中全会」）では，通例の5中全会が5カ年計画を議論することに加えて2035年までの長期目標も議論された. 2017年秋に打ち出された2035年までに経済力や科学技術力の強化を通じて，中国を世界の上位に押し上げるという中間目標の具体化である. 11月3日，習近平国家主席は「第14次5カ年計画と2035年までの長期目標に関する建議」でもってこれらを解説し，各種課題を再整理した. これによると2021-35年の政策運営における重要課題は，① 質の高い成長の確保，② 経済の新発展モデル「双循環」の構築，③ 2025年までに高所得国入りし，2035年には GDP あるいは一人当たり所得を倍増，④ 脱貧困・格差の是正，⑤ 安全保障・国防の強化，⑥ 共産党指導の徹底，⑦ 共産党100周年（2021年）に「小康社会」達成を宣言，の7つである. ⑦ は2021年7月1日の習近平国家主席による演説で実際に宣言された.

## （4）　バイデン政権の成立と米中関係の変化

　2020年に実施された大統領選挙で当選を確実にしたバイデン氏とその国務長官に就任予定のブリンケンは9月のオンライン講演で，取り組むべき優先的な課題の1つに中国の影響力の拡大を挙げ，トランプ政権が同盟を弱体化させた結果，力の空白が生まれ中国につけいる隙を与えたなどとして，「トランプ大統領のもとで中国の戦略的地位は強まりアメリカの地位は弱まった」と指摘した. また，気候変動など地球規模の課題では中国との協力を模索しつつも，「われわれは自分たち自身の強固な基礎を再建し，強い立場から中国に関与する」としている. これらはトランプ政権からの基本的立場の転換というよりも，手段としての同盟重視か否かの転換といえよう.

　2021年1月にバイデン政権が成立した. バイデン政権は日本，オーストラリア，インドとのクアッド重視の姿勢を示し，4カ国とのオンライン首脳会談を実施，また，日韓とは外務・防衛担当閣僚閣議（2プラス2）を実施し，そのうえでアラスカで米中の外交首脳会談を実施した. そこでは人権問題に関して強い米中対立が見られた. また，2月には重要部材のサプライチェーン見直しに着手，① 半導体，② 高容量電池，③ 医薬品，④ 重要鉱物について供給網を見直すこととし，自国に工場誘致を行っている. また，3月に発表した暫定版の国家安全保障戦略では「中国は唯一の競争相手」とした.

### （5）　米中は「新冷戦」か？

　米中関係は以上のように緊張関係を高めており，それは「新冷戦」とも呼ばれるようになっている．しかし，それを従来の米ソ冷戦期の「封じ込め政策」への回帰とみなすことはできない．「新冷戦」の定義にもよるのであるが，「新」の意味するところが，米ソではなく，米中を基軸とする冷戦であり，基本的に封じ込め政策であるととらえるのであれば，その視点では説明できないことが多い．

　もし，アメリカの対中政策が基本的に「封じ込め政策」であれば，穀物の輸出拡大を目指すのではなく，むしろかつて行った「武器としての食糧」政策によりむしろ禁輸措置によって安全保障上の利益を図るはずである．また，封じ込めが第一優先であれば，米系多国籍企業の中国への投資を禁じ，現存の企業の生産中止，企業内貿易による逆輸入禁止，在米生産拠点への中核部品の輸出禁止措置を取るはずである．しかしそれらは注意深く回避されている．また，安全保障第一を言うのであれ，中国による米国債の保有も禁じるはずである．しかし，そのようなことも行っていない．

　たしかに，オバマ政権までのかつての対中関与政策に対する批判は強い．かつて関与政策に近かったカート・キャンベルとイーライ・ラトナーは，フォーリン・アフェアーズ誌で「中国がやがて国際社会にとって望ましい存在になるという前提を捨て去ることが必要だ」，「あらゆる立場からの政策論争が間違っていた．中国が段階的に開放へと向かっていくことを必然とみなした自由貿易論者や金融家，国際コミュニティへのさらなる統合によって北京の野望も穏健化すると主張した統合論者，そして米国のゆるぎない優位によって中国のパワーも想定的に弱体化すると信じたタカ派など，あらゆる立場からのすべての主張が間違っていた」という（キャンベル／ラトナー，2018）．しかし，これは封じ込めへの回帰は意味しない．対中強硬政策の代表格であるナヴァロが2016年，大統領選挙の最中にウィルバー・ロスとともに策定した「トランプ・トレード・ドクトリン」は「どんなディールも経済成長率を高め，貿易赤字を削減し，米国製造業の基盤強化につながらなければならない」ということであり（三浦，2018），目指すのは中国の台頭の現実に見合った実効性のある「ディール」であり，そのために新たな手段が必要であるということである．ユーラシア・グループのイアン・ブレマーは中国との競争に軸足を置きつつ，協調の余地も探るというバイデン氏は，（ドラゴン・スレーヤーとパンダ・ハガーの）「状況に

応じて2つの顔を使い分けるつもりだろう」(『日本経済新聞』2021年3月18日) と述べているが本章はこれに同意する.

　また, 中国側の対応も多くの対抗措置も取りつつ, 穀物輸入の拡大などには応じ, 実際に輸入も拡大させており, 米系企業の生産活動を禁止するわけでも, 新規投資を禁じるわけでもなく, 米系企業の投資はむしろ拡大している. ましてや米国債を売り払ってしまうわけでもない. 封じこめ政策対応ではなく, 強硬な関与政策 (hawk engagement) (渡辺 (2019), より圧力を強めた上での関与政策) に対する「強い対抗措置」をとっているとみるのが妥当であろう. 人権問題などは3月に人権侵害にかかわった人物と団体に対して制裁をしたにすぎない欧州連合 (EU) に対して強い報復措置をとるなど強硬な対応をとるいっぽうで, アメリカからの輸入や投資受け入れは拡大している. また, 2021年3月に開かれた第13期全国人民代表大会で決定された第14次5カ年計画では, 2021年については経済成長率6％以上とされたが, 計画期間の経済成長率は示されず, 中等先進国の水準を目指すとされた. 対立の焦点となっていた「中国製造2025」にも言及されず, 逆にTPP (環太平洋パートナーシップ) への参加を積極的に検討するとされた.

　対立が際立ったアラスカ会談でも激しい対立の後の会談では気候変動, 北朝鮮, アフガニスタン問題での協調が約束され, また, バイデン政権の暫定版国家安全保障戦略でも気候変動, 医療, 核軍縮での「協力を歓迎する」と明記されている.

## 2　中国「一帯一路」構想を見る地平

### (1)　「一帯一路」構想の概要, 体制, 実績

　「一帯一路」構想は2014年11月10日に中国北京市で開催されたアジア太平洋経済協力 (APEC) 首脳会議で, 習近平国家主席が提唱したものである. それは経済圏構想中国西部から中央アジアを経由してヨーロッパにつながる「シルクロード経済ベルト」(「一帯」) と, 中国沿岸部から東南アジア, スリランカ, アラビア半島の沿岸部, アフリカ東岸を結ぶ「21世紀海上シルクロード」(「一路」) の2つの地域で, インフラストラクチャー整備, 貿易促進, 資金の往来を促進する計画である. 「一帯」は習近平国家主席が行った2013年9月7日のカザフスタンのナザルバエフ大学での演説, 「一路」は同2013年10月3日のイ

ンドネシア国会での「中国 ASEAN 運命共同体建設協力」演説でアジアインフラ投資銀行（AIIB）とともに初めて提唱された．それが上記会議で一体化された．

2019年の中国共産党第19回全国代表大会ではマルクス・レーニン主義，毛沢東思想，鄧小平理論，3つの代表，科学的発展観に続く6番目の党の「指導思想」として習近平総書記による「新時代の中国の特色ある社会主義思想」が党規約に明記されたが，それとともに「一帯一路」もまた，規約の中に取り入れられ，習近平総書記の任期を超えた党の指導思想の一部として位置づくこととなった．

2017年5月と2019年4月の2度にわたり，一帯一路をテーマとした大規模な国際会議「一帯一路フォーラム」が開催され，首脳級を派遣した国の数は第1回の29カ国から第2回は37カ国に拡大した．中国と一帯一路協力の文書に署名した国の数は，主要7カ国（G7）で初となるイタリア（2019年3月署名）を含め，2019年4月までに計127カ国（および29の国際組織）に増加した．

中国は政府機関（財務部）が無償援助，政府系銀行の国家輸出入銀行，国家開発銀行が優遇借款（国家輸出入銀行は優遇バイヤーズクレジットも），その他公的基金としてシルクロード基金，地域別基金（中国アフリカ基金，中国 ASEAN 基金，中国中東欧基金ほか），南南協力基金など，さらに中国工商銀行などの商業銀行が融資を行い，また，国有企業，民間企業の双方が対外直接投資を行い対外経済関係を強めている．

中国の対外開発援助（ODA）は2018年度で純支出額ベースで64億ドルにまで拡大した．これを OECD 開発援助委員会（DAC）メンバーにトルコとアラブ首長国連邦（UAE）を加えた中で比較すると，アメリカ（338億ドル），ドイツ（257億ドル），英国（195億ドル），フランス（128億ドル），日本（101億ドル），トルコ（86億ドル）に次ぐ第7位レベルである．[2]

また，それ以外に ODA にはカウントされないが輸出投資の促進に大きな役割を果たす優遇バイヤーズクレジットは2018年には純額で79億ドルに達した．[3]

対外直接投資も急拡大し，ストックベースで2018年は1兆9823億ドル，2019年は2兆0994億ドルでアメリカ（6兆4527億ドル，6兆4527億ドル）に次ぎ，日独英仏の他のG5国を凌駕し，アメリカとオランダに次ぐ世界第3位に達した．[4]

これらをもとに①欧州国際貨物列車「中欧班列」（China Railway Express），②アジア鉄道ネットワーク（含：インドネシア高速鉄道），③中国・パキスタン経済

回廊 (CPEC : China Pakistan Economic Corridor), ④ スリランカの港湾 (コロンボ港, ハンバントタ港), ⑤ アフリカ東沿岸部鉄道 (ジブチ・エチオピア鉄道, マダラカ高速鉄道 (ナイロビ・モンバサ間)) などを代表とする各種プロジェクトが多く取り組まれた.

### (2) 「一帯一路」構想を巡るトラブルと「質の高い」発展方策

しかし, 戦略的目標にもとづく返済能力を超えた貸付がなされ, 受注が中国企業に紐づけられ, また, 多くのケースで労働者すらも中国から連れてこられるというなかで透明性, 公平性が問題とされ, スキームの見直しなどのトラブルが続出した (ハツ井, 2019). また, 中国が内政不干渉原則に基づき, 援助受入国にいかなる政治条件も付与しないこととしていることも, 先進各国, とくにEUとの距離が大きい.

とくに2017年7月に起こったスリランカのハンバントタ港の債務不履行に対して港湾運営権を99カ年譲渡するに至ったことは, (その形態がかつて中国における列強租借地に類似していることもあり)「債務の罠」として大きな批判と警戒心を生みだした.

これらに対して2018年8月「一帯一路建設工作5周年座談会」で習近平国家主席は一帯一路の過去5年間の成果を強調すると同時に,「一帯一路を質の高い発展の方向に変化させる」とし, さらに2019年の習近平国家主席は第2回フォーラムの基調演説では「一帯一路債務の持続可能性分析枠組み」にも言及した.

日本政府は当初「一帯一路」構想には警戒的であったがインフラプロジェクトへの参加を熱望する財界の要望にも応え, 安倍晋三首相は2017年5月の「一帯一路」フォーラムに自民党の二階俊博幹事長を派遣, さらに, 2019年3月25日参院予算委員会で, 中国が進める経済圏構想「一帯一路」に日本政府が協力するためには, ① 開放性, ② 透明性, ③ 経済性, ④ 対象国の財政健全性の保証が必要だ, との安部4条件を示した. そして「四つの条件, 考え方を取り入れているのであれば協力していく. 全面的に賛成ということではなく, お互いより良い地域を作っていく」と述べた.

### (3) 日本の研究者間の分岐と本章の立場

日本の研究者では地政学的あるいは覇権理論的な立場に立つ研究者は, 安倍

表9-1　中国主導のインフラ関連事業の計画見直しやトラブルの例

| 対象国 | 時期 | 計画見直しやトラブルの内容 |
|---|---|---|
| ハンガリー・セルビア | 2017年2月 | 中国主導のハンガリー・セルビア高速道路建設の公共事業プロセスの妥当性につき，在中国 EU 代表部は「欧州委とハンガリー政府が協議中」と声明 |
| スリランカ | 2017年7月 | 中国の融資により開発したハンバントタ港の債務返済不能となり，同港運営会社の株式70％を中国側に99年間譲渡 |
| マレーシア | 2018年7月 | 中国主導の「東海岸鉄道」の建設中止を決定．その後，中国側との再交渉を経て，事業費を圧縮した上で，2019年7月に建設再開 |
| パキスタン | 2018年10月 | 中国パキスタン経済回廊（CPEC）の主要事業であるカラチ・ペシャワール鉄道の事業費を82億ドルから62億ドルに圧縮する方針を声明 |
| ミャンマー | 2018年11月 | 中国主導のチャウピュー港開発について，中国側との間で，事業規模縮小やミャンマー側の出費比率引き上げを含む計画見直しで合意 |
| ケニア | 2019年6月 | 中国の支援で沿岸部の都市ラムに石炭火力発電所を建設する計画で，ケニアの裁判所は，適切な環境影響評価を実施してないとして計画差し止め |
| タンザニア | 2019年6月 | タンザニアのマグフリ大統領は，中国の支援により進めるバガモヨでのアフリカ最大級の大型港湾開発について，中国側に事業条件変更を要求 |

（出所）ハツ井（2019）.

晋三首相の提唱した「自由で開かれたインド太平洋」概念を支持し，「一帯一路」への対抗を基軸に論じることが多い（白石（2016），岡本（2020）など）.

　これに対して国際アジア共同体学会が2017年11月に設立した「一帯一路日本研究センター」（代表進藤榮一）は「『一帯一路』構想が中国と日本にウィンウィンの経済発展や協力関係を構築する非常に大きなチャンスをもたらしている」（新華綱，2019）とし，ハンバントタ港建設債務はスリランカの対外債務518億ドルのうちの11億ドルにすぎず，新植民主義などを切り捨てることはできない，また，「真珠の首飾り」という概念は米製のものにすぎないなどとする（Web日本評論，2018）.

　中間的ポジションとしては高原明夫は「一帯一路は改革開放に似た」，「ソフトパワーを有する星座的概念」であり，「日本は星座に惑わされることなく，一つ一つの星，すなわちプロジェクトを吟味すべき」で，安倍晋三首相が提示した4条件を満たせば「協力すればよいだろう」とする（高原，2020）.

　本章のポジションは上記のいずれでもない．本章の基本的立場は平和と繁栄をもたらす，公正で効率的なグローバルガバナンスを，対立関係を内包する世

界の中でいかに作り上げられるのかという巨視的，中立的立場での議論をすべきであるとの立場である．それは客観的分析というよりも願望ではないか，との批判はあるだろうが，3つの点で反論しておきたい．

1つ目に，米中両国はとも国際上の主導権をにぎろうとすればするほどともに国際公共財を提供することが必要となってくるということである．2つ目に，すでに米中間の経済的相互依存関係は深く，軍事的な意味での相互確証破壊だけでなく，経済的な意味でも，全面的な相互排除を行うと自らに相当のダメージをもたらすということである．3つ目に，国際関係学における今日の有力な潮流となっている社会構成主義 (constructivism) の理論が明らかにしているように，国際秩序において規範，理念，ルールといったものは単に政治的，経済的利害の従属物ではない．国際秩序はそれらに条件づけられながらも，理念およびその理念の社会的な構築の結果形成されるものである．すでに，国際社会においてミレニアム開発目標 (MDGs) とその後継たる持続可能な開発目標 (SDGs) という合意は形成されている．むろん，諸国が政治的，経済的利害を超えてそれらの目標に邁進すると考えるのは楽観的に過ぎるが，SDGs などの規範の持つ拘束力は現実的なものである．

また，本章の立場から言えば，アメリカ主導のグローバルガバナンスがどれほどその支配を正当化しうるほどに公正なのか，またどれほど有効に機能しているのかという観点ぬきに，中国の台頭を問題視し，ゼロサムゲーム的発想に立つことは，生産的ではないし，公正でもない．中国がまだ軍港にしたわけでもない港湾の運用権を得たことで軍事的包囲網形成などと大きく問題にする一方で，アメリカがもっとリアルにイランのソレイマニ司令官を空爆により爆殺し，また，それを戦争を起こさないための予防的措置であると宣言したことに対して問題にすらしないのは議論の公平性を欠くとはいえないだろうか．アフリカ，南アジアなどの貧困からの脱出にアメリカの主導する現国際体制はどこまで効果があったのか．これを問わないで中国のアフリカへのコミットメントを脅威として描くことは妥当だろうか．

一方，新たな援助思想に基づく中国の「一帯一路」こそが，途上国を救うという逆の一面化も，中国の現在の経済力や援助額の水準などを考えれば公平性に欠ける．SDGs などすでに現時点で国際的に合意された開発目標に対して，中国がその一部をどれだけ担えるのかと考えるほうが現実的であろう．

また，米中の対立は，SDGs にそった国際公共財の供給において阻害要因と

なりうるが，供給競争が起こるのであれば，促進要因にもなる．

　日本の取るべき方向性の議論として，日本企業が政治的に取り込まれないように しつつも，ビジネスにありつけるにはどうすればよいかという企業利益的観点に立つのではなく，世界の国際公共財供給の一角をなし，米中の対立が国際公共財供給の減少につながらないように，補完・誘導の役割をいかに果たすべきか，という点から論じられるべきであろう．

　本章は「新冷戦論」を批判し，アメリカが追求しており，今後も追求すると思われるのは「強い関与」であり，中国がそれに対する「強い対抗措置」を行うものとした．これは，米中両国が決定的ではない衝突を繰り返しつつも，共存可能であり，対立しつつも，SDGs などの国際的合意に向かっての貢献をなしうることを示す．米中の表面的な対立にのみ目を奪われるのではなく，問題もはらみつつ，どこが着地点となっていくのか，行くべきなのかを考えていく必要があろう．

### 注

1 ）2018年12月10日付の『香港経済日報』は，中国共産党中央は対米戦略として，「対抗せず，冷戦にせず，市場を開放し，国家の核心的利益では譲歩しない」との方針を決めた，と報道し，それが日本や台湾のメディアにも流れた．また，松本（2020：55）は台湾のネットニュースを根拠にそれが確認されているとしているが，所在は不確かである．

2 ）OECD, QWIDS,〈http://stats.oecd.org/qwids/〉（2020年12月12日アクセス）より作成．2018年度から導入されている贈与相当額計上方式ではさらにスウェーデンに次いで第 8 位のレベル．

3 ）Naohiro Kitano（2019）*Estimating China's Foreign Aid : 2017-2018 Preliminary Figures*,〈https://www.jica.go.jp/jica-ri/publication/other/l75nbg000018z 3 zd-att/20190926_01.pdf〉，9 月27日，pp. 1-2

4 ）UNCTAD STAT〈https://unctadstat.unctad.org/wds/ReportFolders/reportFolders.aspx〉2020年12月10日アクセス．

### 参考文献

日本語

アリソン，グレアム（2017）「米中とツキジデスの罠——次なる文明の衝突を管理するには——」『フォーリン・アフェアーズ・レポート』2017年 9 月号．

泉川泰博（2020）「アメリカ大統領選挙と米中関係の行方」『東亜』No. 641，11月．

閻学通（2019）『歴史の慣性——これからの中国と世界 2013-2023——』晃洋書房．

遠藤貢（2020）「中国—アフリカ関係の現在」『東亜』No. 641，11月．

大橋英夫（2020）『チャイナ・ショックの経済学——米中貿易戦争の検証——』勁草書房.

岡本至（2020）「日本が一帯一路に協力してはならない五つの理由——独裁国家の覇権確立に寄与するな——」『改革者』2月号.

奥村晧一（2020）『米中「新冷戦」と経済覇権』新日本出版社.

川島真・遠藤貢・高原明夫・松田康博編（2020）『中国の外交戦略と世界秩序——理念・政策・現地の視線——』昭和堂.

キャンベル，カート／イーライ・ラトナー（2018）「対中幻想に決別した新アプローチを——中国の変化に期待するのは止めよ——」『フォーリン・アフェアーズ・レポート』2018年4月号.

キャンベル，カート・M. ／ミラ・ラップ＝フーバー（2020）「外交的自制をかなぐり捨てた中国—覇権の時を待つ北京」『フォーリン・アフェアーズ・レポート』2020年8月号.

清水美和（2010）「菅政権が見逃した中国『強気の中の脆さ』」『中央公論』10月12日（火）18時9分 配 信〈http://zasshi.news.yahoo.co.jp/article?a=20101012-00000303-chuokou-pol〉.

下村恭民・大橋英夫・日本国際問題研究所編（2013）『中国の対外援助』日本経済評論社.

白石隆（2016）『海洋アジア vs 大陸アジア』ミネルヴァ書房.

新華網（2019）「『一帯一路』は日中両国に大きなチャンスもたらす　進藤栄一氏」04－27〈http://jp.xinhuanet.com/2019-04/27/c_138012745_2.htm〉，4月27日.

進藤榮一・周瑋生・一帯一路日本研究センター編（2018）「『一帯一路からユーラシア新世紀の道』日本評論社.

スタインバーグ，ジェームス／マイケル・E．・オハンロン（村井浩紀・平野登志雄訳）（2015）『米中衝突を避けるために——戦略的再保証と決意——』日本経済新聞出版社.

高原明生（2020）「中国の一帯一路構想」（川島・遠藤・高原・松田編（2020）所収）

中川涼司（2011）「中国対外政策の新段階——国際秩序への適応と新秩序創造——」『立命館国際地域研究』第33号，3月31日

———（2020）「中国の『一帯一路』政策と対カンボジア投資——中所得国多国籍企業論のパースペクティブとその拡張——」『立命館国際地域研究』第52号.

———（2021）「発展途上国の開発問題と持続可能な開発目標（SDGs）」足立研幾・板木雅彦・白戸圭一・鳥山純子・南野泰義編『プライマリー国際関係学』ミネルヴァ書房.

ハース，リチャード／デビット・サックス（2020）「米台湾戦略の明確化——有事介入策の表明で対中抑止力を——」『フォーリン・アフェアーズ・レポート』2020年11月号.

廣野美和編（2021）『一帯一路は何をもたらしたのか』勁草書房.

平川均・町田一兵・真家陽一・石川幸一著（2019）『一帯一路の政治経済学——中国は新たなフロンティアを創出するか——』文眞堂.

松本はる香編著（2020）『〈米中新冷戦〉と中国外交』白水社.

―――――（2020）「習近平政権をめぐる国際関係」（松本はる香編著『〈米中新冷戦〉と中
　　国外交』白水社，所収）．

三浦秀之（2018）「新しい冷戦？　米国の対中経済政策『関与』から『牽制』へ」世界経
　　済評論 IMPACT，9月9日〈http://www.world-economic-review.jp/impact/article
　　1479.html〉，9月9日．

八ツ井琢磨（2019）「一帯一路の軌道修正を模索する中国――『国際スタンダード』への
　　歩み寄りとその限界――」三井物産戦略研究所〈https://www.mitsui.com/mgssi/ja/re-
　　port/detail/__icsFiles/afieldfile/2019/10/15/1910c_yatsui.pdf〉，10月．

渡辺恒雄（2020）「米国の対中戦略観――同盟国はどう考えるべきか？――」〈http://kiip.
　　or.jp/taskforce/doc/anzen201910-2_WatanabeTsuneo.pdf〉，10月2日．

Web日本評論（2018）「『一帯一路からユーラシア新世紀の道』（編：進藤榮一・周瑋生・
　　一帯一路日本研究センター）」〈https://www.web-nippyo.jp/10846/〉，12月16日．

**英語**

Bergsten, Fred C.（2008）"A Partnership of Equals"，Foreign Affairs, July/August.

―――――（2009）"Two's Company", *Foreign Affairs*, September/October.

Kitano, Naohiro（2019）*Estimating China's Foreign Aid : 2017-2018 Preliminary Figures*,
　　〈https://www.jica.go.jp/jica-ri/publication/other/l75nbg000018z3zd-att/20190926_01.
　　pdf〉，9月27日．

Mearsheimer, John J.（2014）*The tragedy of great politics*, New York : W. W. Norton（奥
　　山真司訳『新装完全版　大国政治の悲劇』五月書房新社，2019年）．

**中国語**

葉自成（2004）「中国外交需超韜光養晦」『国際先駆導報』1月1日．

王逸舟（2003）『全球政治和中国外交』世界知識出版社．

**web サイト**

OECD, QWIDS,〈http://stats.oecd.org/qwids/〉2020年12月12日アクセス．

UNCTAD, STAT〈https://unctadstat.unctad.org/wds/ReportFolders/reportFolders.
　　aspx〉2020年12月12日アクセス．

中国政府網中央人民政府門戸網站〈https://www.gov.cn/〉2021年3月8日アクセス．

## ——第10章————————————————————————

# 「一帯一路」と受け入れ途上国
## ——援助か「債務の罠」か——

井 出 文 紀

## は じ め に

中国の急成長とともにその海外展開が急激に拡大する中で，いわゆる「一帯一路」構想は，その周辺にある途上国を広範に巻き込みつつある．資金力の乏しい途上国からみたとき，旧来の西側主要国主導によるインフラ開発に加えて，新たな援助の出し手として中国が登場し，援助が多様化したことは望ましいといえるのかもしれない．ただし，そのことが，当該地域をめぐる開発のあり方，パワーバランスの変動ももたらしつつあるように思われる．また，その援助をめぐっては，いわゆる「ひもつき」援助であるがゆえに現地企業ならびに現地労働者への波及効果が極めて弱いこと，途上国に対する債務の急増による「債務の罠」をもたらす可能性などから懸念の声も生じており，また，2017年のトランプの大統領就任以降アメリカのアジア太平洋地域への影響力が低下したことともあいまって，米中両国の影響力の変化への戸惑いの声もみられる．

TPP をアメリカ主導で締結しようとし，東南アジア諸国への歴訪，各種会議への積極的な参加を行っていたオバマ時代と比べると，TPP 離脱，東南アジア諸国連合（ASEAN）関連会議の途中離脱，各国歴訪の少なさなど，トランプ政権下では対東南アジアの戦略的重要性は相対的に低下していったと思わざるを得ない．同地域への中国の影響力拡大に対しては，ASEAN のなかでも中国との距離がより近いラオス，カンボジア，ミャンマー，経済的な依存を認めつつも距離感を模索するベトナム，総選挙での史上初の政権交代とともに一帯一路関連の鉄道敷設プロジェクトの大幅な見直しが行われたマレーシアのように，その対応には幅が見られる．本章では，とりわけ ASEAN の各国を念頭に，一帯一路構想以降の中国の援助プロジェクトの急増，それをめぐるさまざ

まな反応を概観すると同時に，トランプの大統領在任中変化していった米中両
国の対東南アジア関係についても合わせて検討したい．

## 1　米中対立を ASEAN はどうみたか

### （1）　トランプ就任と ASEAN

　これまでの章でも検討されてきたように，ASEAN のなかでも相対的に発展
の度合いが高く，また外資誘致による輸出志向工業化を進めてきたシンガポー
ル，マレーシア，タイ，インドネシア，フィリピンなどの国々にとっては，ア
メリカは長らく，投資誘致の対象としても輸出相手国としても極めて重要な位
置にあった．その後，改革開放の進展とともに，世界の工場，市場として中国
のプレゼンスが高まり，中国と ASEAN との FTA が締結されると，ASEAN
諸国は中国との関係を深め，グローバルなバリューチェーンのなかで緊密な関
係を構築しつつある．他方で，南シナ海の領有権問題では海洋進出を進める中
国とベトナムやフィリピンとは対立する関係にあり，域内への一定のプレゼン
スをもって牽制しようとしてきたアメリカなどと中国との摩擦を生んでいるこ
ともあって，米・中・ASEAN の関係はきわめて複雑である．

　オバマの退陣後，大統領となったトランプとその対アジア政策を ASEAN
諸国はどのように受け止めたのだろうか．「アジア回帰」を公言したオバマ
は，TPP 交渉を主導して2015年にはいったん大筋合意にまでこぎつけるなど
アジア太平洋地域での経済圏構築を積極的に進めたほか，大統領就任早々に
ASEAN 諸国を訪問し，毎年開催される ASEAN 関連の会議への大統領，重要
閣僚の出席などを通じて，中国の南シナ海への海洋進出に対する牽制を行って
きた．他方，トランプは選挙戦の中で「アメリカ第一主義」を掲げ，TPP が
自国に利益をもたらさないと主張して，TPP 離脱に舵を切った．井出（2016）
でも検討したように，国内産業へのマイナスの影響を懸念する声を押し切って
でも TPP 参加によるアメリカ向けの輸出増加を期待し，米中間でのバランス
外交を意図していた交渉参加国のマレーシア，ベトナムにとって，アメリカの
TPP 離脱それ自体が大きな衝撃と失望を与えるものであった．

　さらに大統領就任後のトランプの行動は，ASEAN 諸国に対してトランプの
意識が自らには向いていないという印象を与えたと思われる．クックとストー
リー（Cook and Storey, 2017）によれば，大統領就任から 3 カ月ほど，合計50回に

およぶ外国首脳との電話会談と15回の直接的な会談が行われた間，ASEANの首脳は一度もトランプと話をする機会を得られなかった．「外交政策に関して，新政権は主に中東，ヨーロッパを重視してきた．ペンス副大統領の最初の訪問先は中東とヨーロッパであり，トランプの最初の外交訪問もNATO，G7会議への参加であったし，公式に会談した最初の首脳はイギリスのメイ首相であった．アジアに関しては，トランプの優先事項は対北東アジア（中国，日本，韓国）政策と北朝鮮の核問題にあった．上記の期間中，東南アジアへの関与はこれといったものが存在しなかった」(Cook and Storey, 2017)．毎年開催されるASEAN首脳会議とそれに付随して行われる一連の国際会議に対しても，トランプは欠席，もしくは途中帰国が続いた．2018年のASEAN首脳会議をトランプは欠席（ペンス副大統領が代理出席）し，2019年にはその代理出席すらオブライエン大統領補佐官（国家安全保障担当）に「格下げ」された．各国は外交儀礼上ASEANを軽視したとして，議長国のタイ，次期議長国ベトナム，対話窓口国ラオスの首脳以外は外相に出席させるという異例の事態となった[1]．ようやく2019年ごろから中国との摩擦が強まるなかで南シナ海に対してもアメリカの関心が向けられるようになってきたとはいえ，北朝鮮の金正恩委員長との直接会談に対する熱意とは対照的に，当初のトランプの意識はASEANには向いていなかったと受け止められても致し方ないように思われる．

　オバマ政権時代，アメリカは2012年4月の南シナ海スカボロー礁での中国とフィリピンのにらみ合い，翌2013年11月の中国による「東シナ海防空識別圏」設定発表などに対し，「航行の自由作戦」として米海軍のイージス艦を派遣させるなど，一定の関与を続けてきた．ASEAN側においても，2014年の首脳会議議長声明では，南シナ海情勢に対して「深刻な懸念」という文言が明記され，2016年までは「深刻な懸念を共有」という文言が入れられていた．それが2017年4月には「一部首脳の懸念に留意」とトーンダウンし，8月の中国ASEAN双方による南シナ海行動規範の枠組み承認を受けて，11月には「懸念」の文言が議長声明から消えるに至った[2]．米中両国のプレゼンスの変化が，南シナ海問題にも大きな影響を与えてきたといえる．

### （2）　アンケートに見るASEANの対米中認識

　米中のASEANへの関与について，当事者たちはどのような思いを持っているのだろうか．シンガポールにあるISEAS-Yusof Ishak InstituteのASEAN

研究センターは，ここ2年ほど，ASEAN諸国の政治，研究，ビジネス，市民社会，メディアにかかわる専門家1000人余りに対する興味深いアンケート調査を行っている（Tang et. al., 2019 ; 2020）．以下，その調査結果をみてみたい．

　「アメリカのグローバルなパワーと影響力は1年前と比べて現在変化したと思うか」という問いには，2019年版では，「顕著に増加」と回答したのが4.3%，「増加」が15.4%，「不変」が21.2%なのに対し，「低下」という回答が45.6%，「顕著に低下」との回答が13.5%と，低下傾向という認識が7割近くを占める．とりわけフィリピン（低下，顕著に低下の合計が75.7%），シンガポール（同72.8%），ブルネイ（68.2%），マレーシア（67.6%）などでは，アメリカの影響力低下に強い懸念が示されている．「トランプ政権の東南アジアへの関与レベルはオバマ政権時と比べてどう変化したか」についても同様に悲観的な反応が多く，2019年版では「顕著に増加した」との回答が1.9%，「増加した」が11.4%，「不変」が18.7%なのに対し，「低下した」が51.2%，「顕著に低下した」が16.8%にも及んでいる．ネガティブな反応はカンボジア，マレーシア，シンガポール，インドネシア，タイ，フィリピンで高くいずれも7割を超えている．翌2020年版では，「顕著に増加」1.5%，「増加」8.4%，「不変」13.1%に対して「低下」が40.6%，「顕著に低下」が36.4%と，さらにトランプ政権の関与低下を懸念する声が拡大している（表10-1）．

　他方，「東南アジアに対する中国の大国としての存在をどうみるか」という問い（複数回答）には，2019年版では「現状打破的勢力（revisionist power）となる」という回答が45.4%，「オルタナティブな地域的リーダーシップを提供」が35.3%，「中国の意図を確かめるには尚早」が25.7%，「現状維持的勢力（status quo power）」に留まる」が22.5%，「善意の勢力（benign and benevolent power）となる」が8.9%であった．中国の影響力行使に域内の力関係を変化させる可能性を感じている回答が多いいっぽう，善意の平和的な大国として中国を見る回答は，ラオス（13.8%），ミャンマー（13.1%），カンボジア（12.5%）など，外交・援助面で深いつながりを見せるインドシナ半島諸国で相対的に多くなるのが特徴的である．択一式回答となった2020年版では，「現状打破的」が38.2%，「オルタナティブ」が34.7%，「時期尚早」が18.5%，「現状維持」が7.1%，「善意の勢力」が1.5%であった．

　経済的および政治的な東南アジア地域への影響力に関する問いでは，対照的な結果が出ている．「経済的にもっとも影響力の強い国／地域はどこか」とい

表10-1　トランプ政権の東南アジアへの関与レベルはオバマ政権と比べてどう変化したか

（単位：％）

| | 顕著に低下 | | 低下 | | 不変 | | 増加 | | 顕著に増加 | |
|---|---|---|---|---|---|---|---|---|---|---|
| | 2019 | 2020 | 2019 | 2020 | 2019 | 2020 | 2019 | 2020 | 2019 | 2020 |
| ASEAN | 16.8 | 36.4 | 51.2 | 40.6 | 18.7 | 13.1 | 11.4 | 8.4 | 1.9 | 1.5 |
| ブルネイ | 15.9 | 45.3 | 50.0 | 32.0 | 25.0 | 18.6 | 9.1 | 4.1 | 0.0 | 0.0 |
| カンボジア | 16.7 | 57.7 | 70.8 | 30.8 | 4.2 | 3.8 | 8.3 | 7.7 | 0.0 | 0.0 |
| インドネシア | 19.1 | 41.9 | 54.8 | 37.8 | 18.2 | 16.2 | 7.0 | 3.4 | 0.9 | 0.7 |
| ラオス | 24.1 | 39.2 | 27.6 | 30.4 | 41.3 | 13.0 | 3.5 | 13.0 | 3.5 | 4.4 |
| マレーシア | 24.8 | 43.6 | 55.9 | 42.3 | 13.8 | 8.0 | 4.1 | 4.3 | 1.4 | 1.8 |
| ミャンマー | 8.3 | 30.7 | 55.4 | 46.7 | 19.6 | 12.7 | 14.9 | 8.2 | 1.8 | 1.7 |
| フィリピン | 21.6 | 26.3 | 49.6 | 38.7 | 18.0 | 18.2 | 7.2 | 14.6 | 3.6 | 2.2 |
| シンガポール | 23.4 | 47.8 | 53.9 | 41.9 | 21.1 | 6.8 | 1.6 | 3.1 | 0.0 | 0.4 |
| タ　イ | 17.5 | 47.8 | 55.3 | 36.5 | 13.2 | 10.4 | 12.3 | 4.2 | 1.7 | 1.0 |
| ベトナム | 3.3 | 7.9 | 33.6 | 42.8 | 22.1 | 20.4 | 36.1 | 25.0 | 4.9 | 3.9 |

（出所）Tang et. al.（2020：35）.

う問いには，2019年版では中国という回答が圧倒的な73.3％で，ASEAN（10.7％），アメリカ（7.9％），日本（6.2％）を大きく引き離している．2020年版では中国79.2％，ASEAN8.3％，アメリカ7.9％，日本3.9％と，中国の経済的な影響力集中の傾向はさらに強まった．他方，「政治的，戦略的に」最も影響力の強い国／地域を尋ねる問いには，2019年版では中国（45.2％），アメリカ（30.5％），ASEAN（20.8％），日本（2.1％）という回答が続き，アメリカやASEANが一定の比率を持っているが，2020年版ではこちらも中国（52.2％），アメリカ（26.7％），ASEAN（18.1％），日本（1.8％）となり，中国の比率の上昇と他地域の相対的な影響力低下の傾向が明らかになった．

　さらにこのアンケートでは，「中国主導の一帯一路構想に対してあなたはどう受けとめているか」（複数回答）も聞いている．2019年度版では，回答の多かった順に，「ASEAN諸国が中国の軌道に乗せられる」（47.0％），「域内諸国にインフラ資金をもたらす」（35.0％），「影響分析するには情報不足で時期尚早」（30.7％），「域内の経済開発とASEAN中国関係の促進にプラス」（30.1％），「現地コミュニティへの恩恵は少なく成功しない」（15.7％）という回

表10-2　中国主導の一帯一路構想に対してどう受けとめているか（複数回答）

(単位：%)

| | 域内経済開発やASEAN中国関係を促進 | 必要な域内のインフラ資金を提供 | 影響分析するには情報不足で時期尚早 | ASEAN諸国が中国の軌道に乗せられる | 現地コミュニティへの恩恵は少なく成功しない |
|---|---|---|---|---|---|
| ASEAN | 30.1 | 35.0 | 30.7 | 47.0 | 15.7 |
| ブルネイ | 43.2 | 43.2 | 38.6 | 52.3 | 9.1 |
| カンボジア | 41.7 | 70.8 | 20.8 | 50.0 | 8.3 |
| インドネシア | 26.0 | 38.3 | 30.4 | 44.4 | 19.1 |
| ラオス | 75.9 | 55.2 | 6.9 | 31.0 | 3.5 |
| マレーシア | 39.2 | 42.0 | 28.7 | 51.8 | 18.9 |
| ミャンマー | 29.8 | 31.6 | 32.7 | 29.8 | 10.1 |
| フィリピン | 27.0 | 25.2 | 34.2 | 38.7 | 18.9 |
| シンガポール | 22.7 | 42.2 | 37.5 | 60.2 | 14.1 |
| タイ | 37.2 | 37.2 | 16.8 | 51.3 | 16.8 |
| ベトナム | 9.9 | 13.2 | 38.0 | 58.7 | 20.7 |

(出所) Tang et.al. (2019：19).

答であった．中国の資金を期待しつつもその影響力拡大に対する不安も漠然と持っており，この構想の評価を判断しかねている様子が読み取れる．ただし，「インフラ資金の提供」を期待する回答はカンボジア（70.8%），ラオス（55.2%）で高いのに対して，ベトナム（13.2%），フィリピン（25.2%）で低く，「域内経済開発やASEAN中国関係を促進」もラオス（75.9%），カンボジア（41.7%）が高いのに対しベトナム（9.9%）で低いなど，対照的な結果となっている．また，後述する「スリランカ（ハンバントタ港），マレーシア（東海岸鉄道）の例から，あなたの国への一帯一路プロジェクト提案をどうみるか」というという問いには「政府は中国への返済不能な債務を避けるため注意を払うべき」が70.0%，「自国にはあてはまらないため一帯一路のプラスのインパクトは不変」が15.0%，「一帯一路の利益が政治経済的悪影響を上回る」が8.4%，「政府は一帯一路計画への参加を避けるべき」が6.6%という回答となった（表10-2）．

　トランプ就任以来のアメリカの一連の行動と，それと対照的にプレゼンスを高める中国の中で，米中間の駆け引きと一帯一路プロジェクトの推移に期待と

不安をもっている ASEAN 各国の関係者の様子が想像できる.

## 2　一帯一路構想のプロジェクトが与えたインパクト

### （1）　一帯一路構想

　本書の第9章にもあるように,「一帯一路構想」は中国から陸路・海路を通じて東南アジア, 南アジア, 中央アジアからアフリカ, ヨーロッパに至る広範なエリアをカバーするものである. 総事業費は4兆ドルとも8兆ドルともいわれ (Hillman, 2018b), 多くの発展途上国に対するさまざまな巨額のインフラプロジェクトが存在している[4] (**図10-1**, **図10-2**). 世界銀行 (2019:136-140) によれば, それらプロジェクトは中国以外の70の地域で計画中のものも含めると鉄道, 道路, 港湾などで90件, 投資総額は5750億ドルにのぼる. 業種別内訳では最も多いのがエネルギーで46%, 輸送インフラが25%, 科学技術13%, 建設不動産7%, 金属・鉱業4%, その他5%である. 地域別には東アジア・太平洋が34%と最も多く, 欧・中央アジア32%, 南アジア19%, 中東・北アフリカ13%, サブサハラアフリカ2%という比率である.

　米議会の超党派諮問委員会「米中経済・安全保障再検討委員会」(U.S.-China Economic and Security Review Commission, USCC) によれば, そのなかでも大型案件として, ロシアのモスクワ‐カザン高速鉄道 (214億ドル, 2018年着工), マレーシアの東海岸鉄道 (200億ドル, 2016年契約) をはじめとして, 10のプロジェクトが挙げられている (**表10-3**).

　また, USCC によれば, 一帯一路プロジェクトの資金供給源は, 2016年末までの時点で, 中国国家開発銀行が1100億ドル (26%), 輸出入銀行が900億ドル (21%), 国有商業銀行が2250億ドル (52%) を占め, シルクロード基金や AIIB はそれぞれ1%とわずかな比率に過ぎない (USCC, 2018:276). ヒルマン (2018b) は, 中国が海外で手がけている交通インフラ事業の89%が国有企業を中心とする中国企業との契約で, 現地企業は7.6%, 外資企業は3.4%にとどまり, 他の多国間開発銀行のプロジェクトで中国企業29%, 現地企業40.8%, 外資30.2%であるのとは対照的だとしている.

### （2）　インフラ整備と受入国の体力

　これら対象地域の多くでは, インフラ整備が遅れており, また, その整備を

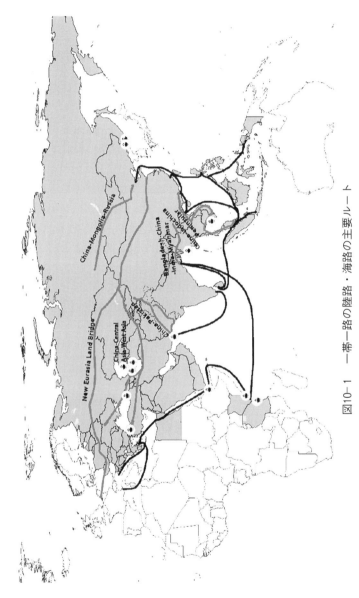

図10-1　一帯一路の陸路・海路の主要ルート

（出所）World Bank（2019：3）.

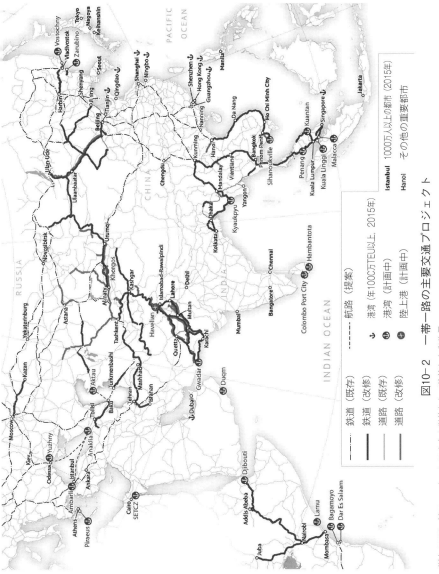

図10-2　一帯一路の主要交通プロジェクト

(注) TEU: 20フィートコンテナを1単位として換算した貨物量
(出所) Ibid. p. 46をもとに筆者作成.

## 表10-3　一帯一路構想の大型プロジェクト

| 相手国<br>（経済回廊名） | プロジェクト名 | 企　業 | 事業費<br>（億ﾄﾞﾙ） | 資金調達方式 | 状　況 |
|---|---|---|---|---|---|
| ロシア（新ユーラシア・ランドブリッジ） | モスクワ・カザン高速鉄道 | 未定 | 214 | 不明 | 2018着工<br>2022完成予定 |
| マレーシア（中国インドシナ半島経済回廊：CICPEC） | 東海岸鉄道 | 中国交通建設有限公司 | 200 | 中国輸出入銀行が85%資金提供 | 2016契約，見直し中 |
| マレーシア（CICPEC） | メラカゲートウェイ | 中国電力国際発展有限公司，KAJ-Development（マレーシア） | 110 | 民間で資金提供（詳細不明） | 2016年9月覚書調印，2025完成予定 |
| カンボジア（CICPEC） | プレアヴィヒア・ココン鉄道 | 中国鉄道 | 75 | 不明 | 2012年12月覚書調印，資金不足で遅延 |
| パキスタン（中国パキスタン経済回廊：CPEC） | カラチ・ラホール・ペシャワール鉄道改修，高速化 | 中国鉄道 | 62 | 中国側が85%資金提供（詳細不明） | 2018年7月FS終了，2022完成予定 |
| ラオス（CICPEC） | 昆明・ビエンチャン鉄道 | 中国鉄道 | 62.7 | 中国側が70%資金提供，残りはラオス | 建設中，2021完成予定 |
| タイ（CICPEC） | バンコク・ナコーンラーチャシーマー高速鉄道 | 未定 | 55 | 協議中 | 度重なる遅延，建設は2019開始予定 |
| インドネシア | ジャカルタ・バンドン高速鉄道 | 中国インドネシアコンソーシアム（KCIC） | 50 | 中国国家開発銀行が75%資金提供，残りはKCIC | 遅延の後建設中，2019完成予定 |
| バングラデシュ（バングラ中印ミャンマー経済回廊） | パドマ橋鉄道 | 中国鉄道 | 31.4 | 中国輸出入銀行が80%バイヤーズクレジットで資金提供，残りはバングラ | 度重なる遅延の後建設中，2022年完成予定 |
| パキスタン（CPEC） | ペシャワール・カラチ高速道路（サッカルームルターン区間） | 中国建築股分有限公司 | 29.8 | 中国が無償融資（条件未公開） | 建設中，2019年完成予定 |

（出所）USCC（2018：264-265）.

賄うだけの十分な経済的体力がないことも事実である．たとえば，アジア開発銀行（ADB）によれば，東南アジア・南アジアの大半を含む45カ国では，2016年から30年までの向こう15年間で現在の成長率を維持するためにはインフラ関連に約26兆円の投資が必要になり，うちASEANでは3.1兆円，南アジアで6.3兆円の資金が必要とされるとしている．その上で実際に行われた投資額と今後必要となる資金との差額を「インフラギャップ」として，2016年から20年の間で中国を除く24カ国の試算を試み，実際の投資額1950億ドルに対して必要額は5030億ドル，その差3080億ドルが不足するとした（ADB, 2017：45-50）．この資金を自国で賄うことは途上国政府にとって容易なことではなく，また，これまでの援助機関や二国間援助のパッケージだけでその資金を賄うことは不可能である．新たな援助の出し手として中国というプレイヤーが登場すること自体は，これら途上国にとっては選択肢が増加したともいえる．とりわけ一帯一路構想における戦略的な地理的地域，エネルギー源や金属資源，電力網・パイプラインなど中国との経済的関係から戦略的に重要と思われる地域に対しては，中国が積極的に資源開発や関連インフラの建設に関与することが考えられる．環境問題や民族対立などの課題への対応の不備，人権侵害，独裁的な政治体制などから欧米からの積極的な援助が見込まれない国にとっては，中国からの援助の申し出は「渡りに船」であるとみることもできる．

　他方で，財政的に脆弱な国が多いこれら地域において，政府が抱える債務の問題はきわめて深刻である．例え中国からの援助の申し出があったにしても，無償援助とは異なる巨額のインフラ開発案件は，いずれ返済しなければならない「融資」であり，その債務が途上国政府に負担となることも事実である．USCC (2018) は，一帯一路により「債務の罠」に陥るおそれのある国として以下の国を挙げており（**表10-4**），これら諸国のガバナンス及び透明性の欠如とともに，GDPに対する債務の大きさ，そこに上乗せされる対中債務および一帯一路プロジェクト関連の借り入れを懸念している．ロイターは一帯一路に関わる国の平均負債比率は世界的な警告ラインを上回っており，負債過多に陥っている国が多く，毎年5000億ドルの資金不足が発生しているとする[5]．2021年4月には，モンテネグロの高速道路整備事業で中国政府系の中国輸出入銀行から受けた約10億ドルの融資が返済できず，EUへの肩代わりを要請する事態となった[6]．また，ジョンズ・ホプキンス大学高等国際問題研究大学院（SAIS）の中国アフリカ研究所（CARI）が作成するアフリカの対中債務のデータベースによれ

### 表10-4　一帯一路に伴う債務リスクの高い国

| 国　名 | GDP<br>(10億ドル、<br>2016) | 公的債務(PPG)<br>(10億ドル、2016)<br>および GDP 比 | 対中債務<br>(10億ドル) | 一帯一路借入予定額<br>(10億ドル) | 腐敗認識指数<br>(2017) |
|---|---|---|---|---|---|
| ジブチ | 1.73 | 1.50(87%) | 1.20 | 1.46 | 31 |
| キルギスタン | 6.55 | 4.07(62%) | 1.48 | 4.56 | 29 |
| ラオス | 15.90 | 10.78(68%) | 4.19 | 5.47 | 29 |
| モルディブ | 4.22 | 2.78(66%) | 0.24 | 1.11 | 33 |
| モンゴル | 10.95 | 9.59(88%) | 3.05 | 2.47 | 36 |
| モンテネグロ | 4.37 | 3.41(78%) | 0.20 | 1.54 | 46 |
| パキスタン | 278.91 | 195.24(70%) | 6.33 | 40.02 | 32 |
| タジキスタン | 6.95 | 2.91(42%) | 1.20 | 2.81 | 21 |

（注）腐敗認識指数はトランスペアレンシー・インターナショナルが毎年公表しており，100に近づくほど清
　　潔度が高いとされる.
　　PPG：Public and Publicly Guaranteed Debt.
（出所）USCC（2018：280），Hurley, Scott, and Gailyn（2018：28）より抜粋.

ば，2000年から2018年までの対アフリカ融資の総計は1077件，総額のローンは
1480億ドルに達する（2020年7月1日時点）．業種別で最も多いのが輸送の442億
ドル，電力の370億ドルで，鉱業の186億ドル，通信の93億ドルと続く[7]．

　一帯一路関連プロジェクトに伴う「債務の罠」問題がクローズアップされる
契機の1つとなったのは，スリランカのハンバントタ港建設事業であった．2010
年に開始されたこのプロジェクトの建設費約13億ドルは，そのほとんどが中国
からの融資で賄われたが，その金利が報道によれば最高年6.3％というもので
あったために，スリランカ側は早々に返済に窮する事態となった．結果，2017
年12月に港湾運営会社株式の70％を中国国営の港湾運営企業である招商局港口
に貸与し，リース料として約11億2000万ドルを受け取る合意がされた．この貸
与期間が99年間であったために，中国側が高金利の開発事業を持ちかけたこと
で海のシルクロードの戦略的拠点となる港湾を実質的に手に入れた，という批
判が生じることとなり，また，事前調査では経済的に港湾の採算性が疑問視さ
れていたことや，当時のラージャパクサ大統領と中国との密接な関係や資金提
供のプロセス，港湾の戦略的重要性などをニューヨークタイムスが報じたこと[8]
で，さまざまな疑惑の目が向けられることになった．また，アフリカの鉄道事
業や ASEAN でのさまざまな建設事業の現場では，プロジェクトを受注する

のは中国企業で，その建設労働者も中国から送り込まれていることから，現地経済への波及の少ない「ひも付き援助」であるとの批判もなされている[9]．

　さらに，アメリカの研究機関エイドデータの報告書によれば，過去20年間に24カ国に対して実施された100件の融資案件の契約書では，債務返済時に他の債権国よりも中国を優先する，投資案件からの収益を中国側が管理し，返済担保にする，パリクラブ（主要債権国会議）主導の債務整理を拒否できる，中国への敵対的行為を取らない，融資条件についての守秘義務条項が付帯されている，などの条項が盛り込まれているという[10]．

　石川（2018）は，一帯一路構想をめぐる論点として，①需要予測の適切性，フィージビリティスタディの客観性など，評価が適切にされているか，②経済規模に比してあまりに巨大でリスクが大きいプロジェクトはないか，③相手国の経済発展にとって必要性があるか，他方で中国の安全保障・中国企業の利益から提案されたものはないか，④他の融資制度と比べたときの融資条件（金利，返済期限，条件）は適切か，債務増加の懸念はないか，⑤いわゆる「ひもつき援助」として相手国経済社会への貢献が少ないのではないか，⑥中国人労働者の不法滞在につながらないか，などの点を指摘している．

## 3　一帯一路と東南アジア
### ──援助か「債務の罠」か──

　中国と地理的に隣接し，その戦略上，また経済的な結びつきからも中国にとって重要な意味を持つ東南アジアにおいて，一帯一路構想とそのプロジェクトはいかに進められているのだろうか．それは「善良な」隣人中国による経済効果をもたらす「援助」か，それともハンバントタ港をめぐる報道や，アメリカなどが批判するような「債務の罠」となるのか．現在建設もしくは構想が進むいくつかのプロジェクトの事例から，援助と債務の問題について考えてみたい．

### （1）　中国─ミャンマー経済回廊構想
　中国─ミャンマー経済回廊（CMEC）は，雲南省の昆明からミャンマーのヤンゴンを通り，ベンガル湾のチャオピューまでの約1700kmを高速道路と鉄道で結ぶ構想である．アウンサンスーチー国家顧問が2017年12月に北京を訪問し

た際に習近平国家主席との間で合意に至り，翌18年 9 月には覚書が交わされた．チャオピューはベンガル湾の沖合にあるガス田から中国に送られる天然ガスパイプライン，中東産原油パイプラインの起点でもあり，マラッカ海峡経由でのエネルギー源輸送に依存する中国にとってはエネルギー戦略上重要な拠点と言える(石田，2019)．2020年 1 月に習近平はミャンマーを公式訪問し，CMEC構想の推進，チャウピューでの経済特区，新港の建設，国境経済協力圏の開発，ヤンゴンの新都心開発など33の覚書を締結した.CMEC の第 1 期工事の中核とされるのがムセ - マンダレーを結ぶ高速鉄道の建設であり，2020年内にも事業化調査を終え着工を目指すという[11]．ただし，石田によれば，近隣諸国で実施されたプロジェクトの経費を参考に距離，地形などを考慮すると高速道路だけでも45億ドルを上回る建設費が必要であると思われることから，同区間の鉄道，高速道路の建設には相当な経費が必要であり，財政赤字のミャンマー政府には相当な負担が発生するおそれがあるとしている[12][13]．

　ミャンマーではすでに一部プロジェクトで計画の見直し，事業規模の縮小が進められている．北部カチン州でのミッソンダム建設プロジェクトは，三峡ダムにも匹敵するとされたミッソンダムでの発電量の 9 割を中国に輸出する協定とともに進められたが，地元住民の反対運動に配慮する形で事業は凍結された[14]．チャオピューの港湾事業も，当初は投資予定額72億ドルを投じ，大型貨物船10隻以上が停泊できる 2 カ所のふ頭を建設する予定であったものが，第 1 段階として13億ドルを投じ，2－3 隻程度が停泊する 1 カ所のふ頭を建設するものへと大幅に規模が削減された．第 2 段階に進むには審査が必要であり，実質的な事業の縮小であるという．ミャンマーの対外公的債務は100億ドル前後であり，対中債務が 4 割強を占める．採算が取れなければ返済不能となり，開発会社の株式をスリランカ同様に中国側に譲渡する可能性もあったという[15]．

　ミャンマーにとっては国内の軍部による政治介入，2021年春以降の軍部クーデターと民主化運動を行う市民の弾圧，児童労働や低賃金など労働者の環境をめぐる NGO などからの批判，ロヒンギャ虐殺に対する批判などを受け，欧米や日本から大規模な融資の拡大が期待できないなかで，表立った軍部批判を控える中国からのインフラ開発の融資は頼みの綱でもある．中国にとっても，エネルギー資源のパイプライン上に立地し，また中国の対 ASEAN 外交においても中国寄りのスタンスを保ってくれる国家としてミャンマーが重要である．両者の思惑が一致する限り，融資規模は縮小されながらも中国主導でのインフ

ラ開発は今後も進められていくものと思われる.

## （2）　ラオス・中国高速鉄道プロジェクト

　ラオスは ASEAN のなかでも唯一内陸部にある国であり，インフラ網が十分に整備されていないために，ASEAN の経済統合の流れの恩恵を最も受けにくい国の１つであった.また，制度的な改革，行政の対応も遅れており，ASEAN・世界銀行のレポートによれば，加盟国間での輸入に必要な日数は2011年時点でも50日を要していた.また輸入に必要な書類の発行に関しても，2012年時点でもシンガポールでは４枚，１日で準備できるのに対し，ラオスは10枚，29日を要し，域内貿易への準備の遅れは突出していた(ASEAN Secretariat and the World Bank, 2013 : 71).近年になって交通インフラがようやく整備され始めているとはいえ，その遅れから，ASEAN 域内でももっともモノの流れが悪かった国といえる.そのラオスでは現在，さまざまな開発プロジェクトが急ピッチで進みつつあるが，そこに大規模な資金，技術，労働力の提供を行っているのが中国である.現在，ラオス，タイ，中国の昆明を結ぶ高速鉄道プロジェクトの完成が視野に入れられつつある.

　ラオス中国高速鉄道プロジェクトについては，山田 (2018) がその経緯および進捗状況，問題点について詳細な分析を行っている.ラオスにとって，国を南北に縦断し中国と接続する鉄道の建設は国家建設以来の悲願であり，一帯一路構想の発表に先立つ2010年，中国政府によるラオスの鉄道建設支援が合意されていた.2012年にはラオス政府が中国輸出入銀行から約70億ドルを借り入れるプロジェクトの実施が国会の特別会議で承認された.しかしながら，中国企業との合弁で実施される予定のプロジェクトは，中国側から投資回収の可能性が低いと判断されたこと，中国鉄道部の再編時期だったことなどから一向に進まなかった.「一帯一路構想」が発表され，東南アジアのインフラ建設が中国側の利害として重要視される中で，ようやく2015年に総額62億8000万ドルのプロジェクト合意文書が調印されたのである (山田, 2018).

　建設工事は中国中鉄をはじめとする中国企業が担っており，2020年９月時点では国内区間のトンネル工事は97％完成し，翌21年の全線開通に向けた基礎が固まるところまでこぎつけている[16].ただし，歳入の少ないラオス政府にとっての経費負担の問題，建設事業にともなう土地収用の問題，受注企業が中国企業であることに由来する建設事業労働者の雇用や現地企業への波及効果の少なさ

の問題など，懸念も存在すると思われる．また，道路輸送が基本的なラオスにおいて，鉄道網を整備することによるメリットの乏しさ，高速鉄道がラオスを通過するだけで現地に経済効果を及ぼさないのではないかという指摘もある[17]．世界銀行 (2020) は同鉄道事業についての報告書で，鉄道完成がもたらす貿易量の増加，投資誘致，雇用創出，経済創出などの可能性を指摘する一方で，ビジネス・貿易環境を改善するための制度改革，駅と生産地・消費地・空港などを結ぶインフラ投資や関連サービスの質向上が伴わなければその恩恵を十分に享受できないとし，関連政策が十分に行われた場合，輸送コストは昆明 - ビエンチャン間で40-50%，昆明からタイ国鉄への積み替えで40%以上のコスト削減が期待できるとしている．先に述べたように，ラオスは ASEAN 域内でももっとも通関手続きの改善など貿易に必要なシステム整備が遅れていただけに，単に鉄道を建設するのみならず，その周辺の環境整備，ソフト面での改善が進まなければ，国境を超えたヒト・モノの移動網の恩恵は十分に発生せず，融資を返済するだけの事業収益を上げるには至らない．収益が上がらなければその他の資源権益などで支払いを代替することになると思われ，いかに国内の開発と ASEAN の経済統合のメリットと結び付けるかに事業の今後がかかっているといえる．

### （3）　マレーシアの東海岸鉄道計画

　マレーシアでは，ナジブ政権の2016年にマレー半島を横断する大型の鉄道計画「東海岸鉄道計画」がスタートした．首都クアラルンプールやペナンなど外資の誘致が進み都市が集中する西海岸に比べると開発が遅れていた東海岸のインフラ開発の一環として，またマラッカ海峡側のクラン港と南シナ海側のクアンタン港，東海岸のクランタン州を結ぶルートの開発により，陸路での物流が可能となることもあり，マレーシアにとっても重要な計画の１つとされた．また，中国から見ればクアンタン港は広西チワン族自治区の欽州港まで海路で３日の位置にあり，輸入原油の８割が通過するマラッカ海峡の有事を回避し資源の輸送経路を多元化するためにも，戦略的に重要な鉄道である[18]．2017年８月には竣工式も行われていた．

　ただしこの計画は，契約に伴う費用の多くを中国からの融資で賄う内容となっており，ナジブ自身が自らの汚職疑惑などを受けて選挙で敗北すると，野党と共闘して首相に返り咲いたマハティールは，「大型インフラ計画の見直

し」を進めるとの選挙公約のもと，この事業も見直し対象とした．2018年5月にリム財務相が，政府保証債務などを加えたマレーシア政府の債務総額がGDPの約8割に相当する1兆870億リンギ（RM，1RM＝約27円）に上ることを発表すると，7月には工事の一時中止命令が出され，8月にマハティールが中国を訪問して，21日にはいったん計画の中止が発表され，その後中国と総工費の見直しを含めた再交渉が進められることとなった．翌2019年4月，マレーシア鉄道公社と中国交通建設（CCCC）の間で補足契約が結ばれ，総工費は当初の655億RMから440億RMへと3分の2に圧縮されたほか，ルートも一部変更によって約40キロ短縮され，建設完了後の運営・メンテナンスもマレーシア鉄道公社の単独からCCCCとの折半出資による合弁会社によるものへと変更された．また，工事の受注においてもマレーシアの地場企業の参加率を3割から4割へと引き上げるものとなった[19]．

　マハティールは日本経済新聞に対し，中国はマレーシアにとって大きな市場であって友好的な関係は維持していきたいとして，あくまでも1兆RM以上にまで膨らみ，その実態を粉飾していた前政権時の債務の削減が急務であるというスタンスから，「マレーシアには債務を返済する余力がなく，再交渉によって規模縮小もしくは案件の中止が必要である」とした[20]．また，中国の一帯一路構想そのものにも，「国が豊かになれば，富を最大限生かしたいと思うものだ．投資する金があるなら，投資する権利はある」と賛同する姿勢を示している[21]．この案件に関しては，マハティールほどの老練な政治家であったからこそ，国内外に債務の罠を懸念する声をうまく活用して再交渉にこぎつけ，建設費とマレーシア側の負担減を勝ち取るということに成功したという側面があるのかもしれない．中国側としても重要案件で工事の中止という事態を避け，一帯一路構想の関連プロジェクト関係国との融和を国際社会にアピールしたかったと思われ[22]，その点では両者の落としどころとして再交渉と補足契約ということが可能になったのではないだろうか．


## おわりに

　経済産業省は，日本にとっての貴重な資源の産出国の多くは援助を必要とする途上国であり（図10-3），ODAと資源確保を一体化させながら，対象国との友好関係の構築に努めるべきであるとした（経済産業省，2009）．一帯一路構想

のさまざまな開発プロジェクトの対象地域の多くはこの地域と重なり合う．こ
れら地域は中国にとっては貴重な資源確保先であると同時に，それを中国国内
にまで輸送するにあたって必要なインフラ網とも直結しているのである．ただ
し，DAC 加盟国の日本の援助プロジェクトは情報公開がされており，その融
資条件も被援助国の経済状況に合わせて低利子・長期間のものである．一帯一
路構想の開発プロジェクトに伴う融資案件は，一般的に国際機関や日本などの
援助案件よりは金利が高く，またその情報公開も不十分であることから，経済
的な効果や採算性についての検証も不透明である．仮にその融資返済に行き詰
まれば，ハンバントタ港のように当該インフラの権限を売却するか，ミャン
マーやラオス，アフリカで懸念されているように，国内の資源の採掘権を売却
するなどの方法をとるほかない点は注意が必要であると思われる．

　スリン前 ASEAN 事務局長は，「一帯一路はインフラ整備の資金が欲しい
ASEAN 加盟国の事情に合致する．日本が進める『質の高いインフラ投資』に
は多くの規律や管理，詳細な調査分析が必要で長い準備期間を要するのに対
し，中国の一帯一路の資金供与は条件が緩やかで迅速さが特徴である」とし，
「各国が長期的な財政戦略やマクロ経済への影響，インフラの質を考慮し，資
金の出し手を選ぶ必要がある」と指摘している[23]．途上国のインフラ整備や開発
には，莫大な資金とさまざまな技術提供が必要である．その建設には長期の融
資と建設期間を必要とし，またそれがもたらす国内への影響も大きい．スリ
ランカで生じた「債務の罠」は，中国側にすれば十分な事前調査の欠如，スリラ
ンカ側にすれば安易な借り入れ依存と政権の中国依存があいまって生じた事態
であるといえる．その後，マレーシアのように再交渉によるプロジェクトと融
資額の見直し，工事の長期化のなかでの事業計画の再検討が行われるケースは
増加しており，また，中国側も融資案件の質の向上を図りつつあるようにも思
われる[24]．とりわけ，一帯一路の対象国の多くは財政的にも国内のガバナンスの
面でも課題を持っている国が多く，その融資案件の実施までには十分な検討が
融資側にも受け入れ側にも必要であることは言うまでもない．

　他方で，設立以来「小国の連合」として，大国の思惑をうまくやり過ごしな
がら，国内外の課題に対して徐々に合意を積み重ねながら域内統合を進めてき
た ASEAN から見たとき，米中対立や，トランプの登場，一帯一路の進展に
伴う域内への大国の影響力の変化の兆し自体は，目新しい現象ではない．
ASEAN 諸国は，常に大国の間で微妙な距離感を保ち，ASEAN という外交の

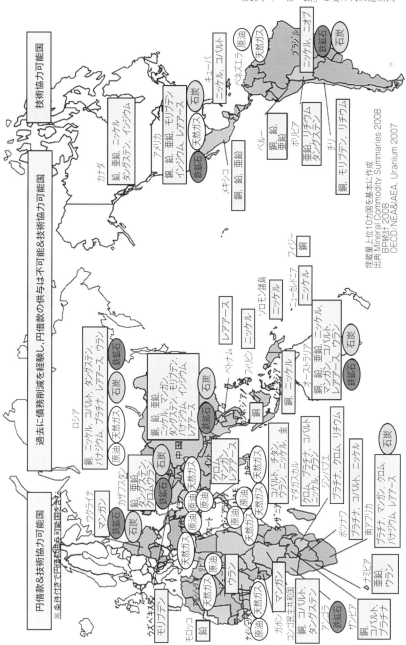

図10-3 世界の資源分布と日本の援助対象国

(出所)経済産業省(2009:13).

「場」を提供することによって，さまざまな国の思惑が絡んだ地域課題の解決において中心的な役割を果たす「ASEAN セントラリティー」を重視してきた．今後も各国は，日本，アメリカ，中国，さらに国際機関や援助機関から提供される資金を，競わせながら使い分け，開発に振り分けるものと思われる[25]．西側先進国はその援助を各国の民主化や人権上の問題，環境面での課題などと合わせて適切に配分しコントロールするべきであるし，場合によってはその枠を望まない国が中国に接近することになるのかもしれない．また，南シナ海問題に対する ASEAN の声明の変化にみられるように，アメリカのプレゼンス低下と対照的な中国の発言力の増加は留意する必要があると思われる．

　新型コロナウイルスの拡大は，出稼ぎ労働者による送金の減少，観光産業の減収，主要先進国の経済低迷に伴う需要減退などにより，途上国経済にも大きな打撃を与えている．中国からの多額の融資に依存している国の中には，ザンビアのように債務不履行の問題が現実化する国が現れ始めており[26]，先に述べた石川（2018）が指摘するような点から，一帯一路プロジェクトの必要性や意義，またその融資の内容を再評価する必要がある．また，中国がさらに援助の質を高め，援助先や諸外国からの懸念の声に対応するためには，中国自身の援助国としての情報公開や，例えば DAC のような国際的な援助基準へのすり合わせ，他の援助機関との協働，ミャンマー軍部に対する自制の要求など，責任ある行動も求められていくものと思われる．

注
1）「『米主導秩序』の落日　ASEAN 会議トランプ氏欠席」『日本経済新聞』2019年11月
　6日．
2）「ASEAN 首脳会議議長声明，南シナ海『懸念』の字消える，米頼れず中国に配慮」
　『日本経済新聞』2017年11月17日．
3）2018年は11月18日－12月5日の間に1008名に対して，2019年は11月12日－12月1日に
　1308名に対してアンケート調査が行われた．
4）例えば金融市場やリスク情報などのデータを提供するリフィニティブは，2020年第1
　四半期までの計画済，建設中の一帯一路関連プロジェクトは3164件，総額4兆ドルを突
　破したと発表した．うち1590件は一帯一路プロジェクト（総額1兆9000億ドル），残り
　1574件は中国参加プロジェクト（総額2兆1000億ドル）だという．「『一帯一路』プロ
　ジェクト，総額が4兆ドルを突破」『中国網日本語版』2020年7月28日〈http://japa-
　nese.china.org.cn/business/txt/2020-07/28/content_76320970.htm〉2020年10月29日アク
　セス．

5 )「一帯一路，毎年5000億米ドルの資金不足　中国政府シンクタンク」ロイター2018年 4 月20日〈https://jp.reuters.com/article/idJP00093300_20180420_01020180420〉2020年 8 月 1 日アクセス．

6 )「中国債務　肩代わり要請　モンテネグロ，EU に」『日本経済新聞』2021年 4 月16 日．

7 )〈https://chinaafricaloandata.org/〉を参照．

8 ) Maria Abi-Habib, "How China Got Sri Lanka to Cough Up a Port," *The New York Times,* June25, 2018〈https://www.nytimes.com/2018/06/25/world/asia/china-sri-lanka-port.html〉2020年10月29日アクセス．

9 ) たとえば，「『一帯一路』の名が包む中国対外援助の商業主義」『日本経済新聞』2018 年 9 月16日，「資本の濁流　住民を翻弄（カンボジア浸透する中国　下)」『日本経済新 聞』2019年 8 月22日参照．

10) Gelpern, Anna, et.al.（2021）, *How China Lends : A Rare Look into 100 Debt Contracts with Foreign Governments,* Aid Data.「中国，融資に『秘密条項』多用」『日本経済新 聞』，2021年 4 月 2 日．

11)「習近平国家主席がミャンマーを公式訪問」ジェトロビジネス短信，2020年 1 月23日 〈https://www.jetro.go.jp/biznews/2020/01/ 6 dfa 7 f 8 a48b 5 ec21.html〉2020年10月26 日アクセス．

12)「ミャンマー内陸の街に一帯一路の波」sankeibiz，2020年 2 月 4 日．〈https://www.sankeibiz.jp/macro/news/200204/mcb2002040500005-n 2 .htm〉2020年10 月26日取得．

13) 石田（2019）は，ADB の援助で建設されたベトナムのノイバイーラオカイ高速道路 （全長245km）の総工費は15億ドルで，ムセーチャオピュー間の道路距離は1000km を超 え，加えてアラカン山脈越えがあることを考えると，建設費はこれらを上回ることが想 定されると指摘している．

14)「『国民の意思に反する』，ミャンマー大統領，巨大ダム建設中断表明」『日本経済新 聞』2011年10月 1 日

15)「一帯一路縮小アジアで次々」『日本経済新聞』2018年10月12日

16)「中国・ラオス鉄道，1 日で 2 本のトンネル貫通，開通後は昆明からシーサンパンナ まで 3 時間」AFPBB ニュース，2020年 9 月 5 日〈https://www.afpbb.com/articles/-/330235〉2020年10月31日アクセス．

17) 石井順也「中国の東南アジア鉄道計画　先陣のラオスでも未着工」『エコノミスト』 2016年 6 月 7 日号．

18)「マレー半島に伸びる中国の鉄路（上）――曲折しながら進む一帯『一帯一路』――」 朝 日 新 聞 GLOBE＋，2019年 8 月24日〈https://globe.asahi.com/article/12639613〉2020 年10月25日アクセス．

19)「東海岸鉄道の工事再開が決定，総工費圧縮を実現」JETRO ビジネス短信，2019年 4 月24日〈https://www.jetro.go.jp/biznews/2019/04/d8591d96a298d28f.html〉2020年10 月29日アクセス．

20)「中国主導インフラ中止も　債務削減へ再交渉」『日本経済新聞』2018年6月9日.

21)「中国投資の権利　一帯一路に理解」『朝日新聞』2018年10月26日.

22)「マレーシア，中国主導の鉄道建設再開へ」『日本経済新聞』2019年4月13日.

23)「一帯一路，アジアの視線」『日本経済新聞』2017年12月5日.

24) たとえば習近平は一帯一路首脳会議で，相手国財政の持続可能性への配慮やインフラ
建設における国際ルールの順守を打ち出している.「『一帯一路』軌道修正」『日本経済
新聞』2019年4月27日参照.

25) たとえば，2021年に入って，アメリカのバイデン大統領はイギリスのジョンソン首相
に「一帯一路」に対抗するため，民主主義国家でつくる同様の構想を提案した（『日本
経済新聞』2021年3月27日）ほか，3月のG7財務省会合ではIMFの特別引き出し権
（SDR）を拡充して途上国を支援する方針で一致（『日本経済新聞』2021年3月20日），
EUとインドがエネルギー，デジタル，運輸セクターなどにおける「コネクティビティ
（連携）」パートナーシップとよばれる連携を模索している（『日経速報ニュース』，2021
年4月22日）.

26)「ラオス，新型コロナで出稼ぎ送金減対中債務が膨張」日本経済新聞電子版，2020年
8月31日（最終アクセス日：2020年10月26日），「アフリカ，債務危機の足音」『日本経
済新聞』2020年11月3日.「ザンビアが債務不履行，コロナ下でアフリカ初」『日本経済
新聞』2020年11月14日夕刊.

## 参考文献

石川幸一（2018）「ASEANにみる一帯一路構想の7つの疑問」（世界経済評論IMPACT
No. 1160）〈http://www.world-economic-review.jp/impact/article1160.html〉2020年
10月29日アクセス.

石田正美（2019）「試される一帯一路「債務の罠」の克服――中国−ミャンマー経済回廊
の建設状況から考える――」（IDEスクエア　世界を見る目，2019年7月）〈https://
www.ide.go.jp/Japanese/IDEsquare/Eyes/2019/ISQ201920_027.html〉2020年10月29
日アクセス.

井出文紀（2016）「TPP大筋合意とマレーシア・ベトナム国内の反応――現地報道，政府
の影響調査分析，反対運動などからみえるもの――」『商経学叢』近畿大学商経学
会，第63巻第1号.

科学技術振興機構，中国総合研究・さくらサイエンスセンター編（2019）『一帯一路の現
状分析と戦略展望』.

金子芳樹・山田満・吉野文雄編著（2020）『「一帯一路」時代のASEAN』明石書店.

黒柳米司編著（2014）『「米中対峙」時代のASEAN』明石書店.

経済産業省（2009）『レアメタル確保戦略』.

平川均・町田一兵・真家陽一・石川幸一（2019）『一帯一路の政治経済学』文眞堂.

山田紀彦（2018）「ラオス・中国高速鉄道プロジェクト――これまでの経緯，進捗状況，
問題点――」（アジア経済研究所IDEスクエア，2018年8月）〈https://www.ide.go.jp
/Japanese/IDEsquare/Overseas/2018/ISQ201830_012.html〉2020年10月29アクセス.

ASEAN Secretariat and the World Bank（2013）*ASEAN Integration Monitoring Report*, ASEAN Integration Monitoring Office, ASEAN, Office of the Chief Economist, East Asia and Pacific Region, The World Bank.

Asian Development Bank（ADB）（2017）*Meeting Asia's Infrastructure Needs*, Asian Development Bank.

Cook, Malcom and Ian Storey（2017）"The Trump Administration and Southeast Asia : Limited Engafament Thus Far, " *ISEAS Perspectice*, No. 27.

Hillman, Jonathan（2018a）"How Big Is China's Belt and Road？, " April 3 , 2018, Center for Strategic and International Studies, Washington.〈https : //www.csis.org/analysis/how-big-chinas-belt-and-road〉2020年10月28日アクセス.

――（2018b）"China's Belt and Road Initiative : Five Years Later, " statement before the U.S.-China Economic and Security Review Commission for a hearing on" China's Belt and Road Initiative : Five Years Later. ", January25, 2018.〈https : //www.uscc.gov/sites/default/files/Hillman_USCC%20Testimony_25Jan2018_FINAL.pdf〉2020年10月28日アクセス.

Hurley, John, Scott Morris and Gailyn Portelance（2018）"Examining the Debt Implications of the Belt and Road Initiative from a Policy Perspective, " *CGD Policy Paper 121*, Center for Global Development.

ISEAS Yusof Ishak Institute（2018）"Assessing ASEAN-China Relations, " *ASEAN Focus*, Dec. 2018.

―――（2019）"US-China Trade War, " *ASEAN Focus*, Jan. 2019.

Lechner, Alex M. et. al.（2019）"The Belt and Road Initiative : Environmental Impacts in Southeast Asia, " *Trends in Southeast Asia*, 2019No. 18, ISEAS Yusof Ishak Institute.

Singh, Daljit（2019）"How Will Shifts in American Foreign Policy Affect Southeast Asia？, " *Trends in Southeast Asia*, 2019no. 15, ISEAS.

Tang, Siew Mun, et.al.（2019）*The State of Southeast Asia : 2019 Survey Report*, Singapore : ISEAS-Yusof Ishak Institute.

―――――（2020）*The State of Southeast Asia : 2020*, Singapore : ISEAS-Yusof Ishak Institute.

U.S. -China Economic and Security Review Commission（USCC）（2018）*2018 Report to Congress*, November2018.

World Bank（2019）*Belt and Road Economics : Opportunities and Risks of Transport Corridors*, World Bank.

―――――（2020）*From Landlocked to Land-Linked : Unlocking the Potential of Lao-China Rail Connectivity*, World Bank.

─第**11**章─
# 米中2つの資本主義体制の経済摩擦
## ──その構造と日本の課題──

中本　悟

## は じ め に

　これまで我々は，米中経済関係を様々な側面から分析してきたが，本章はそれらを踏まえて米中経済関係全体を概括したうえで，米中経済摩擦のゆくえと日本の課題に論及する．まず1では，中国が1978年の改革開放路線を基点として国家資本主義として発展し，2001年のWTOを跳躍台にさらに貿易・経済大国化してきたことをトレースする．中国は一国単位としては経済大国であるが，一人当たりの所得水準からいえば途上国の上位所得国という2つの顔をもつ．このことが中国の内外政策に反映する．2では，米中間の経済的相互依存関係の深化をみる．米中の2つの資本主義大国は相互依存関係を深めてきており，デカップリング（取引の切り離し）は難しい．反面で，だからこそ両国の政治的・軍事的対立は両国の経済的相互依存関係を経済安全保障問題としてクローズアップさせ，両国に連なる各国を巻き込んだ国際政治経済問題となる．

　そして3では，2018年から19年にかけてもっとも激化した関税引き上げ合戦という「貿易戦争」の経緯と構造を分析し，そのインプリケーションを探る．このときのアメリカのUSTR（米国通商代表部）の代表はロバート・ライトハイザーであるが，彼は1980年代のレーガン政権時代の日米貿易摩擦のときのUSTRの次席代表として，日本を対米鉄鋼輸出自主規制に導いた．その彼をして対中通商交渉は「アメリカの通商政策の全歴史で政策当局にこれほどきびしい難題を提起した国を私は知らない」と言わしめた．そこには日米貿易摩擦とは異なる構図がある．最後に，米中経済摩擦のゆくえと日本の課題について展望する．

# 1　国家資本主義中国の経済・貿易大国化
## ──その 2 つの顔──

　中国の経済・貿易大国化を実現した条件として，1つは1978年以降の改革開放路線のもとでの国家資本主義体制の強化であり，いま1つは2001年のWTO加盟を挙げることができよう．中国は1978年以降改革開放路線に舵を切り，その具体化の1つとして経済特区を創設し，外国資本に優遇措置を与えてその呼び込みを行いながら中国全体の漸進的な資本主義的市場経済化を進めた．1992年の鄧小平による「南巡講話」以降は，資本主義的市場経済化のスピードは加速化された．この過程は同時に，中国が旧来の統制経済が大きな位置を占めていた経済体制から国家資本主義へと変貌する過程であった[2]．国家がマクロ経済上の枠組みや規制を決定し，そのもとで資本主義的市場経済取引が拡大したのである．一党支配政治体制である中国ゆえに国家主導で資本主義を起動・拡大することはむしろ効率的であった．資本主義的展開のなかで規制緩和が進み外国からの対内直接投資はさらに増加した．国内の資本投資に対する純対内直接投資の比率は，1992年の5.6%から94年は14.6%にまで高まった[3]．膨大な低賃金労働を活かした外資系企業による在中生産および外資系企業による地場企業への委託生産は，中国に急速な経済成長と輸出増加をもたらしたのである[4]．

　この路線をさらに進めたのが2001年のWTO加盟であり，これは中国の貿易大国化への跳躍台となった．中国の輸出依存度(輸出／GDP比率)は2001年の20%から2006年には36%にまで高まり，輸出が経済成長を牽引し，貿易収支の黒字が続いたのであった．かくしてWTO加盟当時，世界の財総輸出に占めるアメリカのシェアは12%，これに対して中国は4%に過ぎなかったが，2020年には逆転し，中国の輸出シェア15%に対してアメリカは8%となった．この中国の貿易大国化は同時に経済大国化の過程であり，そのGDPは2007年にはドイツを，2010年には日本を抜いた．もちろんアメリカと中国とのGDPにはまだまだ格差があるが，その格差は縮小してきている．

　このように内外の条件を活かして経済大国になった中国がWTO加盟によって国際経済体制に参入したことは，国際経済取引の規模を外延的に拡大しただけではない．東アジア諸国から生産が中国にシフトし，中国の内陸部まで連なるグローバル・サプライチェーン (GSC) の発展によって，国際分業のネット

ワークの範囲は内包的にも広がったのである．実際，アメリカのアジア諸国か
らの輸入シェアは2001年の38.4％から2018年には44.5％へ6ポイントの増加で
あったが，とくに中国からの輸入シェアは9.0％から21.2％へと12.2ポイント
の増加をみた．かくしてアメリカおよび現代世界経済は，中国の経済と企業に
大きく影響されるようになり，自由市場資本主義を牽引してきたアメリカと国
家資本主義で大国化してきた中国とは，ここに世界各国を巻き込む対立の条件
が生まれたのである．

　米中2つの資本主義は資本主義である以上，対外的にも対内的にも資本の活
動領域を広げ賃金労働を増やす．自由市場資本主義のアメリカは世界を「水平
な競技場」(level playing field) に変えるために，対外的に貿易，投資，金融の自
由化を求め，アメリカン・スタンダードを世界に広げてきた．これがアメリカ
ン・グローバリズムである[5]．国家資本主義中国もまたチャイニーズ・スタン
ダードを基礎にしたチャイニーズ・グローバリズム (たとえば「一帯一路」構想)
を展開する．この両者は中国が経済・貿易大国化するにつれて，貿易慣行，産
業政策，知的財産権政策などをめぐってWTOなどの国際舞台や米中双方の国
内で摩擦を生み，それは両国間の国際的および国内的政治問題となる．この政
治問題化した米中2国間の経済問題こそ米中経済摩擦にほかならない．このよ
うな経済摩擦は一般的であるが，米中間では国家安全保障問題が絡んでおり，
これが軍事同盟国ではない両国の経済摩擦をいっそう厳しいものにする．

　さて中国は経済大国であるとはいえ，一人当たりのGDP (2017年国際購買力平
価) では2020年においてもアメリカの6万236ドルに対して1万6411ドルであ
り，いまだ4倍ほどの開きがある．世界銀行の一人当たりの所得による分類で
は中国は，現在もなお上位中所得国である (1998年までは低所得国であったが2010
年に上位中所得国になった[6])．このように中国は，一国としては経済・貿易大国で
あるがゆえにWTOや国連などの国際舞台では新興国の1つの代表格としての
存在を得る．しかし軍事的膨張主義や国内の人権抑圧問題などは，中国の政治
経済や社会に対して，むしろ警戒感を強めることになる．このような国は覇権
を獲得することはできない．一方，対内的には共産党・政府指導部が「社会主
義市場経済」を掲げて現行の統治体制を維持しようとすれば，一人当たりの所
得や生活の向上，地域間格差の縮小などの実現による国民の政府への支持が不
可欠である．これまでの成功体験の延長線上に国家資本主義体制を維持しよう
とすれば，対外的には摩擦が多発するだろう．ここに国家資本主義中国のジレ

ンマがある.

## 2　非対称的な相互依存関係の拡大と深化
### ――米中経済摩擦の規定要因――

　中国が貿易大国になる過程はアメリカとの相互依存関係を深める過程であり，しかもそれは非対称的な相互関係の強まりであった．以下，相互依存関係の構造とその変化をみてみよう．

### （1）アメリカの最大の貿易赤字相手国の交代――日本から中国へ――

　前述のように米中間では中国の対米輸出が2001年以降増加し，その結果アメリカの貿易（輸出＋輸入）に占める対中国貿易シェアは2001年の6.5％から2017年には16.3％に達した[7]．このシェアはNAFTA（USMC）加盟国のメキシコとカナダのシェアよりもやや高い程度である．ただし，アメリカの対カナダや対メキシコ貿易とは異なり，対中貿易は大幅赤字である．アメリカの貿易収支赤字に占める対中貿易赤字シェアは2001年では20.2％を占めていたが，2018年には48.1％を占めるに至った．アメリカの貿易収支赤字に占めるシェアがこれだけ高くなると，その論理は異なるとはいえ対中貿易がアメリカで政治問題になるのは，かつての日米貿易摩擦と同じである．

　日米貿易摩擦が最も苛烈であったのは1980年代後半から90年代初頭にかけてであり，アメリカの貿易赤字の相手国別シェアで日本は1991年には65％に達した．しかし，日本のバブル崩壊を機にそのシェアは低下の一途をたどり，2020年には6.1％にまで低下し，また対日貿易赤字額自体も2006年の897億ドルをピークに2020年は227億ドルまで減少した．このような日米貿易の現状には，かつての苛烈な貿易摩擦を引きおこした昔日の面影はない．

　アメリカの貿易において低下してきた日本のプレゼンスと入れ替わりに，中国がアメリカの最大の貿易赤字相手国として台頭してきた．1991年のバブル崩壊とともに日本が「失われた20年」に陥り苦境にあえぐ一方で，アメリカはといえばIT（情報技術）の発展による「ニューエコノミー」と称される長期の景気拡大（1991年～2001年），それが2001年に「ITバブル」として弾けたあとは，今度は「住宅バブル」が続いた．これらの景気拡大で増加するアメリカの輸入需要を満たしたのが中国だった．アメリカの国別の輸入相手先シェアでは中国

は2001年には9.0％を占めていたが，経年的にそのシェアは高まり続け2017年には21.6％になった．

　アメリカの貿易収支赤字に占める日本のシェア低下のいま１つの要因は，日本企業の対米輸出代替的な直接投資と在米生産の増加である．この在米生産へのシフトを促迫したのは，1985年のプラザ合意による急激な円高と翌年に出された『国際協調のための経済構造調整研究会報告』（いわゆる『前川レポート』）に基づく日本政府の対外政策の転換である．日本政府は貿易摩擦を避けるべく，それまでの輸出至上主義から海外生産の増加と内需拡大・輸入増加へ舵を切る政策転換を行ったからである．その結果，日本の対米貿易黒字の筆頭品目であった自動車は1986年の343万台をピークに輸出量を減らし，1993年を境に在米生産量が輸出量を上回るようになった．2018年の４輪自動車の在米生産は368万台となり，対米輸出の173万台の２倍を超す[8]．在米生産の対米輸出代替効果は明らかである．

　ところで米中貿易摩擦の解決策として，中国企業の対米直接投資による輸出転換は展望できない．そもそもアメリカの中国からの輸入は，コストでアメリカよりも競争力のある中国地場企業や在中外資系企業の委託生産品を輸入しているのであり，これらの製品がわざわざコスト高になる在米生産に転じることはないからである（中国に対する輸入制限では，アメリカ製造業の本国回帰が難しいことは本書第８章を参照）．

### （2）　米中貿易構成の高度化

　米中貿易の顕著な変化は，中国の対米輸出品の高付加価値化である．1980年代から90年代にかけては中国の対米輸出上位品は，玩具，ゲーム機器，履物，繊維，アパレル，消費者用電子機器など低付加価値で労働集約的な商品であった．しかし2001年の中国のWTO加盟以降，対米輸出のなかで高い技術商品の輸出が急増してきた．2018年ではアメリカの対中輸入の最終使用品別ランキングのトップは携帯電話（輸入総額の13.3％），２位がコンピュータ（8.7％），３位が通信機器（6.3％），４位がコンピュータ周辺機器（6.0％），５位が玩具，ゲーム機器，スポーツ用具（5.2％）である[9]．

　アメリカにとって財の輸入相手国のなかで先進技術製品シェアが最も高いのが中国である[10]（図11-1）．とくに携帯電話などの情報・通信製品の輸入額が大きい．もとより中国が重視するのは，アメリカに輸出するこれらの先進技術製

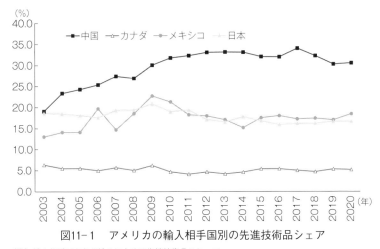

**図11-1 アメリカの輸入相手国別の先進技術品シェア**

（注）輸入相手国からの輸入に占める先端技術品のシェア.
（出所）U. S. Dept. of Commerce,Bureau of Census, *Trade in Advanced Technology Products.*

品の自国付加価値のシェアを高めることであり，そのためには部財の中国産比率の引き上げや自主ブランドの確立が必要である．中国政府が2015年5月に発表した次世代情報技術や新エネルギー車など10の重点分野における製造業の高度化を目指す「中国製造2025」は，まさにこれを目標としており「製造業大国」から「製造業強国」を目指すものである．この国家主導のハイテク育成の産業政策はどの国のハイテク企業にとっても強力なライバルとなる．そして次に検討する米中貿易紛争の根底には，このハイテク分野における中国の台頭がある．

### （3） 低い企業内貿易比率と委託生産

　米中貿易の第3の特徴は，両国間の貿易に占める多国籍企業の企業内貿易シェアが低いことである．多国籍企業がグローバルに展開するにつれて，多国籍企業の親会社と在外子会社，あるいは在外子会社間の貿易である企業内貿易もまた拡大する．多国籍企業の貿易は市場原理が取引を律する独立企業間貿易（Arm's length trade）と企業内計画原理が取引を律する企業内貿易（Intra-firm trade），さらにその中間的形態である契約が生産および取引を律する委託生産取引──貿易データでは捕捉できない──に大別されよう．

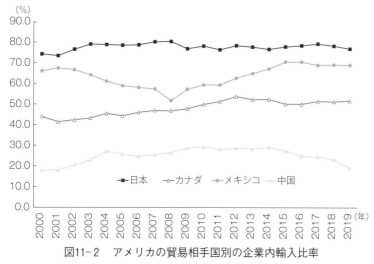

図11-2　アメリカの貿易相手国別の企業内輸入比率

（出所）U. S. Dept.of Commerce, Bureau of Census, *Related Party Trade* のデータより作成.

　ところでアメリカ商務省の「関連企業貿易」（Related Party Trade）に関する
データは[11]，一種の企業内貿易のデータである．これによればアメリカの関連企
業貿易額のトップランキングの輸入相手国には，メキシコ，カナダ，中国，日
本，ドイツ，イギリスなどが入るが，中国の場合は輸出入ともに関連企業貿易
シェアが低いのが特徴である（図11-2）[12]．対照的に対日輸入に占める関連企業
輸入シェアは高い．たとえばアメリカから見て日本からの自動車輸入のうち関
連企業輸入シェアは99％と非常に高い．このほとんどは在米日系自動車メー
カー子会社による日本の親会社からの輸入（すなわち日本の親会社からの輸出）で
ある．対メキシコの自動車輸入においても企業内輸入シェアは高い．これは
ビッグ・スリーやほかの在米自動車メーカーがメキシコに自動車組み立て工場
を設置して，そこで組み立てた完成車をアメリカのビッグ・スリーやほかの在
米自動車メーカーが輸入しているからである．このようにアメリカの輸入に占
める関連企業輸入シェアの高さは，日米間では日本企業の対米直接投資が，米
墨間では在米企業の対メキシコ直接投資が十分に進んでいることを前提とす
る．
　ところが米中間ではそうではない．2020年ではアメリカの対中直接投資残高
が1239億ドル（そのうち48.9％が製造業）に対して，中国の対米直接投資残高は380

億ドル（そのうち製造業は13.2%）である[13]．これは外国の対米直接投資残高総額の0.8%に過ぎない．アメリカにとって中国は輸入先の国別シェアでは18.6%を占めるが，対米直接投資の国別シェアでは0.8%にすぎず，貿易と直接投資のプレゼンスは非対称的である．

　中国からの関連企業輸入シェアは業種によって大きく異なる．2005〜19年のトレンドをみると，アパレルでは2%〜5%と非常に低い．アパレルの場合はアメリカ企業の在中子会社が生産するアパレルの輸入ではなく，そのほとんどを中国地場メーカーおよび外資系企業による OEM（発注側ブランド商品の製造）製品の取引だと思われる．この中国からの委託生産品の輸入はアメリカからすれば非関連企業輸入である．我々はすでに第2章で，アップル社による委託生産の事例でこのことをみた．これが対中輸入における企業内輸入率の低さの要因である．

### （4）　アメリカの国内需要を支えた中国によるアメリカ国債の購入

　米中の経済的相互依存関係は，中国によるアメリカ財務省証券の購入にもみることができる．外国政府や民間投資家による対米証券投資には，アメリカ企業の株式・社債，財務省証券への投資，企業向け貸付などが含まれるが，2020年では中国の対米投資残高で最大規模の項目は，1兆ドルに及ぶ中国による財務省証券投資である．中国の対米証券投資の特徴は，財務省証券投資の割合が高いことである，ほぼ70%以上を占める．

　アメリカは1980年代のレーガン政権以降，貿易赤字と財政赤字の「双子の赤字」が経年的に拡大してきた（財政収支は1999年と2000年のみ，黒字であった）．その結果，財政赤字を賄う財務省証券の発行額が増えるにつれて，その外国保有比率も高まり2020年では3割程度となっている（U.S. Dept. of Treasury, 2021：53）[14]．外国保有の内訳では，中国による保有シェアは2002年の8.5%から2011年の27.8%まで右肩上がりの上昇であった．とくに2008年の金融・経済危機脱出のために，オバマ政権は2009年から大規模な財政出動を行ったが，そのために発行された財務省証券を大量購入投資したのが中国であり，その保有比率は日本のそれを超えた（図11-3）．かくして中国が対米輸出および対中直接投資によって得た巨額のドルは，対米財務省証券投資という形で還流した．この還流によって1980年代半ば以降，アメリカは世界最大の純債務国（対外資産＜対外負債）となったにもかかわらず，ドル需要は高まり，そのことによってアメリカ

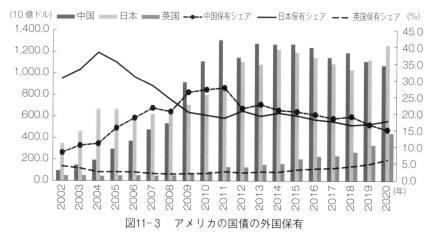

**図11-3　アメリカの国債の外国保有**

（出所）　U. S. Dept. of Treasury, *Foreign Holdongs of U. S. securities.*

は低金利で財政赤字を賄うことができたのである．一方，その財政赤字によっ
て拡大したアメリカの需要に向けて輸出をしたのが中国であり，両国は供給と
需要の両面からで世界経済が金融危機から脱出するうえで立役者となった．

　中国人民銀行や政府系ファンドである中国投資公司による巨額の財務省証券
保有については，アメリカ議会において中国が保有する財務省証券を売却する
ことでアメリカの政策に影響を及ぼそうとする恐れがあるという主張がなされ
た．しかし，人民元の外国為替レートをドルレートに連動させる管理フロート
制をとる限りは，中国は財務省証券を購入せざるを得ないし，大量の財務省証
券の売却はドル価値の急落を招き，むしろ中国が保有するドル資産の価値の低
下を招くことになり，中国側のダメージが大きいといえよう．このように財務
省証券の発行と投資を通じて，中国から財の輸入・消費をするアメリカとアメ
リカに向けて財の生産・輸出をする中国とは相互依存関係にある．もっともこ
こ数年は，中国による財務省証券の保有比率は低下しているが，これは中国が
「一帯一路」のための資金として被援助国に対してドルを供給するためだと考
えられる[16]．

　以上のような米中間の主要な経済関係は，2つの資本主義大国間の非対称的
な相互依存関係の深化を示すものであり，この関係のデカップリング（切り離
し）は米中双方にデメリットとなる．したがって両国には，アメリカとソ連
（そして中国）との体制間対立があらゆる分野に及んだかつての冷戦時代のよう

な経済的なデカップリングを志向するわけではない．しかし，軍事同盟関係にある日米とは異なり，米中間の軍事的緊張や人権や民主主義をめぐる価値観の対立は近年激しくなっている．これらの対立が経済的摩擦に連動するところに米中貿易経済摩擦の特徴があり，日米貿易摩擦とは決定的に異なるところである．軍事的緊張や価値観の対立は容易に鎮静化するわけではなく，したがってまた経済摩擦も繰り返し起こるし，長期化するだろう．

## 3　米中貿易摩擦の特異性
### ——中国国家資本主義の根幹をめぐる角逐——

　米中間の経済的相互依存関係にもかかわらず，2018年から19年にかけてアメリカによる対中制裁関税とそれに対する中国の対アメリカ報復関税の引き上げ合戦という「貿易戦争」が生じた．しかし，この原因は貿易そのものにあるわけでなく，結果としてアメリカの対中国大幅赤字を生み出すような中国の産業政策，とくにハイテク産業政策及びそれと関連する知的財産取引をめぐる両国間の角逐に起因する．アメリカ多国籍企業子会社にとってすでに中国は，イギリス，カナダに次ぐ第3位（2017年）の販売市場であり，しかも在中子会社から本国への輸出は販売高のわずか2％に過ぎない．アメリカ多国籍企業の在中子会社の主目的は現地販売なのである．

　この大きな市場に参入するにつれて，アメリカ企業は一方で中国の知的財産権の侵害について強い不満と他方で中国の国産技術育成策について大きな懸念を覚えるようになった．オバマ政権時代の2010年と11年にアメリカ国際貿易委員会（USITC）は，このような中国の知的財産権関連の政策や慣行がアメリカの企業や経済に及ぼす影響を調査していた[17]．しかし，オバマ政権の対中政策は大筋において従来の「関与政策」であり，その一方では中国の知的財産権政策も変わらなかった．それに異を唱えて，中国に政策の変更を迫ったのがトランプ政権であった．

### （1）1974年通商法301条に基づく中国の知的財産権政策をめぐる紛争
　関税引き上げ合戦の発端は，2017年8月14日にトランプ大統領がUSTRに対して1974年通商法301条（以下，通商法301条）に基づいて，中国への技術移転の調査を命じたことにある．これを承けてロバート・ライトハイザー USTR

代表は８月18日に，その調査を行うと発表し，その後10月10日に公聴会が行われた．

　そもそも通商法301条は，外国の行為，政策または慣行を対象とするが，それには３つのケースがある．すなわちそれらが，① 通商協定に違反する場合，② アメリカの国際的な法的権利を侵害するような不当 (unjustifiable) であり，アメリカの通商に負荷をかける場合，③ アメリカの通商に負荷を与えたり，または通商を制限したりするような不合理 (unreasonable) または差別的 (discriminatory) な場合，である．差別的とは，アメリカの財，サービス，投資に対して，内国民待遇や最恵国待遇を否定することを指す．①と②の場合には，USTR は外国の不公正貿易を匡正する措置を取る義務があるが，③の場合には裁量的な措置を取ることを認めている．そして中国の知的財産権を調査するには③がもっとも適切だとする[18]．

　USTR は以下の４点を調査した[19]．第１はアメリカの技術や知的財産を中国企業に移転させるために，在中アメリカ企業の事業に介入する中国政府の行為 (外資所有比率制限や調達規制，不透明で裁量的な許認可の行政プロセスや合弁事業の強制など)，第２はアメリカ企業が中国企業との間で市場原理に基づいた技術取引交渉を行うことができず，アメリカ企業による技術管理を侵害するような中国の行為，政策，慣行，第３に中国の産業政策上で重要とみなす先端技術や知的財産を取得するために，中国企業によるアメリカ企業の組織的な買収や投資に対する中国政府の指示や不公正な支援，そして第４にアメリカの商業コンピュータネットワークへの不法侵入，知的財産・営業秘密・ビジネス関連の機密情報をインターネット上で窃盗する行為への中国政府の関与または支援の有無，およびこの行為がアメリカ企業に損害を与え，中国企業を有利にしているか否か，についてである．

　この調査結果は2018年３月22日に公表された．それによれば，第１の問題については，いくつかの業種では外国企業が中国で事業を行うためには中国企業と合弁を組むことが義務付けられている．また外国企業が中国で事業を行うのに必要な様々な許認可と引き換えに，中国政府は技術移転を強要していると批判した[20]．中国の地場企業間ではこのようなことはないという．

　第２の問題については，市場ベースで技術移転交渉をしようとするアメリカ企業を中国は差別的に扱っているとする．その１つは「技術輸出入管理規則」であり，供与された技術の使用に関して第三者から権利侵害で訴えられた場合

には技術供与側が責任を負うとの条項がある一方で，技術供与された側がその技術を改良した場合でも，その改良技術は技術を供与された側の所有で供与側はそれを共有できない．さらには，中国の「ジョイント・ベンチャー規則」は外国企業との技術提携契約を10年間までとしており，契約終了後もジョイント・ベンチャーはその技術を使う権利があるとみなされている．

　第3の問題については，中国政府は「中国製造2025」のような産業政策に基づきアメリカの先進技術を獲得するために国有企業が標的とするアメリカ企業を買収したり，あるいは政府が民間企業による買収を支援しているとして批判する．このような中国政府の行為，政策，慣行は，知的財産集約的な業種における取引の価格設定を歪め，かつアメリカ企業の市場シェアを低めアメリカ産業の利益を損なうものであるとする．中国と違ってアメリカには，企業による対外直接投資を指示・支援するような広範囲にわたる産業政策はないという．

　第4の問題に関しては，Solar World, U.S. Steel, Westinghouse, Alcoaなどの企業，あるいは，U.S. Steel 労働組合に対して中国人民解放軍の諜報部門がコンピュータ・ネットワークに侵入し，企業秘密や技術・取引情報，個人情報を不当に入手してきたと批判した．このような中国政府支援のサイバー攻撃は，政府の産業政策に基づいており，政府から広範な支援を得ている国有企業やナショナル・チャンピオンを通じて産業の高度化を図ろうとするものであり，それは不当でありアメリカ企業に損害を与えるものであるとする．

　このようにUSTRの調査は，① 技術移転の強要，② 技術取引のアメリカ企業に対する差別的かつ非市場的な取引，③ 中国政府支援によるアメリカ資産の取得，④ 知的財産および企業秘密のサイバー上による不正入手，これらを批判した．そしてこれらは，アメリカ企業に対して差別的で不合理で不当であり，アメリカの対中ビジネスの障壁になっておりアメリカ経済に損失を与えているとする．その損失額を年間500億ドルの輸出相当分と推定した[21]．

## （2）アメリカの対中制裁措置と中国の報復関税

　USTRによる調査結果を受けたトランプ大統領の行動は素早かった．調査結果の公表日に通商法301条に基づいて，貿易と投資に係わる3つの対応策を命じた．貿易では，1つはUSTRに中国に対する制裁措置として追加関税の検討を命じ，2つ目は中国の差別的なライセンシングについて他の加盟国と協力してWTOの紛争処理手続きを開始するように命じた．これは調査過程におい

て WTO ルールで問えるのが，差別的な技術取引だと決定したからである．３つ目は投資面の対策であり，財務省に対してアメリカにとって重要な技術や業種に向けて中国政府が指示・支援する対米投資を規制するよう命じた[22]．

アメリカは日本や EU と共同で中国の技術移転の政策と慣行を批判し，中国に対して協議を呼びかけた．しかし，中国からは建設的な反応がないとして中国からの輸入品に対してリスト１に従って７月に，リスト２に従って翌８月にも，合計で500億ドルの中国からの輸入に対して追加関税を課した[23]．これに対して中国も即時にアメリカからの同額の輸入に対して報復関税を実施した．これ以降，アメリカによる追加関税と中国による報復関税というエスカレーションが2019年９月のリスト４まで続いた（**表11-1**）．アメリカの追加関税の対象は2017年のアメリカの中国からの輸入の73％に及んだ[24]．制裁は追加関税のみならず，輸出管理（2018年８月に成立した「輸出管理改革法」，商務省の「エンティティー・リスト」など）や税関措置（違反商品保留命令）にまで広がった．また投資面では，国家安全保障を損なうような対内直接投資を禁止するために2018年８月には「外国投資リスク評価現代化法」が成立した．これによって外国企業の対米投資を審査する外国投資委員会（CFIUS）の権限は強化された．

### （3）WTO における米中紛争の処理

WTO の紛争処理機関を利用した中国のアメリカに対する差別的なライセンシングの提訴はどうなったのか（**表11-1** の「DS542」関係を参照）．USTR は2018年３月23日に WTO 紛争処理手続きに基づき，中国の強制的技術移転や市場取引よりも不利な技術契約を TRIPs 第３条（内国民待遇）違反だとして，GATT 22条（第３国も協議に参加できる）により，まず中国との間で２国間協議を求めた．この協議には，日本，EU，ウクライナ，サウジアラビア，台湾（独立関税区）が利害関係国として参加を表明し，中国もそれを認めた．ところがアメリカの基本的なスタンスは，「このような政策や慣行に対して WTO ルールで対処できるのであれば，アメリカは WTO の紛争解決を求める．しかし，中国の慣行のほとんどは現行の WTO の規律ではカバーされていない」というものであった．そしてこの追加関税に対して中国が WTO に諮らずにただちに実施した報復関税については，２国間の交渉課題であり WTO のパネルの課題ではないと主張した[25]．その後，本件に係わるパネルが設置されたがアメリカは２国間で協議中だとしてパネル手続きを５回にわたって延期し，最終的にはパネル自

## 表11-1　1974年通商法301条に係わる米中貿易紛争

| | 米中2国間関係 | WTO関係 |
|---|---|---|
| 2017年8月14日 | 大統領がUSTRに中国の政策，慣行または行為が不合理または差別的であり，アメリカの知的財産権，イノベーションまたは技術開発に損失を与えているかどうかの調査を命じる． | |
| 8月18日 | USTRは1974年通商法301条に基づいて中国の技術移転，知的財産，イノベーションついて調査を開始． | |
| 8月18日 | 同日にアメリカは中国に対してUSTRの調査事項に関する協議を要請したが，中国は調査は「無責任」かつ「非客観的」として批判．調査に「強く不満」と表明． | |
| 2018年3月22日 | USTRが『技術移転，知的財産，イノベーションに関係する中国の行為，政策，慣行に関する1974年通商法301条による調査結果』を公表． | （DS542関係）3月23日：WTO紛争処理手続き及びGATT22条に基づき，アメリカは中国の政策がTRIPs第3条（内国民待遇）および28.2に反するとして，2国間協議を要請．4月3日：日本も第3国として協議に参加を表明，そ |
| 5～6月 | アメリカは中国に対して，不公正貿易の解決のための協議を呼びかけ，高官による話し合いが2回行われたが結論出ず． | の後EUも表明．中国は合同協議を受け入れ，しかし協議不調．10月18日：アメリカはWTOの紛争処理機関（DSB）にパネル設置を要請． |
| 3月23日 | 知的財産のライセンシングに関するいくつかの措置について，WTOにおける紛争処理を追求．しかし中国は通商法301条の調査対象の政策を変えることはない，と明言． | （DS543関係）4月4日：アメリカの追加関税はGATT第1条と第2条違反だとして，中国はWTO紛争処理手続き及びGATT23条に基づき2国間協議を要請．8月と10月に協議したが不調．12月6日パネルの設置要請． |
| 7月6日 | リスト1（対中輸入340億ドル相当の818品目に25％の追加関税）に基づく追加関税の実施⇒中国は対米輸入品340億ドル分に25％の報復関税 | |
| 8月23日 | リスト2（対中輸入160億ドル相当の279品目に25％の関税）⇒中国は対米輸入品160億ドルに25％の報復関税 | |
| 9月24日 | リスト3（対中輸入額2,000億ドル相当の5,745品目に10％の関税）⇒中国は対米輸入品5207品目600億ドル分に5％，10％，25％の報復関税 | （DS542関係）11月21日：パネル設置． |
| 2019年5月10日 | リスト3の追加関税を25％に引上げ | （DS543関係）1月28日：パネル設置 |
| 9月1日 | リスト4（リスト4A）の輸入品に15％の追加関税 | （DS542関係）6月3日：アメリカはパネルの審理を延期するように要請．中国も同意．以後，合計5回の延期を要請． |
| 2020年2月14日 | 米中の第1段階の経済・貿易協定が発効．リスト4Aの追加関税15％を7.5％に引き下げ | （DS543関係）9月15日：パネルの最終報告公開．中国が勝訴．10月26日：アメリカ上訴． |
| 2021年 | | （DS542関係）パネルは失効． |

（出所）Congressional Research Service,CRS Report R46604, *Section 301 of the Trade Act of 1974 : Origin,Evolution, and Use,*December14, 2020 ; Office of the United States Trade Representative,Executive Office of the PresidentUpdate Concerning China's Acts, Policies and Practices related to TechnologyTransfer, Intellectual Property, and Innovation November 20, 2018.

体が失効した.

　一方,中国はアメリカの対中追加関税は中国からの輸入品だけを対象としており,それは GATT １条 (最恵国待遇原則) および関税は譲許税率を超えてはならないとする GATT ２条にも反するとしたうえで,GATT23条 (第３国は参加できない) により２国間協議を要請した (表11-1の「DS543」).この協議は不調に終わり,パネルが2019年１月に設置され,パネル報告が2020年に公表された.それによれば,アメリカの対中追加関税は中国が主張するように GATT 第１条と第２条に違反しているとした.アメリカはこの点には反論はせず,別途 GATT20条 (a) 項の「公徳の保護」のために追加関税を課したと主張したが,パネルはアメリカは目的としての「公徳」と手段として追加関税との関係を説明しえなかったとして,この主張を退けた[26].こうして,アメリカは WTO の枠外で２国間交渉によって本件を解決しようとしたのに対して,中国はその協議に応じたもののアメリカの主張を受け容れなかった.逆に中国は WTO のパネルの場で,アメリカの制裁的な追加関税は GATT に反することを認めさせたのである.

### （4）追加関税をめぐるアメリカの利害関係者の動向

　対中追加関税に対する国内利害関係者の対応はどうだったか.貿易の政治問題化にとって利害関係者の動向は決定的な意味をもつ.日本の経団連のような大手企業団体であるビジネス・ラウンドテーブルは,「オバマ政権が2001年に作り毎年開催してきた米中戦略・経済対話 (U.S.−China Strategic and Economic Dialogue) は不十分な成果しか生まなかった.とはいえ,追加関税による一時的な対中貿易赤字の削減ではなく,公正かつ互恵的な関係に資する中国の経済改革に焦点を絞るべきだ」という.

　また全米の企業を代表する最大のロビイング団体である全米商工会議所は,制裁的な追加関税に明確に反対する.それは報復関税を引き起こし,アメリカ製造業や消費者にとってコスト上昇を招くとともに,グローバル・サプライチェーンを妨げる.そのような制裁によっても在外生産が国内生産に回帰するとは限らない.そして半導体機器製造関連機械の部品をはじめとして,アメリカ製造業に不可欠な製品を制裁関税対象のリストから外すように USTR に意見提出した.中国の産業政策や不公正慣行を匡すという政府の目的は支持するが,そのための手段は関税ではない.同盟国と組んで中国と交渉すべきだとい

う．なお，労働組合の最大のナショナルセンターである AFL＝CIO は，製造[27)]
業の強化や雇用の対外流出を停止するには制裁関税は最終目標ではないが，重
要な手段だと評価する．ただし，それだけでは不十分で労働者の自由の保護や
貿易交渉が不可欠だという．

　このようにグローバル企業は，関税引き上げによってグローバル・サプライ
チェーンの流れが妨げられることに強く反対する．

### （5）追加関税の貿易赤字削減効果

　トランプ政権が狙った対中追加関税による対中貿易赤字削減効果はあったの
か．追加関税前の2017年のアメリカの中国からの輸入は5052億ドル，これが追
加関税賦課後の2019年には545億ドル減の4507億ドルになった．その一方で
は，中国を除くほかのアジアからの輸入は同期間に573億ドルの増加となっ
た．とくにベトナムからの輸入は43％の増加となり，ベトナムは2020年には第
３位の貿易赤字相手国である．追加関税で中国からの輸入が減った分だけ，ほ
かのアジア諸国からの輸入が増加したのである．そのうえ追加関税は中国の報
復関税を引き起こし，その第一弾の対象が牛肉や大豆，小麦のようなアメリカ
の対中輸出の筆頭産品になったことはアメリカにとって大きな痛手となった
（第４章参照）．

　かくして２国間において，関税引き上げという貿易政策をもって輸入を削減
することは多少できたとしてもそのツケも大きかったのである．そもそも２国
間の貿易政策のアプローチでは，アメリカの輸入を削減することはできないこ
とを改めて示した．それには関税引き上げではなく，国内経済の貯蓄と投資の
インバランスを対象とするマクロ経済政策や産業振興策が必要だからである．

## おわりに

### （1）米中貿易摩擦のゆくえ

　以上のように，アメリカが追加関税を手段として中国の政府主導の技術移転
や知的財産政策を変更するという目的を達成するという戦術は成功したとは言
えない．またアメリカは中国の技術取引が外国企業に差別的で内国民待遇違反
として WTO に提訴したが，アメリカ自身がこの問題を２国間の政治的解決を
図ったためパネルの裁定を求めなかった．逆に中国はアメリカによる追加関税

をGATT違反だとしてWTOに提訴し，アメリカはパネルで敗訴した．この経緯から米中間の貿易摩擦のゆくえについて，いくつかの含意を引き出すことができる．

　第1は，グローバル・サプライチェーンの現状ならびにアメリカ国内の利害関係者の動向からみて，かつての冷戦時代のようなデカップリングは起こらないだろう．両国が2020年1月15日に，「両国間の貿易と経済関係の重要性に鑑み」「貿易が拡大し市場に基づく成果を推進するために国際的な規範を遵守することが両国の利益であることを認識して」締結した「第1段階の経済・貿易協定」[28]は，そのことを示すものである．協定によれば，中国は知的財産権や技術移転政策の部分的な改革を行なうとともに農産物輸入を拡大し，一方ではアメリカも追加関税を一部引き下げることになったからである．

　第2に，アメリカは米中間の関税引き上げ合戦の震源である中国の国家主導の産業政策の枠組み（企業に対する政府の産業政策の絶対的な強制力，中国企業に対する巨額の金融支援，中国企業に対する様々な優遇措置）自体の変更を迫ることはできなかった．アメリカは，中国のこのような産業政策は「必ずしも新しいものではないが，外国企業ならびにその技術に対する現実的かつ潜在的な影響はずっと深刻なものになっている[29]」という．しかし中国にとっては，この産業政策は国家資本主義中国の根幹に係わるものであり，これまでの成功体験を踏まえれば中国側はこれを変更することはないだろう[30]．したがって，この経済摩擦の震源が存在する以上，今後とも経済摩擦は起こり長期化するだろう．そして経済摩擦は，今回の「経済・貿易協定」のようにWTOの枠外で何らかの政治的妥結を図るものと考えられる．

　第3に，トランプ政権はWTOに背を向け2国間交渉を志向したが，中国の差別的なライセンシングについては協調国の参加を求めた．今後も同じような対応で臨むだろう．またWTOにおける知的財産権をめぐる紛争処理を有効なものにするためにTRIPsの改革を求めるであろう．

## （2）日本の課題

　日本の貿易の2018年の対中依存度は23％，対米依存度は14％であり，それぞれ一位と二位を占める．それだけに，両国の軍事的緊張による経済安全保障問題は，両国の直摩擦を引き起こす．さらに両国の軍事的緊張は，地政学的な意味において直説的に日本に大きなリスクをもたらす．こうした状況のもとで日

本の課題は何であろうか.

　まず第1に,「新冷戦」とか「有事対応」といった流れに安易に与することは避けなければならない. 世界最大の軍事大国であるアメリカとの軍事同盟の強化や日本の軍事支出の増加は, 世界第2の軍事大国中国とアメリカとの軍事的緊張を高める. またすでに核兵器保有大国である両国の核軍拡は, かえって日本に対する軍事的脅威を高めることは言うまでもない. 軍拡には際限がない. 米ソの冷戦激化のさなかにアメリカ軍の元帥出身でありながら (あったからと言うべきか) アイゼンハワーは二期務めた大統領職を退く際に,「軍産複合体」の肥大化に警鐘を鳴らした. 米中対立の現在, この警告に耳を傾けることが必要である.

　第2に, 米中両国が大国として本質的にグローバルな問題 (グローバル・イシュー) である地球気候変動や環境, 感染症などの問題に対して多国間協調の枠組みで取り組むように日本は行動提起するとともに日本自身が行動しなければならない. これらの問題は各国がその政治制度いかんを問わず影響を受けるのであり, 逆にいえば「グローバル・コモンズ」の維持はすべての国の責任であり, とりわけ大国の責任は重い. たとえば COP (国連気候変動枠組条約国会議), SDGs, WHO 主導の COVAX などの活動を拡充することは, グローバル・イシューへの共通認識と共同行動を広げ多国間協力のための協定や機関を強化することになるからである.

　第3に, 2011年に中国も加わって国連人権理事会において全会一致で採択された「ビジネスと人権の指導原則」(企業が世界人権宣言, 国際人権条約, ILO 中核的労働基準をはじめとする国際人権基準を尊重する責任を負うことを明記した国際文書) の履行を中国に迫る必要がある. 中国はこれまで国連人権理事会において17回の選挙のうち5回理事国に選出されている. グローバル・サプライチェーンにおける人権や環境にかかわる問題の扱いは外国では法制化が進んでいる[31]. 日本企業の GSC でこれにかかわる問題が出た場合には GSC がストップすることになる. 日本政府ならびに企業は, 中国に対して本原則の履行を迫るべきであろう.

注
1) 2019年のアメリカ連邦議会の下院の歳入委員会での発言.「アメリカは, 市場歪曲体制のもとで動く世界第2の経済大国の中国のような国にどう対処すべきか？ アメリカ

の通商政策の全歴史で政策当局にこれほどきびしい難題を提起した国を私は知らない．
いまにして思えば，我々は中国の経済規模がずっと小さかった時に，この問題を真剣に
考えるべきだった．しかし我々はそうしなかった．そこでいま政府は，そしてあなた方
がこの結果に対応しなければならないのだ」と議員に交渉の難しさを訴えた（U. S. House
of Representatives, 2019：3）．

2 ）イアン・ブレマーは自由市場資本主義に国家資本主義を対置する．自由主義資本主義
は自由市場経済が，国家資本主義は国家による指令が，それぞれの経済体制の基礎にあ
る（Bremmer, 2010）．また加藤・渡邉・大橋（2013）は中国を国家資本主義と規定し
たうえで，これを多面的に論じている．

　　フランコ・ミラノヴィッチ（2021）は近著でアメリカに代表される「リベラル能力資
本主義（liberal meritocratic capitalism）」に対して中国に代表される「政治的資本主
義」（または権威主義的資本主義）を置く．これはイアン・ブレマーのいう「自由主義
資本主義」と「国家資本主義」とほぼ同義であるが，ミラノビッチの定義は資本主義の
タイプ論として，いっそう緻密である．彼は政治的資本主義を，① 優秀なテクノク
ラート（官僚），② 法による支配の欠如，③ 民間部門を統制できる国家の自立性を伴う
資本主義だとする．「政治的資本主義」では国家は資本から自立しており官僚の裁量権
が大きく，したがって万人にとっての「法の支配」が欠如している．そしてこれが政治
的腐敗の温床になる．「リベラル能力資本主義」は21世紀初頭のアメリカをモデル化
し，① 能力ある者にはキャリアは開かれており，② 社会的移動性（social mobility）が
大きい資本主義だとする．ただし所得・資産格差の拡大などで，この①と②ともにその
傾向に陰りがみられる．

　　なお中国の現在の経済体制をどうみるかについては諸見解がある．たとえば，芦田・
井出・大西・聽濤・山本（2020）では，現在の中国の経済体制を① 社会主義市場経
済，② 社会主義をめざす市場経済（その利用と制御）体制，③ 国家資本主義，④ 限り
なく資本主義への傾向，という諸見解が示される．③と④は資本主義体制として捉え，
②は①と③④の中間とである．

　　本章では資本主義を，① 生産手段の私的所有のうえに，② 賃金労働者による利潤目
的の生産を追求する経済体制として捉えたうえで，さらにこの２つの性格を国家主導で
推進する体制として国家資本主を規定する．中国では資本主義原理によって動く分野が
多くなり，しかも国家主導で強力に進めたがゆえに急成長を遂げたのである．

3 ）UNCTAD, Data center.

4 ）Elwell, Labonte and Morrison（2007）は，改革開放以降の中国の高度経済成長の要因
について標準的な説明をしている．すなわち家計所得の増加と高い貯蓄率，外資系企業
による輸出増加，資源配分の効率化と技術導入による生産性上昇である．

5 ）グローバリズム，グローバリゼーション，グローバリティ（グローバル・モビリ
ティ）の相互関係については，石田・板木・櫻井・中本編（2019：3-7）を参照．アメ
リカン・グローバリズムとアメリカン・リージョナリズムについては，中本編
（2007），序章（中本稿）を参照．

6 ）World Bank, *World Development Indicators The World by Income and Region.*

7 ）以下の貿易データは，U. S. Dept. of Commerce, Census bureau, *Country and Product Trade Data.*による．

8 ）ちなみに1982年に日本の自動車メーカーでいち早く在米生産を始めたホンダは，それ以前ではアメリカにおける自動車販売の100％は日本からの輸入車であった．しかし35年後の2017年ではアメリカ産が66％，カナダ産が20％，メキシコ産が 7 ％， 4 ％がイギリス産，そしてわずか 3 ％が日本からの輸入である．在米生産が対米輸出の代替となるとともに，それ自体がグローバル生産の一部となっている（U. S. Senate, Committee on Finance, 2018 : 7）．

9 ）U. S. Dept. of Commerce, Bureau of Census, *Foreign trade : U.S. Imports from China by 5-digit End-Use Code 2011-2020.*

10）アメリカ商務省センサス局は 2 万2000点の貿易品のうち，それぞれの分野をリードするハイテク製品であり，取引額も大きな500品目を「先進技術製品」（Advanced Technology Products）として分類している．これは産業ではなく品目ベースの指定であるが，大別すればバイオテクノロジー，生命科学，電子光学，情報・通信，エレクトロニクス，フレキシブル製造，先端原料，航空，兵器，原子力技術の10分野の技術から成る品目である（U.S. Dept. of Commerce, Bureau of census, *Foreign trade : trade definitions* による．

11）商務省センサス局の「関連企業貿易」（related party trade）のデータ．関連企業貿易とは，貿易相手企業に対して直接・間接に 5 ％以上（2009年以前は 6 ％以上）の株式を保有する企業との貿易．

12）大橋（2020）は対中関連企業輸入について，「米中貿易における企業内輸入の比率が高まっている．……米国企業の企業内貿易の増加が中国の対米輸出の増加の一因となっていた」と主張する（40ページ）．たしかに絶対額は増えているが，対中輸入に占める関連企業輸入シェアは他の国からの関連企業輸入比率と比べても低いし，また傾向的に高まっているわけではない．中国からの巨額の輸入の 7 割以上は非関連企業輸入（非企業内貿易）であり，その大きな部分は在中外資系企業および中国地場企業からの委託生産品の輸入である．ここに米中貿易の 1 つの特徴がある．

13）U. S. Dept. of Commerce, BEA, *International Data : Direct Investment and MNE.*中国企業による第 3 国経由の対米直接投資を算入した最終所有者（Ultimate Beneficiary Owner）ベースでは，中国の対米直接投資残高は548億ドル（23.3％が製造業向け）である．なお，中国企業の対米直接投資をプロジェクトに基づいて捕捉してきた Rhodium Group によれば，1990年〜2020年の合計で，中国の対米直接投資は1755億ドル，アメリカの対中投資は2849億ドルである．投資方法は中国の対米直接投資の90％が M&A，これに対してアメリカの対中投資の70％が新規投資（green field investment）と対照的である（Rhodium Group, 2020）．

14）U. S. Dept. of Treasury（2021 : 53）．

15）Morrison（2014 : 14-15）．

16）奥田（2020 : 220）．

17）この USITC の調査は上院財政委員会の要請でおこなわれ，USITC（2010 : 2011）の

２つの報告書に結実した．関下（2015），第４章は，この報告書の詳細な検討である．

18）USTR（2018：3）．

19）この点については，U. S. Government（2017），JETRO（2018），を参照した．

20）調査では米中ビジネス評議会（USCBC）のアンケート（US-China Business Council, 2017）を引用し，19％のアメリカ企業が中国への技術移転を要求されたと回答しており，そのうち67％は合弁相手の中国企業，33％は中央政府機関，25％は地方政府機関の要求だったとしている（複数回答可）．合弁相手先からの技術移転要求は一般的ではあるが，中国においては多くの場合その背後に政府の影響力があるという．このような強制的な技術移転に外資系企業はどのように対応しているのか．企業にアンケートとインタビューを行ったPrud' homme, and Zedtwitz（2019）によれば，強制的な技術移転のリスク管理に効果的な対策は，① 政府の政策や法律のモニタリング，② 知財部門専任の人材の配置や外部の知財管理サービスの利用，③ 社外の業界団体によるロビイング，④ 中国に圧力をかけるべく自国政府に働きかける，⑤ 企業による営業秘密の保持，などである．

21）USTR（2018）．

22）U. S. Government（2018），13099 – 13101．

23）Office of the United States Trade Representative, Executive Office of the President （2018：5）．

24）Schwarzenberg（2020）．

25）USTR（2019：1-4）．

26）WTO（2020：62），（7．229）．

27）通商法301条による制裁関税に先立って，トランプ政権は2018年３月23日から1962年通商拡大法232条（国家安全保障にかかわる産品の輸入が対象，以下232条）に基づいて，鉄鋼とアルミニウムの輸入に対して追加関税を課してきた．鉄鋼とアルミニウムの輸入増加は，安全保障を損なう恐れがあるというのである．さらに自動車と同部品の輸入についても，232条による追加関税を目指して商務省が５月23日に安全保障調査を開始した．しかし，在米日系自動車工業会，米国自動車工業会，米国自動車部品工業会（MEMA）などは，「自動車輸入は米国の安全保障に対する危険をもたらすものではない」，「グローバルなサプライチェーンとのつながりは米国の自動車部品製造業の競争力を維持するうえで不可欠」として，こぞってこの調査自体に反対した．また９月に開催された上院財政委員会の公聴会では，北米ホンダの執行副社長は「すでに実施されている鉄鋼やアルミニウムは追加関税により輸入価格が上がるが，それに伴い国産品の価格も上がる．そのうえ自動車及び同部品の追加関税は，自動車の価格や販売に大きな影響を及ぼす」として追加関税反対を表明した（U. S. Senate, Committee on Finance, 2018）．

28）USTR（2020）．協定は知的財産権，技術移転，食品・農産品の貿易，金融サービス，マクロ経済政策と為替レート，貿易拡大，２国間の評価と紛争解決，最終規定から構成される．

29）USTR（2018：17）．

30）USTR は中国の産業政策は他の国とは根本的に異なるものの国内産業を誘導・支援す

る伝統的な方法よりも上首尾だとは認めている（USTR, 2018：15）.

31）例えば，イギリスの現代奴隷法（2015年），米国貿易円滑化・貿易執行法（2016年），フランスの注意義務法（2017年），オーストラリアの現代奴隷法（2019年）など．これらの法律は，一定規模以上の企業に対して，GSC における強制労働を防ぐ措置の公表の義務付けや環境への悪影響に関する調査を義務付けている.

## 参考文献

芦田文夫・井出啓二・大西広・聽濤弘・山本恒人（2020）『中国は社会主義か』かもがわ出版.

石田修・板木雅彦・櫻井公人・中本悟編（2019）『現代世界経済をとらえる ver 5』東洋経済新報社.

大橋英夫（2020）『チャイナ・ショックの経済学』勁草書房.

奥田宏司（2020）『国際通貨体制の論理と体系』法律文化社.

奥村晧一（2020）『米中「新冷戦」と経済覇権』新日本出版社.

加藤弘之・渡邉真理子・大橋英夫（2013）『21世紀の中国経済篇』朝日新聞出版.

関下稔（2015）『米中政治経済論―グローバル資本主義の政治と経済』お茶の水書房.

中本悟編（2007）『アメリカン・グローバリズム』日本経済評論社.

平川均・町田一兵・真家陽一・石川幸一編著（2019）『一帯一路の政治経済学』文眞堂.

廣野美和編（2021）『一帯一路は何をもたらしたのか』勁草書房.

宮本雄二・伊集院敦・日本経済研究センター編（2020）『技術覇権米中激突の深層』日本経済新聞出版社.

JETRO（2018）「地域・分析レポート：中国の技術移転関連の法令，政策，慣行を問題視（米国）1974年通商法301条の USTR 調査報告書」（6月14日）.


Bremmer, Ian（2010）*The End of the Free Market: Who Wins the War Between States and Corporations?*, Portfolio（有賀裕子訳『自由主義市場の終焉――国家資本主義とどう闘うか――』日本経済新聞出版社，2011年）.

Elwell, Craig K., Marc Labonte and Wayne M. Morrison（2007）"Is China a Threat to the U.S.Economy?," *CRS Report RL*33604, CRS, January23.

Milinkovic, Branko（2019）*Capitalism Alone: The Future of the System That Rules the World*, Harvard University Press（西川美樹訳『資本主義だけ残った』みすず書房，2021年）.

Morrison, Wayne M.（2014）"China−U.S. Trade Issues," *CRS Report*, RL33536, CRS, December 5.

Office of the United States Trade Representative, Executive Office of the President（2018）*Update Concerning China's Acts, Policies and Practices related to Technology Transfer,* Intellectual Property, and Innovation, November 20.

Prud' homme,Dan and Max von Zedtwitz（2019）"Managing"forced"technology transfer in emerging markets : The Case of China," Journal of International Management 25.

Rhodium Group（2020）*Two-Way Street*：2020*Update US-China Investment Trends*
（https：//www.us-china-investment.org/fdi−data）.

Schwarzenberg, Andres B.（2020）"Section301of the Trade Act of 1974：Origin, Evolution, and Use," *CRS Report R*46604, December 14.

U. S. China Business Council（2017）2017 *Members Survey,*Decmber.

U. S. Dept. of Treasury, *Treasury Bulletin*, March 2021.

U. S. Government（2017）*Federal Register*, Vol. 82, No163/Thursday, August 24.

───────（2018）*Federal Register*, Vol. 83, No. 59, Tuesday, March27, 2018, 13099−13101.

USITC（2010）*China：Intellectual PropertyInfringement, Indigeous Innovation Policies, and Frameworks for Measuring the Effects on the U. S. Economy, Investigation*, No. 332−514.

───────（2011）do, Investigation No. 332−519.

U. S. House of Representatives, Committee on Ways and Means（2020）*Hearings：U.S.−China Trade*, February 27, 2019.

U. S. Senate, Committee on Finance（2020）*Hearing：Impact of Tariffs on the U.S. Automotive Industry*, September 26, 2018.

USTR（2018a）*Findings of the Investigation into Chania' s Acts,Policies,and Practices related to Technology Transfer, Intellectual Property, and Innovation under Section301of the Trade Act of 1974,* March 22.

───────（2018b）*USTR Report to Congress on China' s WTO Compliance.*

───────（2018c）*Section 301 Fact Sheet*, March 22.

───────（2019）"United States-Tariff Measures on Certain Goods from China（DS543）: First Written Submission of the United States of America," August 27.

───────（2020）*Economic and Trade Agreement between The Government of The United States of America and The Government of The People' s Republic Of China Text.*

WTO（2018−2021）"China−Certain Measures Concerning the Protection of Intellectual Property Rights,"WT/DS542/1−WT/DS542/15.

───────（2020)"United States−Tariff Measures on Certain Goods From China：Report of the Panel,"WT/DS543/R, 15 September（7. 229）.

### データサイト

U. S. Dept. of Commerce, BEA, *International Data：Direct Investment and MNE*〈https：// apps.bea.gov/iTable/iTable.cfm?ReqID=2&step=1〉.

U. S. Dept. of Commerce, Bureau of Census, Foreign trade：trade definitions〈https：// www.census.gov/foreign-trade/reference/definitions/index.html#A〉.

U. S. Dept. of Commerce, Bureau of Census, Foreign trade：U.S. Imports from China by5-digit End-Use Code 2011−2020〈htt https：//www.census.gov/foreign− trade/statistics /product/enduse/imports/c5700.html〉.

U. S. Dept. of Commerce, Census bureau, *Country and Product Trade Data*〈https：//

www.census.gov/foreign-trade/statistics/country/index.html〉.

UNCTAD, Data center 〈https：//unctadstat.unctad.org/wds/ReportFolders/reportFold-
ers.aspx〉.

World Bank, World Development Indicators/The World by Income and Region 〈https：//
datatopics. worldbank. org / world-development-indicators / the-world-by-income-and-
region.html〉.

# 索　　引

**《執筆者紹介》**(執筆順．＊は編著者)

＊中 本　　悟 (なかもと　さとる) [はしがき，序章，第11章]
　立命館大学経済学部特任教授
**主要業績**
　『現代アメリカの通商政策——戦後における通商法の変遷と多国籍企業——』(有斐閣，1999年).
　『アメリカン・グローバリズム——水平な競争と拡大する格差——』(編著，日本経済評論社，2007
　　　年).
　『ウォール・ストリート支配の政治経済学』(共編著，文眞堂，2020年).


板 木 雅 彦 (いたき　まさひこ) [第1章]
　立命館大学国際関係学部教授
**主要業績**
　『国際過剰資本の誕生』(ミネルヴァ書房，2006年).
　『サービス多国籍企業とアジア経済——21世紀の推進軸——』(編著，ナカニシヤ出版，2006年).
　『岐路に立つグローバリゼーション——多国籍企業の政治経済学——』(編著，ナカニシヤ出版，2008
　　　年).


田 村 太 一 (たむら　たいち) [第2章]
　流通経済大学経済学部准教授
**主要業績**
　『世界経済とグローバル化』(編著，学文社，2013年).
　『現代アメリカの経済社会——理念とダイナミズム——』(共編著，東京大学出版会，2018年).


小 山 大 介 (こやま　だいすけ) [第3章]
　京都橘大学経済学部准教授
**主要業績**
　『入門現代日本の経済政策』(共著，法律文化社，2016年).
　「アメリカにおける多国籍企業の企業内貿易構造の変容——Related Party Trade および Intra-firm
　　　Trade 分析を中心に——」(『立命館国際地域研究』第47号，2018年).
　「グローバル化する地域経済と中小企業の多様性——宮崎県中小企業家同友会による景況調査を事
　　　例として——」(『企業環境研究年報』第22号，2018年).

千 葉　　典（ちば　つかさ）[第4章]
神戸市外国語大学外国語学部教授
主要業績
『食料・農産物の流通と市場　II』（共著，筑波書房，2008年）.
『現代世界経済をとらえる　Ver. 5』（共著，東洋経済新報社，2010年）.
"The Result of Current Differential Treatment and Prospects of the Development Agenda,"（Japanese Journal of Agricultural Economics, 21, 2019）.

渡 邉 英 俊（わたなべ　ひでとし）[第4章]
島根大学法文学部准教授
主要業績
「第一次世界大戦前のヨーロッパ『世界経済』における一次産品貿易と商品連鎖」（『経済科学論集』第38号，2012年）.
マーティン・ハート＝ランズバーグ『資本主義的グローバリゼーション——影響・抵抗・オルタナティブ——』（共訳，高málo出版，2015年）.
『アグリビジネスと現代社会』（共著，筑波書房，2021年）.

森 原 康 仁（もりはら　やすひと）[第5章]
専修大学経済学部教授
主要業績
『アメリカIT産業のサービス化——ウィンテル支配とIBMの事業変革——』（日本経済評論社，2017年）.
「プラットフォーム・ビジネスとGAFAによるレント獲得」（『比較経営研究』第43号，2019年）.
"Vertical dis-integration and vertical re-integration——Limits to the modern production system,"（The Japanese Political Economy, 46（2-3），2020）.

近 藤 信 一（こんどう　しんいち）[第6章]
岩手県立大学総合政策学部准教授
主要業績
「IT分野の貿易投資構造——アジアにおける複合的展開——」（関下稔・中川涼司編著『ITの国際政治経済学』晃洋書房，2004年）.
「東アジアにおける電子部品製造業の集積」（小林英夫・竹野忠弘編著『東アジア自動車部品産業のグローバル連携』文眞堂，2005年）.
「日系ITソフトベンダーのオフショア開発の経営戦略」（丹沢安治編著『日中オフショアビジネスの展開』同友館，2014年）.

＊松 村 博 行 （まつむら　ひろゆき）［第7章］
　　岡山理科大学経営学部准教授

**主要業績**

　『安全保障の位相角』（分担執筆，法律文化社，2018年）．

　「序論——イノベーション・エコシステムと安全保障——」（『国際安全保障』49巻1号，2021年）．

　『新グローバル公共政策』（分担執筆，晃洋書房，2021年）．


井 上　　博 （いのうえ　ひろむ）［第8章］
　　阪南大学流通学部教授

**主要業績**

　『岐路に立つグローバリゼーション——多国籍企業の政治経済学——』（共著，ナカニシヤ出版，2008年）．

　『アメリカ経済の新展開』（共編著，同文舘出版，2008年）．

　グラツィア・イエットギリエス『多国籍企業論——概念・理論・影響——』（邦訳，同文舘出版，2021年）．


中 川 涼 司 （なかがわ　りょうじ）［第9章］
　　立命館大学国際関係学部教授

**主要業績**

　『中国のIT産業——経済成長方式転換の中での役割——』（ミネルヴァ書房，2007年）．

　『中国発・多国籍企業』（共編，同友館，2008年）．

　「一帯一路における貿易・投資・援助の三位一体的展開——カンボジアを事例に——」（廣野美和編『一帯一路は何をもたらしたのか——中国問題と投資のジレンマ——』勁草書房，2021年）．


井 出 文 紀 （いで　ふみのり）［第10章］
　　近畿大学経営学部准教授

**主要業績**

　『近代日本の公と私，官と民』（共著，NTT出版，2014年）．

　『グローバル・サウスはいま　第2巻　新自由主義下のアジア』（共著，ミネルヴァ書房，2016年）．

　『ASEANにおける日系企業のダイナミクス』（共著，晃洋書房，2020年）．

米中経済摩擦の政治経済学
——大国間の対立と国際秩序——

2022年3月10日　初版第1刷発行　　　　＊定価はカバーに
　　　　　　　　　　　　　　　　　　　　表示してあります

　　　　　　　　編著者　　中　本　　　　悟 ©
　　　　　　　　　　　　　松　村　博　行
　　　　　　　　発行者　　萩　原　淳　平
　　　　　　　　印刷者　　藤　森　英　夫

　　　発行所　株式会社　晃　洋　書　房
　　　〒615-0026　京都市右京区西院北矢掛町7番地
　　　　　　　　　　電話　075(312)0788番(代)
　　　　　　　　　　振替口座　01040-6-32280

装丁　野田和浩　　　　　　　　印刷・製本　亜細亜印刷㈱

ISBN978-4-7710-3531-7